Emil

MITTENDRIN
LERNLANDSCHAFTEN RELIGION

5|6

Herausgegeben von
Iris Bosold und Dr. Wolfgang Michalke-Leicht

Erarbeitet von
**Ulrich Baader, Iris Bosold, Daniel Mark,
Cornelia Patrzek-Raabe,
Dr. Georg Schwind, Andreas Wronka**

KÖSEL SCHULBUCH

Impressum

MITTENDRIN
LERNLANDSCHAFTEN RELIGION
5|6

Unterrichtswerk für katholische Religionslehre am Gymnasium
Neubearbeitung

Herausgegeben von
Iris Bosold und Dr. Wolfgang Michalke-Leicht

Erarbeitet von
Ulrich Baader, Iris Bosold, Daniel Mark, Cornelia Patrzek-Raabe,
Dr. Georg Schwind, Andreas Wronka

Beratung für die Lernlandschaft »Religionen begegnen«:
Amin Rochdi (Islam), Markus Sternecker (Judentum)

Unter Rückgriff auf die Erstausgabe »Mittendrin 1«,
herausgegeben von Iris Bosold und Wolfgang Michalke-Leicht,
konzipiert und erarbeitet von Ulrich Baader, Iris Bosold, Gerhard Eichin,
Dr. Wolfgang Michalke-Leicht, Cornelia Patrzek-Raabe, Dr. Stefan Schipperges

Zugelassen als Lehrbuch für den katholischen Religionsunterricht am Gymnasium von den Diözesanbischöfen von Freiburg, Mainz (für den Diözesananteil im Bundesland Baden-Württemberg) und Rottenburg-Stuttgart.
Zugelassen als Lehrbuch für den katholischen Religionsunterricht an Gymnasien und Oberschulen in Niedersachsen von den Diözesanbischöfen von Hildesheim (für den Bistumsanteil im Bundesland Niedersachsen), Münster (für den Bistumsanteil im Bundesland Niedersachsen), Osnabrück und Paderborn (für den Bistumsanteil im Bundesland Niedersachsen)

Redaktion: Dietlind Grüne, Heidelberg
Illustration: Ulrike Bahl, Hamburg
Notensatz: Holger Jeschke, Leipzig
Umschlaggestaltung: Anja Rosendahl, Berlin
Layout und technische Umsetzung: Studio SYBERG, Berlin

www.cornelsen.de

1. Auflage, 3. Druck 2020

Alle Drucke dieser Auflage sind inhaltlich unverändert und können im Unterricht nebeneinander verwendet werden.

Druck: Grafisches Centrum Cuno GmbH & Co.KG, Calbe

ISBN 978-3-06-065579-3 (Schülerbuch)
ISBN 978-3-06-065732-2 (E-Book)

PEFC
PEFC/04-31-1370

PEFC zertifiziert
Dieses Produkt stammt aus nachhaltig bewirtschafteten Wäldern und kontrollierten Quellen.

www.pefc.de

Liebe Schülerin, lieber Schüler,

wir Menschen sind neugierig und stellen viele Fragen. Wie Forscher wollen wir unsere Welt kennenlernen und unser Leben verstehen. Was gibt es da nicht alles zu entdecken! Wir lernen Menschen aus anderen Kulturen und mit anderen religiösen Überzeugungen kennen, die fremde Sprachen sprechen, die nicht so leben wie wir und die sich manchmal ganz anders verhalten, als wir es gewohnt sind. Da müssen wir genau hinsehen, die Ohren spitzen und zuhören, Fragen stellen und miteinander ins Gespräch kommen. Wenn uns das gelingt, kommen wir voran. So ist unsere Welt vielfältig, bunt und auch rätselhaft – und wir sind **MITTENDRIN**.

Mit deinem eigenen Leben ist das nicht anders. Auch da gibt es vieles, was unbekannt und neu ist. Ganz gleich, ob es um die für dich neue Schule geht oder um deine Mitschülerinnen und Mitschüler. Mit ihnen zusammen bist du in der Schule neu angekommen. Das ist sicher spannend, wo doch jede und jeder von euch eine eigene Sicht der Dinge hat. Lasst euch überraschen und macht euch gemeinsam auf den Weg. Lernt voneinander und miteinander. Ihr seid schon **MITTENDRIN**.

Wenn es um unser Leben geht, dann spielt auch der Glaube an Gott eine Rolle. Wir geben uns nicht zufrieden mit dem oberflächlichen Augenschein. Wir wollen wissen, was hinter den Dingen ist. Wir wollen den Dingen auf den Grund gehen. Vor allem geht es uns um die großen Fragen: Woher kommen wir? Wohin gehen wir? Wozu leben wir? Was ist der Sinn von allem? Die Bibel ist eine gute Reisebegleiterin, wenn wir uns auf den Weg machen, um diesen Fragen nachzugehen. Viele Menschen haben darin ihre Erfahrungen mit dem Suchen und Fragen aufgeschrieben. Von ihnen können wir lernen – **MITTENDRIN** im Leben.

Die Welt, unser Leben und unser Glaube – sie alle sind wie Landschaften, in denen wir uns bewegen. Es gibt Höhen und Tiefen, es gibt lange und kurze Wege, es gibt verborgene Winkel und sichtbare Wegmarken. Du selbst bewegst dich **MITTENDRIN**.

Dein Religionsbuch ist genau dafür gemacht. Es enthält elf Lernlandschaften, die es zu entdecken gilt. Bevor du dich auf die Reise machst, findest du im Buch zu jeder Lernlandschaft einen *Reiseprospekt*, der dir einen Überblick darüber gibt, was dich dort erwartet. Jede dieser Lernlandschaften ist in verschiedene *Ausflüge* unterteilt, auf jeder Doppelseite einen. Hier kannst du dich immer in diejenige Richtung bewegen, die dich interessiert, und du kannst dich mit deinen Mitschülerinnen und Mitschülern darüber austauschen. Die Doppelseiten am Ende einer jeden Lernlandschaft heißen *Souvenirseite*. Denn wenn jemand eine Reise macht, dann kann er etwas erzählen und bringt manchmal auch Souvenirs, Reiseandenken, mit. Alles, was du auf deiner Reise durch die Lernlandschaft gelernt hast, wird hier zusammengetragen. Ein besonderer »Reisebegleiter« für dich selbst ist das *Lerntagebuch*. Alle wichtigen Informationen dazu findest du auf den Seiten 6 und 7.

Bisher warst du in der Grundschule unterwegs. Dort hast du wichtige Fähigkeiten und Fertigkeiten erworben und kannst nun am Gymnasium daran anknüpfen. Manches wird dir vertraut sein, vieles andere dagegen ist ganz neu. Lernen geschieht immer mit allen Sinnen, die uns zur Verfügung stehen: mit dem Hören, dem Sehen, dem Sprechen und dem Bewegen. An sieben Stellen im Buch findest du besondere *Lerngänge*, die durch ein kleines Symbol (Auge, Ohr, Mund, Wirbel, Hände, Maske, Bauklötze) gekennzeichnet sind und dir neue Wege zeigen, wie du lernen kannst. Probiere sie aus; die meisten Lerngänge gelingen am besten zusammen mit deinen Mitschülerinnen und Mitschülern.

Am Ende des Buches findest du ein *Lexikon*. In diesem werden wichtige Begriffe erklärt. Was dir auf deinen Reisen durch die Lernlandschaften fremd und unbekannt erscheint, kannst du dort nachlesen. Im Buch selbst wird auf diese Lexikonartikel mit dem Zeichen > hingewiesen. Zusätzlich gibt es noch ein Verzeichnis aller Künstlerinnen und Künstler, deren Werke in diesem Buch abgebildet sind.

MITTENDRIN – so haben wir unser Religionsbuch genannt. Wir wünschen dir und allen in deiner Lerngruppe, dass es für euch gute Anregungen zum Lernen enthält, mitten im Leben, mitten im Glauben, mitten in der Welt.

Iris Bosold und Dr. Wolfgang Michalke-Leicht
mit Ulrich Baader, Daniel Mark, Cornelia Patrzek-Raabe,
Dr. Georg Schwind und Andreas Wronka

Inhalt

Ein Tagebuch als Lernbegleiter

Die Kapitel in diesem Religionsbuch heißen Lernlandschaften, weil sie wie eine Reise mit vielen Ausflügen gedacht sind. Jede Doppelseite steht für einen solchen Ausflug. Um die auf den Lernreisen gesammelten Eindrücke und Erfahrungen sowie die erworbenen Kenntnisse und Fähigkeiten nicht zu vergessen, ist es gut, ein Tagebuch zu führen. Beachte dazu die folgenden Hinweise:

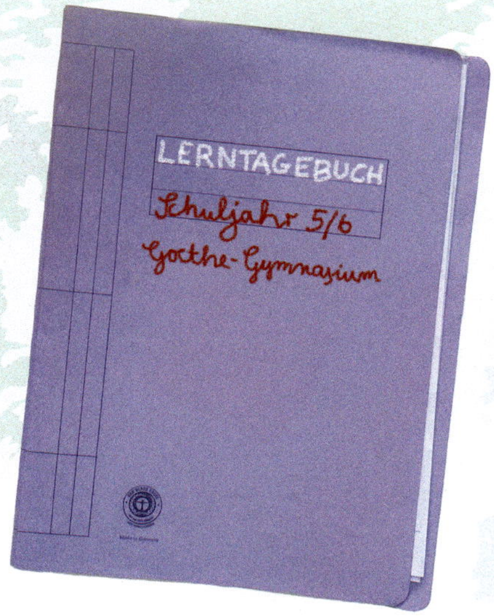

1. Lege einen Ordner (DIN A4) an, der von nun an dein ständiger Lernbegleiter sein wird.
2. Gestalte die erste Seite – das Deckblatt – auf besondere Weise. Dein Religionslehrer bzw. deine Religionslehrerin wird dich dabei unterstützen. Von ihm oder ihr wirst du immer wieder einmal ein Arbeitsblatt erhalten, das du ins Lerntagebuch einklebst oder einheftest.
3. Beachte von Anfang an, dass dieses Lerntagebuch dich nicht nur in der Klasse 5, sondern auch in der Klasse 6 begleiten wird. Führe deswegen das Lerntagebuch regelmäßig und sorgfältig.
4. Im Religionsbuch begegnen dir auf manchen Seiten spezielle Aufgaben, die durch die goldgelbe Farbe hervorgehoben sind. Für die Bearbeitung dieser Aufgaben verwendest du immer dein Lerntagebuch. Hier ein Beispiel:

   ● **Auf ein gutes Miteinander!** Trage in deinem Lerntagebuch die Weisungen Gottes zum guten Leben in Gemeinschaft zusammen. Wähle drei Weisungen aus, die dir besonders wichtig sind, und begründe deine Entscheidung.

5. Schau immer wieder einmal in dein Lerntagebuch hinein und lies auch frühere Einträge noch einmal. So wirst du einen guten Überblick über deine Reise durch die Lernlandschaft behalten.

● **Lernfragen.** Erarbeite aus dem Text die Fragen, mit deren Hilfe du über das Lernen nachdenken kannst. Notiere sie auf einem Notizzettel.

● **Lerntipps.** Formuliere mit einem Partner oder einer Partnerin fünf Tipps für gutes Lernen.
- Stellt sie eurer Lerngruppe vor.
- Vergleicht in eurer Lerngruppe die Vorschläge, wählt die zehn besten aus und bringt sie in eine passende Reihenfolge.
- Übertrage diese Liste in dein Lerntagebuch.

Denken und Fühlen

Wenn du gefragt wirst, was du besonders gut kannst, dann fallen dir dazu sicher einige Dinge ein: Vielleicht kannst du gut reiten oder Fußball spielen, gut rechnen oder lesen. Vielleicht kannst du auch gut malen oder du spielst gut Schlagzeug. Das alles sind Dinge, die du zeigen oder vormachen kannst und die andere Menschen sehen oder hören können. Wie aber ist es mit dem Denken? Woran könnten deine Eltern oder deine Lehrer erkennen, wie gut du denken kannst? Kannst du das Denken zeigen oder gar vormachen? Und vor allem: Woran kannst du selbst erkennen, dass du es gut kannst?

Um dem eigenen Denken auf die Spur zu kommen, ist das Fühlen wichtig. Das klingt zwar auf den ersten Blick seltsam, ist jedoch schnell verständlich. Wenn du zum Beispiel eine Hausaufgabe erledigst, kannst du dich fragen: Wie geht es mir gerade, wie fühlt sich das jetzt an? Oder du stellst dir diese Fragen am Ende einer anstrengenden Unterrichtsstunde, wenn du zurückschaust auf das, was du in der Zeit erarbeitet hast. Du kannst auch einzelne Lernschritte anschauen und nachspüren, bei welchem dieser Schritte du dich wie gefühlt hast. Grundsätzlich gilt: Je besser sich das Lernen für dich anfühlt, desto besser kannst du denken.
Darum ist es beim Lernen wichtig, immer wieder einmal zurückzuschauen und zu prüfen:

- Wie war das jetzt gerade, wie habe ich gelernt?
- Welche Aufgabe hat gut geklappt, welche nicht?
- Was war leicht, was war schwer?
- Wie ist es mir dabei ergangen?
- Was hat mich gestört, was hat mir gefallen, was hat mir geholfen, was war eher hinderlich?

Wenn du das regelmäßig machst, wenn du immer wieder deinem Denken nachspürst und überlegst, wie du vorgegangen bist oder wie du arbeitest, dann wirst du bald feststellen, dass du gute Lernfortschritte machst. Auf diese Weise kannst du herausfinden, wie du auch in Zukunft gut denken kannst, und du wirst zugleich immer besser das Lernen lernen.

Lernen. Wähle einen der unten aufgeführten Gedanken über das Lernen aus und denke zunächst zwei Minuten alleine darüber nach. Tausche dich danach mit einem Partner oder einer Partnerin über deine Gedanken aus. Erstellt zu zweit eine bildliche Darstellung eurer Einsichten.

Gedanken über das Lernen

Lernen geschieht immer mit allen Sinnen, mit Kopf, Herz und Hand.

Wer nicht fragt, bleibt dumm.

Wir lernen nicht nur aus Büchern, sondern vor allem aus Erfahrungen.

Lernen hört niemals auf; jeden Tag unseres Lebens lernen wir dazu.

Gut ankommen

Das ist mein neues Klassenzimmer. So sah es jedenfalls aus, als wir kurz vor den Sommerferien schon einmal einen Blick hineinwerfen durften. Während der Sommerferien habe ich mir oft vorgestellt, wie es wohl im neuen Schuljahr darin sein würde – dann hoffentlich mit Bildern und Postern einladender gestaltet und nicht mehr so kahl.

Heute ist mein erster Schultag. Vor lauter Aufregung bin ich schon um fünf Uhr aufgewacht. Bis der Wecker dann endlich klingelte, ist mir einiges durch den Kopf gegangen:
Wie sollte eigentlich ein Klassenzimmer aussehen, in dem ich mich mit meinen Klassenkameradinnen und -kameraden wohlfühlen kann?
Jetzt bekomme ich noch viele neue Fächer. Auf welches Fach/welche Fächer freue ich mich besonders?
Einige Kinder kenne ich ja schon aus der Grundschule. Werde ich in der neuen Klasse schnell Kontakte knüpfen können und neue Freundinnen und Freunde finden?
Werde ich meinen neuen und viel längeren Schulweg gut bewältigen?
Und dann ist da auch noch meine neue Religionsgruppe. Ob in ihr auch nette Mitschülerinnen und Mitschüler sind?

Fragen? Fragen! Beantwortet in Kleingruppen die im Text stehenden Fragen, die auch euch bewegen. Ergänzt sie um weitere eigene Fragen. Gestaltet in der Gruppe euer »Traumklassenzimmer« als Zeichnung oder Collage.

»Auf dem Weg zur Schule« ist ein Dokumentarfilm des französischen Regisseurs Pascal Plisson, der im Dezember 2013 in die Kinos kam. Die Helden des Films – Samuel aus Indien, Zahira aus Marokko, Carlito aus Argentinien und Jackson aus Kenia – haben keinen gewöhnlichen Schulweg. Bereits an der Dauer des Schulwegs könnt ihr erkennen, dass dieser immer wieder ein Abenteuer ist.

Schauen wir uns die vier doch einmal genauer an.

Samuel, Indien (4 Kilometer, 1 Stunde)
Samuel, zwölf Jahre alt, kam zu früh zur Welt und kann nicht laufen. Man hat ihm einen Rollstuhl gebastelt, damit seine beiden jüngeren Brüder Emmanuel und Gabriel ihn zur Schule mitnehmen können. Jeden Tag müssen sie mehr als vier Kilometer unter extremen Bedingungen zurücklegen: Der Weg ist sandig, und wenn es eine Straße gibt, ist sie stark beschädigt. Emmanuel und Gabriel müssen den großen Bruder im Rollstuhl stoßen, ziehen und tragen. Das ist für alle drei anstrengend. Aber wie garstig die Bedingungen auch sein mögen: Die Motivation, der Wille und der Mut der beiden jüngeren Brüder erlahmen nie, wenn sie Samuel auf dem Schulweg begleiten. Samuel sagt im Film: »Ich möchte ein guter Mensch sein. Kinder wie ich werden von ihren Eltern nie zur Schule geschickt ... Meine Familie ist arm, sie lassen mich trotzdem die Schule besuchen. Darum muss ich gut lernen.«

Zahira, Marokko (22 Kilometer, 4 Stunden)
Zahira ist ein zwölfjähriges Mädchen. Sie lebt mit ihrer Familie in einem entlegenen Dorf im Tal von Imlil im Atlas-Gebirge. Im Winter kann die Temperatur in dieser Gegend auf minus zwanzig Grad Celsius fallen, und während mehrerer Monate liegt Schnee. Zahiras Schule ist in Asni, das ist mehr als zwanzig Kilometer entfernt. Jeden Montag nimmt sie, zusammen mit ihren zwei Freundinnen Zineb und Noura, den Weg in Angriff. Wenn eines der Mädchen müde wird oder ihm die Füße wehtun und es eine Pause einlegen muss, machen ihm die anderen beiden Mut und geben ihm Kraft.

● **Dein Schulweg.** Beschreibe deinen neuen Schulweg: Fortbewegungsmittel, Länge und Dauer. Auf welche Gefahren musst du achten? Wo bleibst du besonders gerne stehen? Wo triffst du dich mit anderen? Tausche dich mit deinen Mitschülerinnen und Mitschülern über eure Schulwege aus.

Carlito, Argentinien (18 Kilometer, 1,5 Stunden)
Carlito, elf Jahre alt, ist der Sohn eines Hirten. Er lebt mit seinem Vater, seiner Mutter und seiner kleinen Schwester an einem abgelegenen Ort in den Anden. Carlito geht gern zur Schule; er liebt es, zu lernen und sich Wissen anzueignen. Ab dem siebten Lebensjahr ging er mit einem Maultier zur Schule, das ihm sein Vater gekauft hatte. Seit zwei Jahren reitet er auf einem Pferd dorthin, und seit diesem Jahr nimmt er seine Schwester Micaela mit. Viele Kinder träumen wohl davon, mit einem Pferd zur Schule zu reiten. Carlito aber hat keine Wahl: Jeden Morgen steht er in aller Frühe auf und legt 18 Kilometer durch die Berge zurück, um zur Schule zu gehen.

Jackson, Kenia (15 Kilometer, 2 Stunden)
Jeden Morgen riskiert der zehnjährige Jackson sein Leben, wenn er zur Schule geht. Sie ist mehr als 15 Kilometer von seinem Zuhause entfernt. Das bedeutet einen zweistündigen Weg durch die Savanne, über Hügel und Hochebenen, wo wilde Tiere leben. Jackson nimmt seine kleine Schwester Salome mit, für die er verantwortlich ist. Er wacht auf dem ganzen Weg über sie und beschützt sie vor allen Gefahren. Sich in dieses Abenteuer zu wagen und sein Leben zu riskieren ist der Preis, den Jackson zu zahlen bereit ist, um sich zu bilden und ein Stipendium zu bekommen. Denn er will nächstes Jahr in die Oberstufe wechseln und ins Internat gehen.

Andere Schulwege. Die vier im Film vorgestellten Kinder haben einen anderen Schulweg als ihr. Stellt euch vor, ihr könntet diese Kinder interviewen.
Sucht euch in Vierergruppen jeweils ein Kind aus und schreibt eure Interviewfragen auf.
Überlegt euch danach auch Fragen, die das interviewte Kind an euch stellen könnte.
Spielt dann dieses Interview vor der Klasse. Eine oder einer aus eurer Gruppe stellt jeweils die Interviewfragen an das Kind (Samuel, Zahira, Carlito und Jackson), eine andere oder ein anderer übernimmt die Rolle des interviewten Kindes und stellt anschließend Fragen an euch.

Wappen

Das hier gezeigte Wappen gehört einer Schule, dem Kolleg St. Blasien im Schwarzwald. Die Schule wird von Jesuiten geleitet. Der Jesuitenorden wurde von Ignatius von Loyola (1491–1556) gegründet. Die schräg laufenden roten Pfähle auf goldenem Grund sind die Farben Aragons. Aus diesem ehemaligen spanischen Königreich stammt Ignatius. Im oberen rechten Feld finden wir eine Darstellung von zwei einander zugewandten Wölfen, die einen Kessel an einer langen Kette halten. Sie sind ein Kennzeichen des Rittergeschlechts der von Loyola. Das untere Feld zeigt einen nach rechts springenden goldenen Hirsch im blauen Feld, das Wappentier der Stadt; darunter schließlich der Wahlspruch »Credere et agere« (Glauben und handeln).

Ein Wappen ist ein Zeichen in Form eines Schildes für eine Person bzw. eine Personengruppe, wie z. B. für

- eine bedeutende Einzelperson
- eine Familie
- eine Institution (z. B. eine Schule)
- eine Gebietskörperschaft, z. B. eine Stadt, einen Landkreis oder ein Bundesland

Die Wissenschaft, die sich mit Wappen, ihrer Geschichte und ihrer Bedeutung beschäftigt, nennt man Heraldik. Meistens gibt es zu den einzelnen Wappen eine Entstehungsgeschichte, die erklärt, warum ein Wappentier, ein Symbol oder bestimmte Farben gewählt wurden. So steht z. B. der Löwe als »König der Tiere« oft in einem Königswappen (zur Farbsymbolik vgl. S. 111). Häufig steht unter dem Wappen ein Merkspruch, ein Motto.

Mein Wappen. Wie jeder Mensch bist auch du eine wichtige und einmalige Person!
Entwirf dein eigenes Wappen und schreibe deinen Wahlspruch, das Lebensmotto, darunter. Du kannst dein Wappen in ein, zwei, drei oder vier Felder aufteilen.
Was gehört in dein Wappen? Etwas, das ganz typisch für dich ist: dein Lieblingsessen, deine Hobbys, dein Lieblingstier, dein Lieblingsfach.
Wenn du fertig bist, erkläre dein Wappen deiner Banknachbarin oder deinem Banknachbarn. Sie oder er soll dich dann anhand deines Wappens vorstellen.
Male dein Wappen schön aus. Dann kann es das Titelblatt für dein Religionsheft werden. Gestaltet vor dem Aufkleben gemeinsam eine »Wappengalerie« in eurer Klasse und hängt alle Wappen auf.

Nur für mich. Gestalte nun zwei weitere Wappen. In einem stellst du deine Stärken und Schwächen dar. (Du kannst sie aufschreiben oder mit > Symbolen gestalten.) Das andere Wappen soll dein »Wunsch-Ich« zeigen: Welches Mädchen / welcher Junge wäre ich gerne? Was sind meine Traumhobbys? Was ist mein Berufswunsch? Wie möchte ich aussehen? Welches sind meine idealen Charaktereigenschaften?
Wenn du möchtest, kannst du jemandem, dem du vertraust, dein Wappen erklären.

Jetzt muss ich nicht nur die Namen in meiner neuen Klasse lernen, sondern auch noch die Namen in meiner bunt gemischten Religionsgruppe! Zum Glück haben wir uns gegenseitig unsere Wappen vorgestellt – jetzt weiß ich schon etwas mehr über meine Mitschülerinnen und Mitschüler.

Unser Religionslehrer hat uns gefragt, ob wir die Bedeutung unseres Vornamens kennen und vielleicht sogar unsere Namenspatronin oder unseren Namenspatron. Er wollte auch wissen, was wir in der letzten Grundschulklasse in Religion gemacht haben.

Unsere Namen. Finde die Bedeutung deines Namens heraus. Eine Hilfe sind dabei Namenslexika im Internet. Zusätzlich könnt ihr auf der Webseite *www.heilige.de* eure Namenspatronin oder euren Namenspatron finden, das Datum eures Namenstages sowie weitere Informationen über den jeweiligen Heiligen oder die jeweilige Heilige entdecken. Ihr könnt euch sogar eine Urkunde dazu ausdrucken. Stellt eure Urkunden in der Religionsgruppe vor.

Unsere Themen. Setzt euch in Gruppen zu dritt oder viert zusammen. Stellt die Themen zusammen, die ihr im letzten Schuljahr in Religion behandelt habt. Welches Thema, welche Person war besonders interessant? Was war eher langweilig?
Was wünscht ihr euch für den Religionsunterricht im neuen Schuljahr? Über welche Fragen wollt ihr gerne sprechen? Schreibt eure Fragen auf jeweils einen Zettel und lest sie euch gegenseitig vor. Was kann man zusammenfassen? Klebt nun eure Zettel auf ein großes Poster in Wappenform. Es soll euren Religionsunterricht in den kommenden Jahren begleiten.

Staunen und fragen

● **Bilder betrachten.** Nimm dir für die Bilder auf dieser Seite ein bisschen Zeit. Sicherlich gehen dir beim Betrachten manche Fragen, vielleicht auch manches Staunen durch den Kopf. Formuliere zu den Bildern, die dich besonders ansprechen, entweder eine Frage oder eine Aussage, die dein Staunen ausdrückt.

Ich staune

Ich staune, dass die rote Farbe rot ist,
ich staune, dass die gelbe gelb erglimmt.
Ich staune, dass, was ringsum lebt, nicht tot ist,
und dass, was tot ist, nicht ins Leben stimmt (...)

Mein Staunen ist kein Forschen nach dem Sinne.
Mein Staunen ist des Sinnes selbst der Sinn.
Nur durch Erstaunung werd ich meiner inne.
Ich staune, dass ich staune, dass ich bin.

Franz Werfel

Ein Gedicht. Es gibt sicher einiges, worüber du schon gestaunt hast. Das Staunen ist der Ursprung der Philosophie. Der mittlere Teil des Gedichtes wurde hier nicht abgedruckt. Übertrage das Gedicht in dein Heft und fülle die Lücke mit einer eigenen Strophe. Oder du lässt dich durch den Text auf der rechten Seite anregen und schreibst dein eigenes »Staunen-Gedicht«. Wenn du möchtest, kannst du das Gedicht auch zeichnerisch gestalten.

Unsere Erde

Eigentlich ist unsere Erde im Vergleich zum Universum nur ein Staubkorn, und doch leben auf diesem Planeten Milliarden von Menschen, Tieren und Pflanzen. Wenn du das Bild auf dieser Doppelseite ansiehst und dir dabei überlegst, wie klein und winzig unsere Erde ist, werden dir sicherlich einige Dinge einfallen, die dich zum **Staunen** bringen. Vielleicht ist es die Tatsache, dass so ein kleiner Planet wie die Erde in unserem riesigen Universum existieren kann. Es ist doch erstaunlich, dass es ausgerechnet dieser Planet ist, der die Bedingungen für Leben ermöglicht. Erstaunlich ist es auch, dass die Erde uns Menschen hervorbrachte. Oder etwa nicht?

Staunen macht sprachlos. Man ist im ersten Moment so überwältigt von etwas, dass einem alle Worte fehlen, es zu beschreiben. Ja, man hat überhaupt kein Bedürfnis, über das Bestaunte zu sprechen, weil man ohne Worte in der Bewunderung verbleiben möchte. Dieser Moment des Staunens dauert aber meist nicht allzu lange. Nach dem Staunen kommen die **Fragen**. Je heftiger das Staunen gewesen ist, desto größer sind die Fragen, die die Menschen sich anschließend stellen. Mit dem Staunen werden wir deshalb wach für die großen Fragen unseres Lebens. Mit dem Staunen begeben wir uns auf eine Entdeckungsreise, bei der oft die Fragen, die wir stellen, mehr über uns sagen, als die **Antworten**, die wir finden.

● **Staunen – fragen – antworten.** Lege eine Tabelle mit drei Spalten an.

- Überlege, über was alles du staunst, und trage diese Beispiele in die linke Spalte ein.
- Bildet Dreiergruppen und gebt in der Gruppe eure Hefte jeweils nach rechts weiter. Dein Nachbar bzw. deine Nachbarin überlegt sich zu deinem Staunen Fragen und trägt sie in der mittleren Spalte ein.
- Im dritten Schritt wird das Heft nochmals nach rechts weitergegeben. Der dritte Schüler bzw. die dritte Schülerin überlegt sich Antworten auf die gestellten Fragen.
- Im letzten Schritt bekommst du dein Heft wieder. Bist du zufrieden mit den Fragen und Antworten? Tausche dich in deiner Gruppe mit den anderen darüber aus.

Zufall

Wenn statt mir jemand anderer
auf die Welt gekommen wär.
Vielleicht meine Schwester
oder mein Bruder
oder irgendein fremdes blödes Luder –
wie wär die Welt dann,
ohne mich?
Und wo wäre denn dann ich?
Und würd mich irgendwer vermissen?
Es tät ja keiner von mir wissen.
Statt mir wäre hier ein ganz anderes Kind,
würde bei meinen Eltern leben
und hätte mein ganzes Spielzeug im Spind.
Ja, sie hätten ihm sogar
meinen Namen gegeben!

Martin Auer

● **Ohne mich.** Diskutiert über das Gedicht von Martin Auer. Stimmt es, dass ich nur »Zufall« bin? Und welche Rolle spielt mein Name für mich?

Stell dir vor, an deiner Stelle wäre »jemand anderer auf die Welt gekommen«, wie es im Gedicht heißt. Schreibe diesem »anderen« einen > Brief, in dem du beschreibst, was anders wäre, wenn es dich nicht gäbe. ··· ●

Die Umarmung

»Ich hab dich lieb«, sagte Bens Mutter, als sie am späten Nachmittag einen Spaziergang durch die Felder machten. »Ich hab dich lieb, keiner auf der ganzen Welt ist so wie du!« »Auf der ganzen Welt ist keiner so wie ich?«, fragte Ben. »Natürlich nicht«, sagte seine Mutter. »Du bist einzigartig!«

Langsam gingen sie weiter. Ein großer Schwarm Störche flog über sie hinweg, auf der Reise in andere Länder. »Aber warum?«, fragte Ben und blieb stehen. »Warum gibt es keinen anderen auf der Welt, der so ist wie ich?« »Weil jeder einzigartig und besonders ist«, sagte seine Mutter, lachte und setzte sich auf die Erde. »Komm, setz dich zu mir«, sagte sie … »Ich will aber nicht der einzige auf der Welt sein, der so ist wie ich«, sagte Ben. »Warum nicht? Es ist doch wunderbar, einzigartig und besonders zu sein«, sagte seine Mutter. »Aber dann bin ich ganz allein!«, sagte Ben. »Ich will, dass es noch jemanden gibt, der so ist wie ich!« »Du bist nicht allein«, sagte seine Mutter. »Ich bin doch bei dir, und Papa auch. Komm setz dich mal zu mir.«

Aber Ben setzte sich nicht. Plötzlich wurden seine Augen weit. »Du meinst, es gibt auch keine andere so wie du auf der ganzen Welt?« »Nein«, sagte seine Mutter. »Also bist auch du alleine?« »Wieso denn, ich habe doch dich und Papa ...« »Aber du hast keinen, der ganz genau so ist wie du?« »Nein, das nicht«, sagte seine Mutter. »Dann bist du ganz allein«, sagte Ben und setzte sich neben seine Mutter. »Fühlst du dich nicht allein, wenn du allein bist?« Seine Mutter lächelte und malte mit dem Finger Kreise auf die Erde. »Ich bin ein bisschen allein und ein bisschen mit den anderen, und es geht mir gut, ein bisschen so und ein bisschen anders.« Die Sonne ging langsam unter, und der Himmel wurde ziemlich rot. »Ich fühle mich allein«, sagte Ben leise. »Aber ich bin doch bei dir, mein Liebling«, sagte seine Mutter. »Schon, aber du bist nicht ich.« Dann sagten sie eine Weile gar nichts.

Die Luft war voll guter Gerüche – dem Geruch von Erde und Gras – und dem Gesumm von kleinen Fliegen und Käfern, die überall herumschwirrten. … Zu ihren Füßen krabbelten Ameisen über den Boden. Eine lange Ameisenprozession. Es waren sicher tausend Ameisen oder mehr. Und alle sahen gleich aus, wie tausend Ameisenzwillinge. Aber als Ben genauer hinsah, entdeckte er, dass eine Ameise sehr flink lief, eine andere dagegen sehr langsam. Eine kämpfte mit einem großen Blatt, und eine andere trug nur ein winziges Samenkorn. Und dann gab es da eine klitzekleine Ameise, die an dem Zug der anderen immer auf und ab lief. ›Vielleicht hat sie ihre Eltern verloren‹, dachte Ben. »Diese kleine Ameise da«, fragte er, »weiß sie, dass es nur eine einzige Ameise wie sie auf der ganzen Welt gibt?« »Das kann ich dir nicht sagen«, sagte seine Mutter. Ben dachte einen Moment nach und sagte schließlich: »Weil du nicht sie bist?« »Weil ich nicht sie bin, richtig«, sagte seine Mutter. Die kleine Ameise reihte sich schließlich wieder in die Prozession ein und lief mit den anderen mit. Ben dachte, vielleicht sind die beiden großen Ameisen neben ihr ihre Eltern.

»Es gibt also immer von jedem nur eins auf der Welt?« »Nur eins von jedem«, sagte seine Mutter. »Dann sind alle allein?« »Jeder ist ein bisschen allein und auch ein bisschen mit den anderen.« »Wie soll das gehen, beides zusammen?« »Schau, hier bist du, einzigartig«, sagte seine Mutter, »und ich bin auch einzigartig, aber wenn ich dich jetzt umarme, bist du nicht mehr allein, und ich auch nicht.« »Dann umarme mich«, sagte Ben und schmiegte sich an seine Mutter. Seine Mutter hielt ihn fest umarmt. Sie konnte sein Herz schlagen hören. Auch Ben spürte das Herz seiner Mutter. Er umarmte sie mit aller Kraft. ›Jetzt bin ich nicht mehr allein‹, dachte er, während sie sich umarmten, ›jetzt bin ich nicht mehr allein, jetzt bin ich nicht mehr allein.‹ »Siehst du«, flüsterte seine Mutter, »genau dafür wurde die Umarmung erfunden.«

David Grossman

● **Einzigartig?** Bildet Gruppen und einigt euch auf eine Szene der Geschichte, die ihr wichtig findet. Stellt diese Szene dar. Orientiert euch an dem Lerngang »Begegnen: Menschen wahrnehmen« (S. 72).

Die schöne Lilly und ihre wunderbare Freundschaft mit Hieronymus

Sie wurde uns in einem Schuhkarton vor die Türe gestellt. Da war sie vier Wochen alt. Ein kleines Kätzchen, zitternd vor Angst und Kälte. Lilly, so nannten wir das grau melierte Wollknäuel, maunzte derart erbarmungswürdig, dass sie die Herzen ihrer künftigen Mitbewohner in nur wenigen Augenblicken eroberte.

Da war die vierundachtzigjährige Frau Schütz. Von ihr holte sich Lilly das Urvertrauen. Lilly liebte die Langsamkeit dieser alten Frau. Wenn die fast blinde Frau Schütz morgens mit ihrer Lupe die Tageszeitung buchstabierte, hüpfte Lilly grazil von Überschrift zu Überschrift und tippte mit ihren weißen Samtpfoten auf die einzelnen Wörter, so als wolle sie Frau Schütz beim Lesen behilflich sein. Anschließend frühstückte Frau Schütz und man darf sicher sein, dass Lilly an ihrem Tisch einen Ehrenplatz erhielt. Das Büfett für die kleine Lilly muss prachtvoll gewesen sein, denn in kürzester Zeit wurde aus dem struppigen Wollknäuel eine junge Katzendame mit einem Fell glänzend wie Seide. Nach dem Frühstück schaltete Frau Schütz das Radio ein und hörte im Kulturprogramm die soundsovielte Fortsetzung einer Dichterlesung. So wurde Lilly schon sehr früh an Goethe, Hermann Hesse und Hölderlin herangeführt. Um zwölf Uhr mittags war Lilly stadtfein, eine Dame mit Sahnehäubchen, so nannte Frau Schütz den weißen Fleck zwischen Lillys Ohren. Nun spazierte Fräulein Lilly in die große, weite Welt der Gärten und tanzte wie eine Primaballerina durch das hohe Gras. Und weil ihre Katzenmutter 84 Jahre alt war, liebte Lilly alle Menschen und Kreaturen, die ein hohes Alter erreicht hatten.

Da war der schwarze Hieronymus, der verfügte schon über so viele Katzenjahre, dass er sich in seinem Körbchen müde aufs Altenteil gelegt hatte. Hieronymus wollte gerade seine letzten Wochen zählen und dann friedlich verschlummern, als Lilly ihm einen Strich durch seine Lebensrechnung machte. Eines Tages schlüpfte Lilly durch die Balkontüre in Hieronymus' Wohnzimmer und verzehrte von seinem Tellerchen die Hähnchenleber. Dann machte Lilly dem Katzenkerl schöne Augen, lockte ihn in den Garten, und Hieronymus erlebte seinen zweiten Frühling. Trotz seiner Leibesfülle kletterte er die Bäume empor, hüpfte von Ast zu Ast, kraftvoll wie in jungen Katertagen. Zwischen Lilly und Hieronymus begann eine wunderbare Freundschaft. In trauter Zweisamkeit spazierten die beiden über Wiesen und Blumenbeete, wahrscheinlich erzählte ihm Lilly von Goethe, Hesse und Hölderlin, bis sie den Garten von Herrn Schumann erreichten. Der hasste Katzen, weil sie alle Möbel zerkratzen, an der Butter lecken und Vögel fressen. Herr Schumann war 82 Jahre alt und schon deshalb ein natürlicher Freund von Lilly. Sie setzte sich zu seinen Füßen, zerrte an seinen Hosenbeinen und rieb ihre Ohren an seinen Händen, so lange, bis eines Tages diese Hände vorsichtig über Lillys Kopf streichelten. Seitdem wartete Herr Schumann täglich um dieselbe Zeit im Garten auf seine kleine Katzenfreundin, und heimliche Beobachter wissen zu berichten, dass er stets eine Rolle Zwirn in der Hosentasche mit sich führte, die er vor Lillys Nase wie einen Jo-Jo auf und ab rollte. Lange hatte man diesen alten Mann nicht mehr so herzhaft lachen gehört.

Das war Lilly. Mit Herrn Schumann jagte sie den Zwirn, mit der fast blinden Frau Schütz las sie die Zeitung, und dem alten Kater Hieronymus brachte sie die Jugend zurück. Sie alle haben Lilly überlebt. Lilly wurde im Alter von acht Monaten von einem Auto überfahren. Sie hatte keine Ahnung davon, wie gefährlich die Welt sein kann.

Doris Weber

● **Glück und Leid.** In der Geschichte liegen Glück und Leid ganz nahe beieinander.

- Beschreibe zwei Szenen aus der Geschichte: eine, in der Glück vorkommt, und eine, in der Leid vorkommt.
- Hast du auch schon mal erlebt, dass Glück und Leid ganz eng beieinanderliegen können? Wenn du willst, berichte darüber.

● **Erinnerungen.** Stell dir vor, eine Tierzeitschrift will ein Interview über das Leben mit Katzen machen und befragt die Personen aus der Geschichte. Wie war es für sie, wenn Lilly in der Nähe war? Wie geht es ihnen, wenn sie an Lilly denken? Würden sie wieder eine Katze aufnehmen? Und warum?
Schreibe das Interview, indem du nach weiteren Fragen suchst und diese dann aus der Sicht der verschiedenen im Text genannten Personen beantwortest.

René Magritte, 1937

Wer bin ich? Überlege, welche Denkanstöße das Bild auf dieser Seite dir bei der Beantwortung dieser Frage gibt.
Schreibe einen Monolog aus der Sicht der Person auf dem Bild zu der Frage »Wer bin ich?«.

Fragen über Fragen. Notiere alle Fragen, die dir beim Betrachten des Bildes einfallen.

- Versuche, deine Fragen gemeinsam mit deiner Banknachbarin oder deinem Banknachbarn zu beantworten. Welche Frage ist euch dabei am wichtigsten?
- Überlege, von welcher Position aus du als Betrachter das Bild siehst.

Liste Nr. 10: Wohin geht man, wenn man gestorben ist?

Man könnte ein Gespenst werden und spuken. Man könnte seine Familie besuchen und sie wissen lassen, dass es einem gut geht. Man könnte fliegen, die ganze Nacht aufbleiben und umsonst in Vergnügungsparks und Kinos kommen.
Man könnte wiedergeboren werden und als jemand anderer – oder etwas anderes – noch einmal auf die Welt kommen. Ich möchte ein Wolf werden. Oder ein Außerirdischer.
Man könnte in den Himmel kommen.
Man könnte in die Hölle kommen.
Man könnte ins Fegefeuer kommen. Das ist der Ort, wo man hinkommt, wenn man nicht brav genug war für den Himmel und nicht böse genug für die Hölle. Im Fegefeuer schwebt man dann viele, viele Jahre herum, bis man irgendwann doch noch gut genug ist für den Himmel.
Man könnte irgendwie Teil von allem werden und in einer Wolke oder einem Baum herumschweben.
Vielleicht ist es einfach wie einschlafen.
Es könnte auch eine Mischung von allem sein. Oder vielleicht machen manche Leute das eine und andere Leute etwas anderes.
Es könnte auch völlig anders kommen. Keiner weiß es.

Sally Nicholls

● **Wohin gehen wir?** Der elfjährige Sam sammelt Gedanken und stellt sie in Listen zusammen.
Lies seine Liste der Möglichkeiten, wie es nach dem Tod weitergehen könnte.

- Wähle die Möglichkeit aus, die dir am meisten zusagt, und begründe deine Entscheidung.
- Diskutiert in Gruppen, was für die verschiedenen Standpunkte spricht.

Warum müssen wir überhaupt sterben?

Sally Nicholls erzählt in ihrem Buch »Wie man unsterblich wird« von dem elfjährigen leukämiekranken Sam, der interessante Geschichten und Tatsachen sammelt. Im Folgenden macht sich Sam Gedanken über das Werden und Vergehen in der Natur.

Wenn es um alte Leute geht, kann ich ja verstehen, warum man stirbt. Man würde doch nicht unsterblich sein wollen. Ich habe mal ein Buch gelesen, in dem einige Leute ewig lebten, und es hat ihnen nicht sehr gefallen. Sie langweilten sich und wurden alt und einsam und traurig. Außerdem gibt es da noch praktische Überlegungen. Wenn niemand mehr stirbt und immer noch Kinder geboren werden, dann wird die Welt immer voller, bis alle sich übereinanderstapeln. Dann müssten wir unter Wasser leben oder auf dem Mars, und selbst dann hätten wir vermutlich nicht genügend Platz.

Das weiß ich alles.

Aber es ist keine Erklärung dafür, wieso Kinder sterben müssen.

Granny sagt, so darf man das nicht sehen. Sie sagt, sterben sei so ähnlich, wie wenn Raupen sich in Schmetterlinge verwandeln. Natürlich macht es einem Angst, sagt sie, so wie es den Raupen Angst macht, wenn sie sich verpuppen. Aber was wäre, sagt Granny, wenn Raupen immerzu jammerten und sagten: »Oh nein, ich muss mich verpuppen, es ist so unfair«? Dann würden sie nie zu Schmetterlingen, fertig.

Was sie damit sagen will, ist, dass es einfach das nächste Stadium im Lebenszyklus ist. So wie die Verwandlung in Spiderman das nächste Stadium in Peter Parkers Lebenszyklus war. Deshalb sollte man auch keine Angst haben, sondern gespannt sein. Aber ich habe sowieso keine Angst. Es ist nichts anderes als dahin zurückzukehren, wo man vor der Geburt war, und niemand fürchtet sich vor der Zeit vor seiner Geburt.

In meiner alten Schule haben wir Lebenszyklen durchgenommen. Ich weiß Bescheid über den Wasserzyklus und den Kohlezyklus und den Zyklus der Sterne, also darüber, wie neue Sterne geboren werden. Immer geht es darum, dass Altes stirbt und Neues geboren wird. Alte Sterne verwandeln sich in neue. Aus totem Laub wachsen winzige Keimlinge. Man kann sagen, etwas stirbt, oder man kann sagen, etwas wird geboren. Es kommt nur darauf an, von welcher Warte aus man es betrachtet.

Sally Nicholls

● **Warum?** Erstelle eine Liste der im Text genannten Fragen. Schreibe einen > Brief an deine Großmutter, deinen Großvater oder einen anderen alten Menschen, den du kennst. Greife in dem Brief die von dir gesammelten Fragen auf. Denke dabei daran, dass für sie oder ihn der Tod nicht mehr so fern erscheint wie für dich. ··· ●

● **Weizenkorn.** Vergleiche die Aussagen des Textes auf dieser Seite mit Joh 12,24 in der Bibel oder mit dem Text des Liedes Nr. 210 im Gotteslob. ··· ●

Ich denke

Ich denke
bevor ich aufstehe:
Ich bin ein Mensch
und bin im Bett
und das Bett ist im Zimmer
und das Zimmer im Haus
und das Haus ist am Weg
und der Weg in der Stadt
und die Stadt ist im Land
und das Land auf der Erde.

Und auf der Erde ist ein anderes Land
und im anderen Land eine andere Stadt
und in der Stadt ein anderer Weg
und am Weg ein anderes Haus
und im Haus ein anderes Zimmer
und im Zimmer ein anderes Bett
und im anderen Bett ist auch ein Mensch.

Bevor ich aufstehe
denke ich.

Hans Manz

● **Denken.** Was macht das Denken in diesem Gedicht mit dem, der denkt? Beschreibe, wozu das Denken offensichtlich in der Lage ist. ···●

● **Meine Gedanken.** Welche Gedanken gehen dir im Moment durch den Kopf?

- Male eine Kopfsilhouette in dein Heft und zeichne oder schreibe deine Gedanken hinein.
- Bildet danach kleine Gruppen und versucht, eure Gedanken zu sortieren. Nach welchen Gesichtspunkten könntet ihr dabei vorgehen?
- Gebt jedem Gesichtspunkt eine Überschrift.
- Überlegt euch einen Gedanken, den ihr gerne verschenken möchtet. ···●

● **Was du alles denken kannst.** Das, was in unseren Köpfen passiert, ist eine ganze Welt voller Geheimnisse. Suche dir eine Partnerin oder einen Partner, mit der oder dem du diese Welt teilen willst. Beantwortet die Fragen auf dieser Seite. ···●

Was du alles denken kannst

- Denkst du immer oder nur manchmal?
- Denkst du auch, während du schläfst?
- Kannst du denken, ohne an jemanden oder etwas Bestimmtes zu denken?
- Denkst du in Worten oder gar Sätzen?
- Kannst du mehr als einen Gedanken zur selben Zeit haben?
- Kann ein Gedanke wie ein Kuchen zerteilt werden?
- Wird ein Gedanke größer, wenn man ihn jemand anderem mitteilt?
- Bleibt ein Gedanke derselbe, wenn ein anderer ihn denkt?
- Können Gedanken schön sein?
- Können Gedanken schön sein, sogar dann, wenn sie nicht wahr sind?
- Wenn dein Körper so alt ist wie du selbst, sind deine Gedanken auch genauso alt?
- Können dich andere Leute ihre Gedanken denken lassen?

● **Gott und die Welt.** »Heute haben wir in Reli über Gott und die Welt gesprochen.« Notiere in deinem Lerntagebuch, was damit gemeint sein kann. ···●

Staunen, fragen, antworten – philosophieren

Heute besteht Einigkeit darüber, dass jedes Kind philosophieren kann. Das Wort Philosophie kommt aus dem › Griechischen. »Philos« heißt auf Deutsch »Freund« und »Sophia« bedeutet »Weisheit«. Ein Philosoph ist also ein »Freund der Weisheit«, und philosophieren heißt so viel wie »sich am Wissen freuen« oder auch »Lust am Wissen haben«.

Alles, was man als guter Philosoph, als gute Philosophin braucht, ist zunächst einmal die Fähigkeit, über das, was uns im Leben begegnet, zu staunen. Schon für die großen Philosophen der Antike – Sokrates, Platon und Aristoteles – ist Staunen der Ursprung allen Philosophierens. Es zeigt uns, dass das, was wir bisher vielleicht als selbstverständlich betrachtet haben, doch viel ungewöhnlicher ist, als wir gedacht haben. Diese Erfahrung führt dann fast automatisch dazu, dass man sich und anderen Fragen stellt, die uns das Ungewöhnliche erklären sollen. Besonders die Warum-Fragen sind bei Philosophen beliebt.

● **Philosophieren.** Lies den Text über das Philosophieren. Sammle in einer Liste Merkmale, die ein guter Philosoph oder eine gute Philosophin haben muss. ··· ●

Wenn jemand Fragen stellt, will er natürlich auch Antworten haben – also beginnt er über die Fragen nachzudenken. Die erste Frage, die dabei zu klären ist, ist die Frage, was ich überhaupt sicher wissen kann und woher ich etwas weiß. Gibt es das Haus, in dem ich glaube, mich zu befinden, in Wirklichkeit, oder bilde ich es mir nur ein? Wie verhält es sich mit dem Stuhl, auf dem ich sitze? Ändert sich für mich überhaupt etwas, wenn das Haus und der Stuhl lediglich in meinem Bewusstsein existieren? Es ist zwar vernünftig anzunehmen, dass außerhalb meines Bewusstseins noch etwas existiert, aber beweisen kann man das nicht. Hier setze ich also eine Annahme an den Anfang meines Philosophierens.

Dennoch sollte man, wann immer dies möglich ist, eine gegebene Antwort auf eine Frage begründen. Damit man nicht zu schnell auf falschen oder halb richtigen Antworten sitzen bleibt, ist es gut, wenn man selbst oder im Gespräch mit anderen diese Antworten immer wieder überprüft. Deshalb spielt auch das Zweifeln beim Philosophieren eine wichtige Rolle.

Können Blumen glücklich sein?

Der Philosoph Hans-Ludwig Freese erzählt in seinen philosophischen Seminaren Kindern folgende Geschichte:

»Tante Gerties Blumen sind wieder glücklich«, berichtet Freddie.

»Blumen können nicht glücklich sein«, sagt Alice, finster in der Ecke sitzend, über eine Schale Cornflakes gebeugt. »Tante Gertie spricht über Blumen, als ob es Menschen wären. Aber in Wirklichkeit haben sie gar keine Gefühle. Sie können nicht durstig, traurig oder glücklich sein.«

»Ist das richtig, Mama?«, fragt Freddie einigermaßen enttäuscht.

»Du solltest darüber lieber mit deiner Tante Gertie sprechen«, sagt die Mutter, »sie weiß mehr über Blumen als wir alle zusammen.«

● **Können Blumen glücklich sein?** Sprecht in der Religionsgruppe über das Problem, das Freddie und Alice bewegt. Was ist eure Meinung? Welche Gründe findet ihr für eure Ansichten?
Überlege dir, wie die Geschichte weitergehen könnte, und schreibe sie zu Ende. ··· ●

Der Weg nach innen

Den wichtigen Dingen des Lebens kommen wir nicht nur im Denken und Philosophieren auf die Spur. Gerade dann, wenn unser Denken an Grenzen stößt, brauchen wir neue Zugänge. Einen wichtigen Weg weist uns Teresa von Avila, eine Ordensfrau, die im 16. Jahrhundert in Spanien gelebt hat.

Teresas Weg der Erkenntnis ist der Weg nach innen: So wie sich die Schildkröte immer wieder in ihren Panzer zurückzieht, so können auch wir uns in uns selbst zurückziehen. In unserem Inneren finden wir dann oft einen ganz ruhigen und geschützten Raum, einen Raum der Stille und der Gelassenheit – und manchmal hören wir dann in unserem Inneren die Stimme Gottes, der uns seine ganz eigenen Antworten auf unsere großen Fragen gibt.

● **Schildkröten-Spruch.** Lies deiner Nachbarin oder deinem Nachbarn das Schildkrötengedicht von Gina Ruck-Pauquèt vor.
Dichte eine weitere Strophe des Gedichtes und schreibe es in dein Heft. Male dazu die Schildkröte in dein Heft und schreibe die Strophe auf den Panzer.

● **Schildkrötenübung.** Willst du ausprobieren, wie es ist, wenn man sich ganz auf sich zurückzieht? Suche dir einen freien Platz am Boden. Wenn alle so weit sind, liest jemand aus eurer Lerngruppe den folgenden Text langsam und deutlich vor:
»Setze dich mit angewinkelten Knien auf den Boden. Umarme deine Knie und ruhe mit der Stirn auf den Knien. Atme ruhig und tief ... Atme so langsam, wie es dir ohne Anstrengung möglich ist ... Lockere alle Muskeln deines Körpers bewusst ... Dein Körper soll so entspannt sein, dass du ihn nicht mehr fühlst ...
Stelle dir eine Schildkröte vor, die sich langsam und sanft einzieht, wie wenn sie von innen gezogen würde ...
Lass dich genauso sanft nach innen ziehen ... Lass es dir gut gehen dort ...
Nimm dir nun Zeit und genieße es, ganz bei dir und in der Stille zu sein ... Achte auf deinen Atem ... Was hörst du noch ... von außen ... von innen?
Wenn du möchtest, kannst du jetzt langsam anfangen, deine Glieder und deinen Kopf zu strecken ... Lass dir Zeit dabei ... Dann kannst du dich zum Abschluss räkeln, gähnen und wieder ganz da sein.«

Zeichen der Stille. Schildkröten können ganz lange ganz stillhalten.

- Du kannst dir eine Schildkröte bauen, die dir hilft, still zu sein: Suche einen großen Stein (oben gewölbt und unten glatt) für den Panzer, vier schmale längliche Steine für die Beine und einen runden für den Kopf und klebe sie mit Steinkleber zu einem Schildkrötenkörper zusammen.
- Male ein schönes Muster auf den Panzer und Augen auf den Kopf. Sie können offen oder geschlossen sein. Setze die Schildkröte an einen Platz in deinem Zimmer, wo du sie gut sehen kannst. Sie wird dich immer wieder daran erinnern, wie gut Stille manchmal tun kann.

In meinem Haus,
da lache ich,
da weine ich,
da träume ich.

Und wenn ich will,
dann schließe ich
die Tür
und bin allein.

Gina Ruck-Pauquèt

Die Schildkröte

Wenn die Gnade uns einlädt,
Gott im Inneren zu suchen,
soll man nicht denken,
man könne das mit dem Verstand machen
und sich bemühen,
sich Gott im eigenen Inneren zu denken.

Man schafft es auch nicht mit der Fantasie,
indem man sich ausmalt,
wie er in uns ist. Es ist anders:

Man hat das deutliche Gefühl,
als werde man sanft in das Innere
zurückgezogen.
Es ist wie bei einer Schildkröte,
wenn sie sich einzieht.

Teresa von Ávila

Das Leise hören. Ist das nicht ein Widerspruch: ein Lied darüber zu singen, wie man das Leise hören kann? Überlege, wie das Lied so gesungen werden kann, dass Text und Gesang übereinstimmen.

Ich will auf das Leise hören

T: Wolfgang Longardt / M: Andreas Hantke, © Claudius Verlag, München

Werkzeugkiste für schlaue Denkerinnen und Denker

In der ganzen Lernlandschaft waren wir neugierig, haben gestaunt und uns Fragen gestellt – wir haben philosophiert! Neben der Neugierde und dem Staunen, dem Fragen und den Zweifeln braucht es zum Philosophieren aber auch eine genaue Vorgehensweise, damit die Gedanken nicht ins Chaos stürzen und damit eine gute philosophische Diskussion mit mehreren Beteiligten möglich ist. Der Kinderphilosoph Thomas Jackson hat dafür einige Vorschläge gemacht, die er die »Werkzeugkiste für schlaue Denker« nennt und die in allen Wissenschaften zum Einsatz kommt. Um diese Werkzeuge anzuwenden, bedarf es schon einiger Übung – aber die Mühe lohnt sich!

Wie viel ist unendlich?

Warum bin ich nicht du?

Wo ist eigentlich die Mitte des Himmels?

D

Definition
Damit wir nicht aneinander vorbeireden, ist es oft hilfreich, genau zu erklären, was der Sprecher oder die Sprecherin mit einem Wort, das benutzt wird, meint. Wer das Werkzeug D zeigt, will eine Definition dessen, worüber gerade gesprochen wird.

● **Gemeinsam philosophieren.** Lauter philosophisch gewichtige Fragen auf dieser Seite – schau sie dir genau an!
- Notiert weitere Fragen, über die ihr gerne nachdenken würdet, an der Tafel.
- Setzt euch nun in Gruppen zu je fünf bis sechs Personen zusammen und sucht gemeinsam eine Frage aus, mit der ihr euch ausführlich beschäftigen wollt.
- Jetzt geht das Philosophieren los – die »Werkzeugkiste für schlaue Denkerinnen und Denker« soll euch dabei helfen, dass euer Gespräch in geordneten philosophischen Bahnen verläuft. Fertigt für jedes der sechs Werkzeuge eine Karte mit dem entsprechenden Anfangsbuchstaben an. Wer etwas sagt, muss überlegen, welches der sechs Werkzeuge zum Einsatz kommen soll, und hebt die entsprechende Karte hoch. Oft empfiehlt es sich, mit einer Annahme (A) zu beginnen. Ihr dürft die Werkzeuge natürlich mehrmals benutzen.
- Fasse am Ende der Gesprächsrunde wichtige Ergebnisse in deinem Lerntagebuch zusammen.

Z

Zweifel
Philosophen lassen ihre Aussagen immer wieder überprüfen.
Das Werkzeug Z zeigt an, dass ich an einer bestimmten Aussage Zweifel habe und dass ich diesen äußern möchte.

Wann ist man tot?

Wo war ich vor meiner Geburt?

Gibt es wirklich Engel?

B

Beispiel
Damit das Philosophieren nicht zu abstrakt wird, können wir mithilfe von Beispielen oder Gegenbeispielen unsere Meinungen veranschaulichen. Dazu zeigen wir das Werkzeug B, wenn wir die oder den anderen um ein Beispiel bitten wollen oder selbst ein Beispiel einbringen können.

Wie können die großen Bäume in meinen Kopf hineinkommen?

G

Grund
Schlaue Denkerinnen und Denker geben sich nicht nur damit zufrieden, eine Meinung zu äußern; sie fragen auch danach, warum jemand zu dieser Ansicht kommt. Wer das Werkzeug G hochhält, will eine Meinung begründen.

Warum glauben die Starken, dass sie immer recht haben?

Können Blumen glücklich sein?

A

Annahme
Zum Philosophieren gehört es, dass wir manchmal über Dinge spekulieren müssen, die wir nicht genau wissen können. Umso wichtiger ist es, dass wir solche Annahmen von Fakten unterscheiden. Wer das Werkzeug A zeigt, macht diese Unterscheidung deutlich.

F

Folgerung
Die Folgerung ist eine wichtige Aktion beim Philosophieren: Aus einer Annahme oder einer Tatsache wird auf einen anderen Sachverhalt geschlossen.
Nicht immer sind die Folgerungen zwingend – wer das Werkzeug F zeigt, will nicht nur die Folgerung anzeigen, sondern auch verdeutlichen, wie zwingend diese ist.

Warum gibt es überhaupt etwas? Warum ist nicht nichts?

Philosophieren. »Kann ich das auch?«, so fragt dich dein Freund oder deine Freundin. Schreibe ihm oder ihr in deinem Lerntagebuch einen > Brief, in dem du erklärst, wie man philosophiert.

Was ist der Unterschied zwischen Gut und Böse?

Menschen suchen Gott

Wo komme ich her? Wo gehe ich hin? Wie kann ich gut, glücklich und sinnvoll leben? Zu allen Zeiten haben Menschen sich diese Fragen gestellt. Antworten suchen und finden sie in den Religionen, in ihrer Hinwendung zu den Göttern bzw. zu Gott.
Aber sie finden nicht nur Antworten, sondern stellen auch weitere Fragen. Nicht wenige Menschen bezweifeln angesichts von Leid, Tod und Schmerz in der Welt, dass es Gott überhaupt gibt.
Über diese Fragen und Antworten wollen wir im folgenden Kapitel miteinander nachdenken.

Das Bild befragen. Der Künstler Gerhard Richter hat 2007 ein riesiges Kirchenfenster im Südquerhaus des Kölner > Doms entworfen. Einen Ausschnitt davon siehst du auf der rechten Seite. Das Fenster ist 106 Quadratmeter groß und besteht aus 11.263 Quadraten aus mundgeblasenem Antikglas, jedes davon 9,6 x 9,6 Zentimeter groß. Richter hat 72 unterschiedliche Farben gewählt, die nach dem Zufallsprinzip angeordnet wurden.
Das Kirchenfenster wurde stark kritisiert – viele meinten, es habe keine Beziehung zu Gott und zur Kirche. Erörtert diese Kritik in Kleingruppen und formuliert euer Urteil:

- Das Fenster hat mit Gott zu tun, weil ...
- Das Fenster hat keinen Bezug zu Gott, weil ...

Gestaltet auf einem quadratischen Blatt einen Ausschnitt des Kirchenfensters mit Farben eurer Wahl (Anregungen zur Farbsymbolik findet ihr auf S. 111). Überlegt hierbei, was eure Bildgestaltung mit Gott zu tun hat, und stellt eure fertigen Bilder einander vor. Ihr könnt auch eine Ausstellung mit euren Bildern machen. Stellt den Künstlerinnen und Künstlern aus eurer Klasse Fragen zu ihrem Kunstwerk.

Gerhard Richter, 2007

Große Sonderausstellung Gott

Herzlich willkommen zu unserer Ausstellung! Bitte setze dich in den Stuhlkreis. Dort wird die Ausstellung feierlich eröffnet. Eine solche Eröffnung nennt man »Vernissage«. Als »Ausstellungskatalog« legst du einen DIN-A4-Ordner oder ein DIN-A4-Heft an. Auf den vorderen Umschlag schreibst du den Titel unserer Ausstellung. Alles Material, das du während der Ausstellungstage bekommst und dir erarbeitest, heftest oder klebst du hier ein. So erhältst du Schritt für Schritt deinen ganz persönlichen Ausstellungskatalog!

Um Himmels willen! Alles leere Bilderrahmen! Und das soll eine Ausstellung sein? Oder weisen die leeren Rahmen auf das strenge Bilderverbot in der Bibel (Ex 20,4 und Dtn 5,8) hin? Dann wäre eine Ausstellung sinnlos.
Aber wir Menschen kommen ohne Vorstellungen von Gott nicht aus, und über solche Vorstellungen wollen wir miteinander ins Gespräch kommen. Es ist ja ganz speziell deine Ausstellung, und bevor wir uns anschauen, wie andere Menschen sich Gott vorstellen, sollst du hier in **Ausstellungsraum 1** zusammen mit deinen Mitschülerinnen und Mitschülern überlegen, wie ihr euch Gott vorstellt.

Gottesbilder. Gestalte auf der ersten Seite deines Ordners deine Vorstellung von Gott. Wenn du nicht malen oder grafisch gestalten willst, dann versuche, Gott mit fünf bis sieben Worten zu beschreiben. Wenn dir auch das schwerfällt, kannst du beschreiben, was Gott deiner Meinung nach nicht ist.

2

Menschen können also nicht nur mit Stiften und Farben, sondern auch mit Worten Gott »malen«. Hier in **Ausstellungsraum 2** findest du einige der vielen Bildworte aus dem > Alten Testament, welche die christlichen Vorstellungen von Gott entscheidend prägen. Sie sind ganz unterschiedlich, wollen und sollen sich gegenseitig ergänzen.

Herr, du mein Fels,
meine Burg,
mein Retter.

Ps 18,3

Gott, du bist mit Hoheit und Pracht bekleidet. Du hüllst dich in Licht wie in ein Kleid.

Ps 104,1f.

Die Stimme des Herrn sprüht flammendes Feuer, die Stimme des Herrn lässt die Wüste beben.

Ps 29,7f.

Kann denn eine Mutter ihr Kind vergessen? Selbst wenn sie es vergessen würde: Ich vergesse dich nicht. Sieh her: Ich habe dich in meine Hände gezeichnet.

Jes 49,15f.

Denn bei dir ist die Quelle des Lebens, in deinem Licht schauen wir das Licht.

Ps 36,10

So spricht Gott zu seinem Volk: Ich war für sie wie die Eltern, die den Säugling an ihre Wange heben.

Hos 11,4

Mit Worten malen. Suche dir dein Lieblingswortbild aus. Schreibe es ab und male das entsprechende Bild dazu in deinen Ausstellungskatalog. Entfalte: Mit welchem der angebotenen Gottesbilder hast du Schwierigkeiten? Warum?

Lies folgende Bibelstellen: Jes 49,15f. auf dieser Seite, Ps 139,5 und Ps 63,9 auf S. 46. Erläutere, was die Verfasser mit dem Bild von der Hand ausdrücken wollen.
Male in deinen Ausstellungsordner ein Bild, auf dem das Verhältnis zwischen Gott und Mensch mit dem > Symbol einer Hand dargestellt ist.

Der **Ausstellungsraum 3** nimmt dich mit auf eine nächtliche Reise: In seinem Roman »Lewis Reise« erzählt der schwedische Schriftsteller Per Olov Enquist ein Erlebnis, das er so oder ganz ähnlich als Heranwachsender etwa in deinem Alter hatte.

3

Gottes Sternenstaub

Unterhalb der Hagebuttenhecke, an dem leichten Hang zur Quelle hinunter, da war die richtige Stelle. Da konnte man es zusammenbekommen. Da konnte man sich in den Schnee legen, vorsichtig, ein paar Zentimeter einsinken und das weiche Schneegrab schaffen, das es möglich machte, zu Gott aufzusehen, dem, der hinter den Sternbildern war.

Die Sternbilder selbst waren nicht so interessant. Die hatte ich auf Butterbrotpapier zu zeichnen gelernt. Die konnte man lernen. Die Leier und Kassiopeia und so. Sie waren nicht schwieriger zu zeichnen als die Schwedenkarte mit den angrenzenden nordischen Reichen. Die Sternbilder konnte man lernen.

Aber hinter ihnen gab es das nicht Eingezeichnete. In kalten und klaren Winternächten war der Sternenhimmel so deutlich und beinahe so funkelnd klar, dass die Sterne in mehreren Schichten über dem Schneegrab lagen: zuerst die bekannten Sterne, die man auf das Butterbrotpapier zeichnen konnte, wenn man in der Küche auf dem Fußboden lag; dann das, was man nicht abzeichnen konnte.

Der Sternenteppich hinter, hinter! den sichtbaren Sternen, das war das, was man nicht zeichnen konnte. Das war die Erklärung dafür, dass die Fragen so schwer waren, und die Antworten so einfach, dass man es fast nicht glauben konnte.

Es gab einen Unterschied zwischen dem, was man zeichnen konnte, dem Sichtbaren, und dem, was dahinter lag, Gottes Sternenstaub. Aber wie konnte man Gott verstehen? Es war so herzzerreißend schwer, alles dazu zu bringen, dass es zusammenhing.

Die Kunst war, das zu verstehen, was man nicht zeichnen konnte.

Ich konnte dann vollkommen still im Schnee liegen und fühlen, wie es deutlicher und deutlicher wurde. Selbst war man – es war notwendig, »man« zu denken und nicht »ich« – ein kleiner Mensch im Schnee. Und der Schnee war warm und wie Großmutters Schaffelldecke. Aber hoch über dem unwissenden und verwirrten Menschen, der nicht ein noch aus wusste, lagen die Sterne wie Schicht um Schicht von vielen Schaffelldecken, obwohl es gewissermaßen Butterbrotpapier war: zuerst das Begreifbare, das man zeichnete, und dahinter die kleineren Sterne, die fast unbekannt waren, und noch weiter dahinter, wie Mehlstaub, das beinah Erschreckende, das das eigentliche Rätsel war, das niemand beantworten konnte.

Wenn man sich mit aller Kraft anstrengte, konnte man zwischen die verschiedenen Schichten gelangen. Immer näher an den Sternenstaub. In das Unendliche. Und wenn man sehr langsam atmete, war es, als würde der Körper schwerelos. Und man stieg und stieg, und plötzlich konnte man spüren, dass dort oben, unermesslich weit weg, das war, von dem man als Gott sprach, was man Gott nannte. Das war das Benannte, es war ganz und gar möglich.

Per Olov Enquist

● **Unter dem Sternenstaub.** Zeichne auf ein Blatt Papier einen großen Kreis. Schreibe oder male in diesen Kreis alles, was der Junge wahrnehmen und benennen kann.
Überlege: Was lässt sich nicht so einfach zeichnen oder benennen? Schreibe dies um den Kreis herum.

● **Ganz hinten.** Enquist sagt, dass sich ganz hinten das beinah Erschreckende, das eigentliche Rätsel befinde. Überlege, was er damit meint, und tausche dich dann mit deiner Banknachbarin oder deinem Banknachbarn aus. Wer oder was ist Gott für den Jungen in diesem Text? Wie charakterisiert er ihn? Schreibe diese Charakterisierung in deinen Ausstellungsordner.

4

Der **Ausstellungsraum 4** erzählt von einer biblischen Gestalt, die ihr vielleicht schon kennt: Mose. > Mose, ein > Israelit, ist am Hofe des > Pharao aufgewachsen, als sein Volk in > Ägypten Frondienst leisten musste. Als Mose sah, wie hart und willkürlich die ägyptischen Aufseher gegen die Fronarbeiter vorgingen, erschlug er einen von ihnen. Dabei wurde er beobachtet und musste in ein fremdes Land fliehen, nach Midian, wo er heiratete und die Schafe und Ziegen seines Schwiegervaters hütete. Dort – so erzählt es die Bibel – hat sich Folgendes ereignet:

Der brennende Dornbusch

Einmal kam Mose mit seinen Schafen bis nahe an den Berg Sinai. Da sah er einen Dornstrauch, der lichterloh brannte. Er betrachtete den Strauch eine ganze Weile. »Wie ist das nur möglich?«, fragte sich Mose erstaunt. »Der Strauch brennt und doch verbrennt er nicht. Ich will hingehen und sehen, warum er nicht verbrennt.« Neugierig ging Mose auf den Strauch zu.

Plötzlich hörte Mose eine Stimme aus dem Feuer: »Mose!« Und Mose antwortete: »Hier bin ich!« – »Komm nicht näher!«, rief die Stimme. »Ziehe deine Schuhe aus, denn du stehst auf heiligem Land.« Und die Stimme sprach weiter: »Ich bin der Gott Abrahams, Isaaks und Jakobs.« Da schlug Mose die Hände vor sein Gesicht. Er wagte nicht aufzuschauen. Aber er hörte, wie Gott zu ihm sprach: »Mose, geh nach Ägypten zurück! Geh zum Pharao und sage ihm: ›Lass mein Volk Israel frei!‹ Denn ich habe gesehen, wie das Volk Israel unter den Ägyptern leidet. Ich habe ihr Klagen gehört. Ich leide mit ihnen und will sie retten und aus Ägypten hinausführen. Ich will sie nach Hause bringen, in das Land, wo Milch und Honig fließen. So geh nun hin und führe mein Volk aus Ägypten heraus.«

»Wer bin ich, dass ich zum Pharao gehen und Israel aus Ägypten führen kann?«, fragte Mose erschrocken. »Ich bin für dich da«, sprach Gott zu Mose. »Aber«, wandte Mose ein, »sie werden mir nicht glauben, wenn ich zu ihnen komme. Sie werden fragen: Was ist das für ein Gott, von dem du redest?« Da sprach Gott: »Ich-bin-da. Das ist mein Name. Ich bin der Gott eurer Väter, der Gott Abrahams, Isaaks und Jakobs. Geh zu den Israeliten und sage ihnen, dass dich der Ich-bin-da gesandt hat.«

Aber Mose zögerte noch. »Ach, Herr«, rief er. »Ich kann es nicht. Ich konnte noch nie gut vor anderen reden. Und jetzt erst recht nicht.« – »Ich werde dir sagen, was du reden sollst«, sprach Gott. »Nein, nein!«, antwortete Mose. »Nimm, wen du willst, aber mich nicht!« Aber Gott sprach: »Aaron, dein Bruder, wird dir helfen. Er wird mit dir zum Pharao gehen und für dich sprechen. Er ist schon unterwegs zu dir und kommt dir entgegen.« Und Mose hörte auf die Stimme Gottes und machte sich auf den Weg zurück nach Ägypten.

Nach Ex 3 und 4

● **Die Gottesbegegnung.** Teile die Geschichte in kleinere Abschnitte ein und gib ihnen jeweils eine Überschrift. Was lässt sich aus deinen Überschriften über Gott im > Alten Testament sagen? Beginne deine Sätze mit: »Gott ist ...« oder schreibe, was er tut. Beschreibe auch die Reaktion des Mose darauf.

● **Gespräch.** Verfasse in deinem Lerntagebuch einen Dialog zwischen Mose und dir, in dem ihr über seine Gotteserfahrung sprecht. Erzähle ihm auch, was du über Gott gelernt hast.

Marc Chagall, 1960–1966

● **Fragen an Gott.** Überlege: Wenn du Mose wärst, welche Fragen würdest du Gott stellen? Sammelt eure Fragen an Gott an der Tafel.

◎ **Bildbetrachtung.** Sieh dir das Bild auf dieser Seite gut an. Darauf sind unterschiedliche Ereignisse dargestellt, denen unterschiedliche Farben zugeordnet sind. Welche Geschehnisse aus dem Text »Der brennende Dornbusch« kannst du im Bild erkennen? Was kannst du nicht zuordnen? Tauscht euch in der Gruppe darüber aus. Deute die Farbsymbolik des Bildes. Anregungen dazu findest du auf S. 111.

● **Gottesname.** Informiere dich im Lexikon darüber, was > »Jahwe« bedeutet. Schreibe den Namen »Jahwe« und seine Übersetzung in Schönschrift in deinen Ausstellungsordner. Male dazu ein passendes Bild.

5

Im **Ausstellungsraum 5** findest du ein Bild und zwei Texte. Sie veranschaulichen, was Jesus uns von Gott, seinem Vater, sagen wollte.

Max Slevogt, 1899

Bildbetrachtung. Das Bild von Max Slevogt lässt sich in der Mitte in zwei Hälften teilen. Bildet Zweiergruppen, in denen jeweils eine oder einer für eine Bildhälfte verantwortlich ist.
Beschreibt: Was ist dargestellt? Welche Farben fallen ins Auge? (Vgl. S. 111) Achtet auf die Raumgestaltung, bei den Personen auf Körperhaltung, Gesichtsausdruck, auf ihre Hände. Formuliert abschließend eine Gedanken- oder Sprechblase für eure jeweiligen Personen.

Bibeltext und Bild. Vergleicht das Bild mit dem Bibeltext. Welche Szene hat der Künstler dargestellt? Seht ihr Unterschiede zum Text? Beschreibt diese.

Das Gleichnis vom barmherzigen Vater

Weiter sagte Jesus: Ein Mann hatte zwei Söhne. Der jüngere von ihnen sagte zu seinem Vater: Vater, gib mir das Erbteil, das mir zusteht. Da teilte der Vater das Vermögen unter sie auf. Nach wenigen Tagen packte der jüngere Sohn alles zusammen und zog in ein fernes Land. Dort führte er ein zügelloses Leben und verschleuderte sein Vermögen.

Als er alles durchgebracht hatte, kam eine große Hungersnot über jenes Land und er begann Not zu leiden. Da ging er zu einem Bürger des Landes und drängte sich ihm auf; der schickte ihn aufs Feld zum Schweinehüten. Er hätte gern seinen Hunger mit den Futterschoten gestillt, die die Schweine fraßen; aber niemand gab ihm davon.
Da ging er in sich und sagte: Wie viele Tagelöhner meines Vaters haben Brot im Überfluss, ich aber komme hier vor Hunger um. Ich will aufbrechen und zu meinem Vater gehen und zu ihm sagen: Vater, ich habe mich gegen den Himmel und gegen dich versündigt. Ich bin nicht mehr wert, dein Sohn zu sein; mach mich zu einem deiner Tagelöhner.

Dann brach er auf und ging zu seinem Vater …

Lk 15,11–20

Fortsetzung. Stelle Vermutungen an, wie das > »Gleichnis vom barmherzigen Vater« wohl ausgeht. Vergleiche sie anschließend mit dem tatsächlichen Ende des Gleichnisses in Lk 15,21–32.
Beschreibe jeweils in ein bis zwei Sätzen den Vater und seine beiden Söhne.
Ergänze: Wenn Gott so ist und handelt wie der Vater im Gleichnis, dann ist er …

- Er ist uns nah und doch groß und erhaben.
- Er ist liebevoll und fürsorgend.
- Er hat Zeit für sein Kind und beschützt es.
- Er hat jederzeit ein offenes Ohr für die Probleme seines Kindes.
- …

VATER UNSER IM HIMMEL

Geheiligt werde dein Name.
Dein Reich komme.
Dein Wille geschehe,
wie im Himmel, so auf Erden.
Unser tägliches Brot gib uns heute.
Und vergib uns unsere Schuld,
wie auch wir vergeben unsern Schuldigern.
Und führe uns nicht in Versuchung,
sondern erlöse uns von dem Bösen.
Denn dein ist das Reich
und die Kraft und die Herrlichkeit
in Ewigkeit.
Amen.

Das Vaterunser ist das Grundgebet der ganzen Christenheit. Es ist das Vermächtnis Jesu an alle, die an ihn glauben. In der Anrede »Abba« = »lieber Vater«, »lieber Papa« zeigt sich, wie sehr Jesus Gott, seinen Vater, liebt und ihm tief vertraut.

Vater. Im Kasten links findest du Charakterisierungen von Gott, wie er uns im Vaterunser begegnet. Schreibe sie in deinen Ausstellungsordner und ergänze sie um eigene Charakterisierungen.
Diskutiert: Stimmen diese Aussagen auch, wenn wir sie auf eine Mutter beziehen?
Versetze dich in die Rolle des heimkehrenden Sohnes und überlege: Welche Bitten des Vaterunsers würde er an seinen Vater richten?

6

Was meinen die Christen eigentlich, wenn sie beim Kreuzzeichen »Im Namen des Vaters, des Sohnes und des Heiligen Geistes« sagen? Ist es ein Gott oder sind es drei Götter, an die sie glauben? Im **Ausstellungsraum 6** findest du verschiedene Versuche, sich dieser Frage zu nähern.

Philipp Schönborn, 1999

Farben und Symbole Der Künstler Philipp Schönborn hat die Beziehung von Vater, Sohn und Geist in Farben und › Symbolen dargestellt. Wie wirkt sein Werk auf dich? Was ist dein erster Eindruck? Beschreibe das Kunstwerk genauer. Suche gemeinsam mit anderen nach weiteren Symbolen für Gott Vater, Sohn und Geist und fertige ein eigenes Kunstwerk an. Dieses ist für deinen Ausstellungskatalog gedacht.

Gott – der Dreieine

Die › Israeliten hatten Gott in ihrer Geschichte als einen einzigen erfahren. Anders als viele Völker zu dieser Zeit glaubten sie nicht mehr an mehrere Götter, sondern an den einen Gott mit dem Namen › Jahwe – »Ich bin da«. Auch Christen bekennen sich zu diesem einen und einzigen Gott. Sie glauben, dass Gott im Laufe der Zeit den Menschen immer mehr über sich mitgeteilt hat – auf besonders eindrückliche Weise in Jesus. So bekennen Christen sich zu ihrem Gott als dem »dreieinen« oder auch »dreifaltigen« Gott. Was bedeutet das?

- **Gott über uns:** als der Schöpfer, als der Ursprung und die Quelle des Lebens; als Vater für uns alle, und als solcher kein ferner, sondern ein naher Gott; einer, der jedem Menschen entgegenläuft.
- **Gott mit uns:** als Sohn, der in Jesus Christus Mensch geworden ist; Jesus gleichzeitig als Mensch und Gott – als einer, der sich unter die Menschen begeben hat, mit ihnen gelebt, gelacht und auch gelitten hat. Zugleich vertrat er in seinem Reden und Tun auf einmalige Weise Gottes Willen – so wie sich Gott in vielen Erzählungen im Alten Testament als »Gott mit uns« erwiesen hat. Er hatte eine ganz besondere Beziehung zu Gott – so sehr, dass wir an ihn als Gottes Sohn glauben, der nach seiner Auferweckung durch Gott bei ihm ist. In Jesus hat Gott für uns ein Gesicht bekommen.
- **Gott in uns:** als Heilige Geistkraft, die uns persönlich nahe ist, die uns wie der Atem belebt und uns am Leben erhält. Die Geistkraft Gottes ist auch nach der Zeit Jesu auf Erden den Menschen nahe und lässt sie seine Liebe spüren.

Es ist also *ein* Gott, an den Christinnen und Christen glauben: ein Gott, der schon immer da war und alles in Händen hält, der sich den Menschen durch Jesus in unglaublicher Weise genähert hat und der sie auch nach Jesu Tod und Auferstehung nicht allein lässt, sondern sie mit seiner allumfassenden Liebe begleitet.

Der Dreieine. Schreibe in deinen Ausstellungsordner in Großbuchstaben untereinander: VATER – SOHN – GEIST. Lass nach jeder der drei Bezeichnungen mindestens drei Zeilen frei. Schreib neben jedes Wort Begriffe, die dir dazu einfallen.
Erkläre: Was meinen die Christen, wenn sie Gott als Vater, Sohn und Heiligen Geist bezeichnen? Beantworte die Frage mithilfe des Textes oben.

Zu dieser Darstellung dreier Hasen, die an den Ohren miteinander verbunden sind, gehört folgender Merksatz: »Der Hasen und der Ohren drei, und doch hat jeder Hase zwei«. Auf den ersten Blick sieht es so aus, als hätte jeder Hase nur ein Ohr. Betrachtet man aber jeden für sich, hat wirklich jeder einzelne von ihnen zwei Ohren. Er erscheint in diesem Bild ganz und vollständig. Gleichzeitig bedarf jeder der drei Hasen der Ohren des anderen, um ganz und vollständig zu sein.

Das Hasenfenster aus dem Kreuzgang des > Doms zu Paderborn, 16. Jh.

Drei Hasen. Fertige eine Umrisszeichnung der drei Hasen an. Betone durch eine entsprechende farbliche Gestaltung das Gemeinsame und das Unterschiedliche dieser drei Figuren. Das »Drei-Hasen-Fenster« wurde häufig als Symbol für die Dreifaltigkeit Gottes angesehen. Diskutiert nach euren bisherigen Überlegungen: Was spricht dafür – was spricht dagegen?

Drei Götter? Deine muslimische Mitschülerin fragt dich: »Glaubt ihr wirklich an drei Götter?« Schreibe in dein Lerntagebuch einen Text, in dem du erklärst, wie das wirklich ist.

Der Dichter und Kabarettist Hanns-Dieter Hüsch (1925–2005) hat versucht, die Lebendigkeit und Kraft des dreieinigen Gottes in einem Gedicht in Worte zu fassen:

Gott ist nicht leicht
Gott ist nicht schwer
Gott ist schwierig
Ist kompliziert ...
Aber nicht schwer
Gott ist das Lachen nicht das Gelächter
Gott ist die Freude nicht die Schadenfreude
Das Vertrauen nicht das Misstrauen
Er gab uns den Sohn um uns zu ertragen
Und er schickt seit Jahrtausenden
Den Heiligen Geist in die Welt
Dass wir zuversichtlich sind
Dass wir uns freuen
Dass wir aufrecht gehen ohne Hochmut
Dass wir jedem die Hand reichen ohne Hintergedanken
Und im Namen Gottes Kinder sind
In allen Teilen der Welt
Eins und einig sind ...

Gedicht. Lest den Gedichtauszug von Hanns-Dieter Hüsch genau. Er schreibt dem Vater, dem Sohn und dem Heiligen Geist besondere »Lebenshilfen« für uns Menschen zu. Schreibt diese zu euren bisherigen Notizen zu »Vater – Sohn – Geist«.

Lied. »Komm, Heiliger Geist, der Leben schafft« (GL 342) ist ein sehr altes > Lied. Auch in diesem Lied ist von der Kraft und den besonderen Gaben des Heiligen Geistes die Rede. Ergänzt diese in euren Aufzeichnungen.

Versuch. Ihr habt euch jetzt mit einer komplizierten Frage beschäftigt. Geht noch einmal eure Aufzeichnungen zu diesem Ausstellungsraum durch. Übt in Partnerarbeit eine Szene ein, in der ihr eurer muslimischen Mitschülerin erläutert, was es für die Christen bedeutet, wenn sie vom dreifaltigen Gott sprechen. Als Alternative könnt ihr auch einen Artikel zum Thema für ein Schülerlexikon schreiben.

Immer wieder fragen sich Menschen, warum es so viel Unglück und Leid in der Welt gibt. Ist vielleicht sogar Gott an allem schuld? Es heißt doch, er wäre allmächtig! Warum greift er dann nicht ein? Diese große Frage, warum es völlig unverschuldetes Leid gibt, obwohl es von Gott doch heißt, er sei gütig und außerdem allmächtig, nennt man die Theodizeefrage. Damit beschäftigt sich **Ausstellungsraum 7**. Viele Menschen haben sich über diese Frage den Kopf zerbrochen. Eine Antwort, die alle Menschen zufriedenstellt, ist schwer zu finden.

Warum lässt der gute Gott das Leiden zu?

Diese Frage stellt sich auch der zehnjährige Oskar in dem Buch »Oskar und die Dame in Rosa« von Éric-Emmanuel Schmitt. Oskar hat Leukämie und weiß, dass er nur noch kurze Zeit zu leben hat. Seine Eltern meiden das Thema. Nur »Oma Rosa«, die ihn regelmäßig im Krankenhaus besucht, hat den Mut, mit Oskar über seine Fragen nachzudenken. Sie rät ihm, sich jeden verbleibenden Tag seines Lebens wie zehn Jahre vorzustellen. So durchlebt Oskar ein ganzes Menschenleben: Pubertät, erste Liebe, Eifersucht und das Alter. Über all dies und seine Gespräche mit Oma Rosa schreibt Oskar dem lieben Gott. Auf dieser Seite findest du einige Auszüge aus Oskars Briefen:

So, lieber Gott. Nun habe ich Dir in meinem ersten Brief ein wenig von meinem Leben hier im Krankenhaus erzählt, wo man mich inzwischen für einen medizinischen Bremsklotz hält, und ich möchte Dich um eine Erklärung bitten: Werde ich wieder gesund? Antworte mit Ja oder Nein. Ist doch nicht zu schwer? Ja oder Nein. Streich einfach die falsche Antwort durch.
Bis morgen, Küsschen, Oskar
P.S.: Ich habe keine Adresse von Dir. Was soll ich machen?

Als Oskars Freundin Peggy Blue, die er im Krankenhaus kennengelernt hat, in den OP zu einer lebensgefährlichen Herzoperation geschoben wird, sagt er zu Oma Rosa:
»Warum lässt dein lieber Gott zu, dass es Menschen gibt wie Peggy und mich, Oma Rosa?«
»Zum Glück hat er euch erschaffen, lieber Oskar, denn ohne euch wäre das Leben nur halb so schön.«
»Nein, Sie verstehen mich nicht. Warum lässt Gott es zu, dass man krank wird? Entweder ist er böse. Oder er ist eine Flasche.«
»Oskar, eine Krankheit ist wie der Tod. Das ist eine Tatsache und keine Strafe.«

Eines Tages fragt Oma Rosa:
»Wollen wir nicht den lieben Gott besuchen?«
»Ach, haben Sie seine Adresse rausgekriegt?«
»Ich glaube, er ist in der Kapelle.«
Oma Rosa zog mich an, als würden wir zum Nordpol aufbrechen, sie nahm mich in die Arme und führte mich zu der Kapelle, die sich im Krankenhausgarten befindet, noch hinter den vereisten Grünflächen, na ja, Dir brauche ich ja nicht zu erklären, wo Dein Zuhause ist.
Ich habe natürlich einen Riesenschreck bekommen, als ich Dich dort hängen sah, als ich Dich in diesem Zustand gesehen habe, fast nackt, ganz mager an deinem Kreuz ... Das hat mich an mich selbst erinnert. Ich war empört. Wär' ich der liebe Gott, wie Du, ich hätte mir das nicht gefallen lassen.
»Oma Rosa, im Ernst: ... Sie werden doch so einem nicht vertrauen!«
»Warum nicht, Oskar ...Wem fühlst Du Dich näher? Einem Gott, der nichts fühlt, oder einem Gott, der Schmerzen hat?«
»Einem, der Schmerzen hat, natürlich. Aber wenn ich er wäre, wenn ich der liebe Gott wäre, wenn ich so wie er alle Möglichkeiten hätte, würde ich mich um die Schmerzen drücken.«

Éric-Emmanuel Schmitt

● **Fragen.** Schreibe in deinen Ausstellungsordner die Fragen, die Oskar Gott stellt. Schreibe auch dazu, was Oskar über einen Gott denkt, der leidet.
Auf die Frage, warum Gott das Leiden zulässt, findest du auf der rechten Seite mehrere Antwortversuche. Setze dich damit auseinander. Welche Aussage erscheint dir stimmig? Begründe deine Position.

Leid im Bild. Beschreibt das Bild von Gottfried Helnwein. Achte besonders auf das Gesicht des Kindes, seine Körperhaltung und die Farbgebung.
Überlegt dann: Was könnte dem Kind auf dem Bild zugestoßen sein? Sammelt Beispiele für Leidsituationen, die Einzelne betreffen, und solche, unter denen ganze Menschengruppen leiden.
Erörtert den Titel des Bildes »Leid macht stark«. Entwerft andere Bildtitel.

Gottfried Helnwein, 1974

»Gott ist gut und allmächtig. Alles, was geschieht, will er auch so. Das Leiden ist eine Strafe für Böses, was Menschen getan haben. Durch die Strafe sollen sich die Menschen bessern.«

»Was Menschen einander an Leid zufügen, dürfen wir Gott nicht vorwerfen. Gott lässt es zu, denn er gibt den Menschen die Freiheit, sich für Gutes oder Böses zu entscheiden.«

»Gott ist gut, aber seine Stärke ist anders als die Macht von Menschen. Wenn Menschen leiden, leidet er mit ihnen. Er ist immer auf der Seite derer, denen Leid und Unrecht geschieht.«

»Wir können Gott nicht verstehen und wir können das Leiden nicht ganz erklären. Wir wissen nicht, warum Gott das Leid zulässt. Wir müssen Gott danach fragen und uns auch bei ihm beklagen.«

8

Zu allen Zeiten und in allen Kulturen haben sich Menschen an ihren Gott oder ihre Götter gewandt und ihre Anliegen, ihre Freude, ihre Angst und ihre Trauer zum Ausdruck gebracht, so auch das Volk Israel und wir Christen. Heute bezweifeln viele Menschen aber den Sinn des > Betens. Zum Beten gehören nicht nur Worte und Gedanken, sondern auch Haltungen. In **Ausstellungsraum 8** erfährst du etwas darüber und kannst diese Erfahrungen auch selbst in die Tat umsetzen.

● **Einwände.** Nicht alle Menschen glauben an Gott, und nicht alle Menschen beten. Hier findest du einige Einwände gegen das Beten. Kannst du die Liste verlängern? Entfalte: Welchen Einwand findest du besonders schwerwiegend und schwierig zu entkräften?
Organisiert eine Podiumsdiskussion zum Thema »Beten – pro und contra«.

● **Gebete?** Vergleiche die beiden Gebetstexte von Jugendlichen auf S. 45. Beschreibe: Welche Vorstellungen von Gott haben die beiden Jugendlichen? Welche Wünsche und Erwartungen haben sie? Beten eigentlich beide? Begründe deine Meinung.

Beten heißt mit Gott sprechen

Beten heißt, zu Gott zu sprechen wie zu einem geliebten Menschen. Dies kann auf ganz unterschiedliche Weise geschehen: Bei einem geliebten Menschen kann ich mein Leid klagen, mich ausweinen, um mich vielleicht trösten zu lassen. Ich kann ihm aber auch mal so richtig die Meinung sagen, wenn ich wütend bin, ihn sogar anschreien. Oder aber ich bin ihm dankbar dafür, dass er mir so oft geholfen hat und mich nicht im Stich lässt. Anderen gegenüber lobe ich dann auch seine Klugheit, seine Liebe und Größe. Manchmal fehlen mir auch die Worte.

Wenn ich ganz froh bin, dann springe, hüpfe und tanze ich vor Freude. Und wenn ich ganz verzweifelt bin, fällt mir nichts mehr ein – ich sitze dann einfach bei dem geliebten Menschen und sage gar nichts mehr.

Auch Jesus hat gebetet. Als Jude war sein Gebetbuch vor allem das »Buch der › Psalmen« aus dem Alten Testament, das für Juden und Christen bis heute ein fester Bestandteil des Gottesdienstes ist. Das wichtigste Gebet für uns Christen aber ist das Gebet, das Jesus selbst seine Jünger gelehrt hat: das Vaterunser (vgl. S. 39).

Hier zwei Texte von Jugendlichen:

Du bist nah
näher als alles
so sehr, dass es uns als weit erscheint
weiter
als ich dich je erreichen kann
doch du läufst mir entgegen
Ich fühle deine Wärme
zu weit
zu nah
nichts von beidem
jedoch du bist da
wenn ich dich brauche
ich bete

Nils Opper

Gott sagt mir nichts,
wenn ich sauer bin.
Gott sagt mir auch nichts,
wenn ich fröhlich bin.

Gott sagt mir nichts,
wenn ich Probleme habe.
Gott sagt mir auch nichts,
wenn alles glattläuft.

Gott sagt mir nichts,
wenn ich unrecht habe.
Gott sagt mir auch nichts,
wenn ich recht habe.

Gott sagt mir nichts,
wenn ich Erfolge erlebe.
Gott sagt mir auch nichts,
wenn ich Misserfolge erlebe.

Gott sagt mir nichts,
wenn ich euphorisch* bin.
Gott sagt mir auch nichts,
wenn ich am Boden zerstört bin.

Nie sagt Gott mir etwas!
Aber warum?

Lina Bock

* euphorisch = besonders glücklich

9

In **Ausstellungsraum 9** beschäftigen wir uns vor allem mit den > Psalmen. Sie sind das Gebet- und Gesangbuch der > Bibel und haben Menschen in allen Lebenssituationen begleitet. »Psalm« bedeutet so viel wie »von einem Saiteninstrument begleitetes Lied«. Das Alte Testament kennt 150 Psalmen, die überwiegend König > David zugeschrieben werden. Die tatsächlichen Autoren kennen wir jedoch nicht.
Die Beterinnen und Beter der Psalmen kennen alle Gefühle, zu denen wir Menschen fähig sind: tiefste Trauer und Klage, aber auch höchstes Glück und lauter Jubel. In jeder Lage wendet sich der oder die Betende an Gott.

Standbild und Standpunkt. Setze dich mit zwei bis drei Mitschülerinnen und Mitschülern zusammen. Wählt ein Psalmwort aus und baut dann ein Standbild (vgl. S. 89), das euren Satz zum Ausdruck bringt.

Meine Seele ist tief erschrocken. Du aber, Herr – wie lange noch?

Ps 6,4

Herr, bei dir habe ich mich geborgen, Lass mich nicht zuschanden werden in Ewigkeit, rette mich in deiner Gerechtigkeit. Neige dein Ohr mir zu; erlöse mich eilends. Sei mir ein schützender Fels, ein festes Haus, mich zu retten.

Ps 31,2f.

Hingeschüttet bin ich wie Wasser, gelöst haben sich all meine Glieder. Mein Herz ist geworden wie Wachs, in meinen Eingeweiden zerflossen.

Ps 22,15

Von hinten und von vorn hast du mich umschlossen, hast auf mich deine Hand gelegt.

Ps 139,5

Psalmen. Alle Zitate auf dieser Seite stammen aus den Psalmen. Lies dir zunächst in Ruhe alle Sätze durch. Bei manchen wirst du sicher länger verweilen als bei anderen.
Suche dann einen Satz aus, der dir spontan am besten gefällt, und schreibe ihn in deinen Ausstellungsordner. Du kannst deinen Lieblingssatz auch mit einem besonderen Anfangsbuchstaben (Initiale) beginnen.
Überlege und begründe dann, in welcher Lebenssituation der Beter oder die Beterin sich befand, als er bzw. sie dieses Psalmwort sprach.

Denn er hat nicht verachtet, nicht verabscheut des Elenden Elend. Er hat sein Angesicht nicht verborgen vor ihm, er hat gehört, als er zu ihm schrie.

Ps 22,25

Meine Seele hängt an dir, fest hält mich deine Rechte.

Ps 63,9

LERNGANG Beten: Geste und Haltung

> Beten ist nicht nur etwas Äußerliches. Ein Gebet wird mit einer bestimmten inneren Haltung gesprochen. Beim Beten haben wir das Bedürfnis, etwas vor Gott zu bringen und uns ihm mitzuteilen. Darauf richten wir unsere Konzentration.
Zum Beten gehört neben der inneren Aufmerksamkeit auch eine bestimmte Körperhaltung. Mit Kaugummi im Mund, dem Kopfhörer auf den Ohren und den Händen in den Hosentaschen wirst du schlecht ein Gespräch führen können – und deshalb auch kein Gespräch mit Gott. Mit folgenden Gesten bringen Christinnen und Christen seit Jahrhunderten ihre Gebetsanliegen zum Ausdruck:

Kreuzzeichen
Erinnerung an die Taufe: Als Christin oder Christ bin ich getauft. Das Kreuzzeichen (Stirn – Brust – linke Schulter – rechte Schulter) umfasst mich ganz: Ich stehe ganz unter dem > Segen Gottes. Ich gehöre zu Christus.

Händefalten
1. Ausgestreckte Finger: Beim Treueversprechen legte der Ritter so seine Hände in die Hände des Königs. Beim Gebet bedeutet dies: Gott, ich gehöre zu dir.
2. Verschränkte Finger sind ein > Symbol für die innere Sammlung und bringen zum Ausdruck: Ich bin ganz bei der Sache.

Knien
Haltung des Sich-klein-Machens, des Geringseins: Vor Gott, dem Ewigen, sind wir Menschen gering. Wir verehren durch das Knien seine Heiligkeit und Größe. Knien ist eine in allen Religionen verbreitete Gebetshaltung.

Mit Haltung. Immer schon haben sich die Menschen im Gebet an Gott gewandt – so auch die auf dieser Seite abgebildeten Menschen. Betrachtet genau ihren Körperausdruck. Beschreibt ihre Haltungen, ihre Arme und Hände, Beine, Gesichter.
Versucht selbst einmal, solche Haltungen einzunehmen, und beschreibt euch gegenseitig, wie ihr euch dabei fühlt.
Lies dir den Infotext auf dieser Seite aufmerksam durch und notiere in deinem Ausstellungsordner die Bedeutung der einzelnen Gebärden.

10

Hättest du gedacht, dass schätzungsweise vier Milliarden Menschen gelegentlich oder regelmäßig beten? Sie tun das allein oder in einer Gruppe und nehmen beim ›Gebet unterschiedliche Körperhaltungen ein. Damit drücken sie ihr Verhältnis zu Gott aus.
Für die großen Weltreligionen ist das Gebet eine wichtige Möglichkeit, sich Gott zu nähern und sich ihm anzuvertrauen. Beten schafft innere Ruhe, Zuversicht und Halt. Im **Ausstellungsraum 10** erfährst du von der Kraft des Betens, von verschiedenen Anlässen und Formen des Gebets.

Aus einem Religionsbuch für den islamischen Religionsunterricht:

Beten ...

- fördert das Gemeinschaftsgefühl
- gibt Lebensfreude
- vermittelt Geborgenheit
- stärkt das Pflichtbewusstsein
- trainiert den Sinn für Sauberkeit
- schenkt positive Energie
- verleiht ein Gefühl für den Sonnenstand
- verschafft Sicherheit beim Problemlösen
- unterstützt das Diszipliniertsein
- sorgt für Hilfe in Notfällen
- ermöglicht regelmäßig Ruhepausen
- heißt auch, Wünsche zu formulieren
- gliedert den Tag
- bedeutet regelmäßige Gymnastik
- erlaubt Abstand vom Alltag
- erzeugt gute Laune
- entwickelt Dankbarkeit
- fördert die Friedensliebe
- gibt Hoffnung
- beruhigt und gibt Kraft

Wohltuendes Gebet. Lies die oben stehende Liste gut durch. Notiere, welche Auswirkungen des Betens dich überraschen. Gibt es welche, die du gar nicht einsiehst? Vergleiche anschließend deine Überlegungen mit einer Mitschülerin oder einem Mitschüler. Erläutert: Gibt es Punkte, die auch auf das christliche Beten zutreffen?

Wie jüdische Gläubige beten

Religiöse Juden beten wochentags am Morgen, am Mittag und am Abend. An Feiertagen und am ›Sabbat kommen weitere Gebete dazu. Eine ganz besondere Rolle bei den Gebeten spielt das *Sch'ma Israel* (Dtn 6,4), das Gebet und Glaubensbekenntnis schlechthin (»Höre, Israel! Der Ewige, unser Gott, der Ewige ist einzig«). Jeder erwachsene Jude soll es morgens und abends beten. Viele Juden haben auch ein Kästchen, in dem sich ihr Glaubensbekenntnis befindet, an ihrem Türpfosten befestigt. Jedes Mal, wenn sie das Haus betreten oder verlassen, berühren sie die *Mesusa*, so heißt das Kästchen. Sie erinnern sich in ihrem Alltag an Gott und stellen ihr Leben unter seinen Schutz. Um den Glauben an ›Jahwe möglichst anschaulich und konkret zu verankern, werden aus diesem Gebet und anderen Texten der ›Tora Bräuche abgeleitet, die bei besonderen Gelegenheiten, z. B. beim Gebet in der ›Synagoge, gepflegt werden, so etwa das Anlegen des Gebetsmantels *(Tallit)*. Auf dem Bild sehen wir, wie einem jüdischen Jungen zu seiner *Bar*

Mizwa (vergleichbar unserer Firmung) die Gebetsriemen *(Tefillin)* angelegt werden. In den kleinen Lederkästchen am Riemen befinden sich Bibeltexte, die von ausgewählten Schreibern mit der Hand auf kostbares Pergament geschrieben wurden. Ein gläubiger Jude legt sich zum Gebet zwei Riemen an – einen am linken Arm, einen an der Stirn. Das bedeutet: Das Wort Gottes – und somit Gott – sind beim Gebet ganz nah bei ihm: an seiner Stirn, also in seinem Kopf und in seinen Gedanken, und an seinem linken Arm, also in seinem Herzen.

Neben dem persönlichen Gebet spielt das Gebet im Gottesdienst eine wichtige Rolle, weil die Gläubigen hier nicht nur als einzelne Menschen, sondern als Mitglieder einer Glaubensgemeinschaft vor Gott stehen.

Wie muslimische Gläubige beten

Ein gläubiger Muslim, eine gläubige Muslima hat fünf festgelegte Gebetszeiten am Tag, an denen er oder sie den Alltag unterbricht. Nach einer Reinigung der Hände und des Gesichts wird das Gebet auf einem Gebetsteppich in Richtung Mekka verrichtet. Wer sich gereinigt hat, kann rein vor Gott treten – dies bedeutet aber auch im übertragenen Sinn, dass die Gläubigen ihre Gedanken reinigen bzw. frei machen von dem, was sie gerade beschäftigt und belastet.

Das rituelle Gebet *(salat)* gehört zu den fünf Säulen des Islam und ist vom zwölften Lebensjahr an verpflichtend. Beim Gebet nehmen die Gläubigen unterschiedliche Körperhaltungen ein, denen auch eine innere Haltung entsprechen soll. Diese Haltungen sind ein Zeichen dafür, dass die Gläubigen sich Gott mit den Gedanken und dem Körper, also mit Leib und Seele, hingeben.

Die Gebetszeiten richten sich nach dem Sonnenstand (vor Sonnenaufgang, mittags, nachmittags, bei Sonnenuntergang, später am Abend) und bedeuten eine Strukturierung des Tages und somit auch einen Halt für die Menschen. Im rituellen Gebet sind alle Gläubigen miteinander und in ihrem gemeinsamen Glauben verbunden. Es gibt für unterschiedliche Regionen und Zeitzonen Webseiten und Apps für Smartphones, die die jeweiligen Gebetszeiten angeben, z. B. unter *http://www.gebetszeiten.de* die fünf Gebetszeiten für 12 000 Orte in Deutschland. Das Freitagsgebet wird am wöchentlichen Feiertag im Islam, dem Freitag, nach Möglichkeit in der Moschee verrichtet.

● **Beten.** Vergleiche die Gebetsformen und ihre Bedeutung in Judentum, Islam und Christentum. Stelle Gemeinsamkeiten und Unterschiede in einer Tabelle zusammen (vgl. S. 164, 166, 167).
Welche Fragen würdest du gerne einer jüdischen und einer muslimischen Mitschülerin oder einem Mitschüler über das Beten stellen? Notiere diese Fragen für ein mögliches Gespräch.

Finissage

Erinnerst du dich noch an den Beginn unseres Kapitels? Wir haben eine Ausstellung mit dem Titel »Gott« feierlich mit einer Vernissage eröffnet. Ganz unterschiedliche Ausstellungsräume haben wir besucht und in unserem Ordner gestaltet. Wir haben uns Neues erarbeitet und Bekanntes vertieft. Und eines ist ganz sicher: Eine Ausstellung zum Thema »Gott« kann niemals abgeschlossen sein – wir haben allenfalls Mosaiksteine gesammelt, poliert und versucht, sie miteinander in Beziehung zu bringen.

Unsere Ausstellung ist fast zu Ende – denn alle Ausstellungen laufen ja nur eine ganz bestimmte Zeit. Für unsere Religionsgruppe aber gibt es vor der »Finissage« (dem besonders gestalteten »Schlusspunkt« einer Ausstellung) noch einiges zu überlegen.

● **Mein Ausstellungskatalog.** Notiere auf die letzte Seite deines Ausstellungskatalogs: An was kann ich mich noch besonders gut erinnern? Was habe ich für mich dazugelernt? Was fand ich weniger interessant? Womit würde ich mich gerne noch mehr beschäftigen? Was hat mir gefehlt? ··· ●

● **Rückblick.** Du bist jetzt Ausstellungsexpertin oder Ausstellungsexperte. Die Ausstellung ist auch zum Schluss noch gut besucht, immer wieder kommen Besucher auf dich zu und stellen dir Fragen. Teilt diese Fragen untereinander auf und formuliert Antworten. ··· ●

- In den Ausstellungsräumen gibt es viele Bilder von Gott. Welches Bild gefällt Ihnen persönlich am besten?
- Bilder kann man nicht nur mit Pinsel und Farbe malen, sondern auch mit Worten und sogar mit Tönen. In welchem Ausstellungsraum finde ich dafür Beispiele? Können Sie mir ein »Wortbild« erklären, z. B. das Symbol der Hand?
- In Ausstellungsraum 6 ist von Gott als dem »Dreieinen« die Rede. Glauben Christen an einen oder an drei Götter?
- Gibt es irgendwo in Ihrer Ausstellung eigentlich das »richtige« Bild von Gott?
- Wie erleben Mose und die Israeliten Gott in der Geschichte vom brennenden Dornbusch?
- Welches Verhältnis zwischen Gott und Mensch kommt im Vaterunser zum Ausdruck?
- In welchen Lebenssituationen beten Menschen zu Gott, und wie drückt sich das in Gesten und Haltungen aus?
- Gibt es Gemeinsamkeiten und Unterschiede zum Beten in Judentum und Islam?

Gemeinsam leben

Miteinander sprechen, lachen, weinen, streiten, kuscheln, leben – Gemeinschaft gehört zum Menschsein einfach dazu. Da ist zunächst unsere Familie. Ohne unsere Eltern wären wir nicht auf der Welt. Unsere Familie und unsere Freunde geben uns das mit, was zum (Über-)Leben wichtig ist: Liebe, Zärtlichkeit, Fürsorge, unsere Muttersprache. Das meiste macht auch mit anderen mehr Spaß: Schöne Erlebnisse teilen wir gerne. Und gemeinsam getragene Trauer wird leichter. Ebenso essen wir lieber gemeinsam als allein – und was wäre ein Fest ohne Festgäste?

Ich

● **Menschen um mich.** Schreibe die Namen deiner Familienmitglieder und deiner Freunde in dein Heft. Vielleicht kannst du ein Foto von deiner Klasse kopieren und dann in deinem Heft beschriften. Überlege, welche weiteren Menschen, die du noch nicht aufgeschrieben hast, dir wichtig sind. Schreibe ihre Namen zu den – neuen – Gruppen oder Bereichen, zu denen sie gehören.

Meine Klasse

Meine Familie

Meine Freunde

Andere Gruppen,
zu denen ich gehöre

Was ist eine Familie?

Es gibt viele verschiedene Formen von Familien, z. B.:

- die Familie mit Mutter, Vater und einem oder mehreren Kindern.
- die Familie, in der die Kinder bei einem Elternteil (Vater oder Mutter) leben. Viele Kinder besuchen regelmäßig den anderen Elternteil.
- die Familie mit einem leiblichen Elternteil sowie einem Stiefvater bzw. einer Stiefmutter, die evtl. wiederum ein leibliches Kind oder mehrere Kinder haben.
- die Familie, in der ein oder mehrere Kinder vorwiegend bei den Großeltern oder anderen Verwandten aufwachsen.
- die Familie, in der ein oder mehrere Kinder adoptiert wurden oder als Pflegekind leben.

All dies sind Familien, die vieles gemeinsam haben, sich in einigem aber auch unterscheiden.

Meine Familie. Gestalte in deinem Heft eine »Familienseite«. Wenn du möchtest, kannst du die Mitglieder deiner Familie zeichnen oder ein Foto von ihnen einkleben. Schreibe dazu, was dir an deiner Familie gefällt oder was du dir wünschen würdest.

- Überlegt euch in Kleingruppen, was euer Anteil sein könnte, damit sich alle in eurer Familie wohlfühlen.
- Kannst du dir vorstellen, das, was du gestaltet hast, deinen Familienmitgliedern zu zeigen? Sind sie einverstanden?
- Entwirf alleine oder entwerft in der Lerngruppe ein Werbeplakat für das Leben in einer Familie. Eine mögliche Überschrift: »Ich bin für Familie, weil ...«

Wir brauchen Familien

Viele sagen, heute wären Familien nicht mehr so wichtig, da der Staat zahlreiche frühere Aufgaben der Familie übernommen hat. So sind für die Ausbildung der Kinder und Jugendlichen sowie für große Teile der Kranken- und Altersversorgung nicht mehr die engsten Angehörigen (Familien) zuständig. Auch zahlreiche Angebote zur Freizeitgestaltung stehen eher in Konkurrenz zu Unternehmungen mit der Familie. Manchmal müssen sich die Familienmitglieder regelrecht verabreden, damit sie wieder etwas zusammen machen.

Dennoch sind Familien die wichtigsten Gebilde in unserer Gesellschaft, in denen Menschen sich wohl und aufgehoben fühlen können. Dort werden wir meistens so angenommen, wie wir sind. Auch wenn es im Alltag oft nicht einfach ist, miteinander auszukommen, so sind doch die engeren Familienmitglieder fast immer die wichtigsten Menschen für uns. Wir haben uns unsere Eltern und Geschwister nicht ausgesucht und müssen mit ihnen zurechtkommen. Das ist nicht immer leicht. Aber sie sind uns sehr nahe, weil wir uns am besten kennen, und die Beziehung, die wir zu ihnen haben, hält meist ein Leben lang.

Ein besonderes Tagebuch

Familien sind komplizierte Gebilde. Die in ihnen lebenden Menschen können sich sehr nah kommen und müssen es gleichzeitig schaffen, ihren eigenen Privatbereich zu wahren. Konflikte gehören dabei dazu, vor allem bei Kindern, die gerade erwachsen werden. Die Auseinandersetzungen der Familienmitglieder können destruktiv (zerstörerisch) sein, wenn den Eltern oder den Kindern nichts mehr aneinander liegt, sie können aber auch konstruktiv (aufbauend) sein, wenn Streitigkeiten fair ausgetragen werden und es danach auch eine Zeit der Versöhnung gibt.

Auf dieser Seite könnt ihr einige Auszüge aus einem ganz besonderen Tagebuch lesen. Geschrieben hat es Anne Frank aus Amsterdam; sie hat das Tagebuch zu ihrem 13. Geburtstag bekommen und am 20. Juni 1942 mit den Aufzeichnungen begonnen. Als »Ansprechpartnerin« für ihre Einträge hat sie sich eine Freundin namens Kitty ausgedacht, an die sie sich mit ihren Aufschrieben wendet. Kurze Zeit später, Anfang Juli 1942, musste Anne sich mit ihrer Familie in einem engen Hinterhaus eines Bürogebäudes verstecken, da sie als Juden damit rechnen mussten, von den Nationalsozialisten jederzeit in ein Konzentrationslager transportiert zu werden. Gemeinsam mit einer anderen Familie lebten sie auf engstem Raum zusammen, wobei sie tagsüber schliefen (um nicht gehört zu werden) und nachts wach waren. Annes letzter Tagebucheintrag ist vom 1. August 1944; drei Tage später wurde die Familie nach einem Hinweis aus der Nachbarschaft entdeckt und verraten. In Viehwagen wurde die Familie nach Auschwitz-Birkenau deportiert, Anne und ihre Schwester Margot schließlich nach Bergen-Belsen, wo sie nach Zwangsarbeit, Hunger und Entkräftung an Seuchen starben. Nur Anne Franks Vater überlebte, der das Tagebuch seiner Tochter nach dem Krieg veröffentlichte.

In ihren Tagebucheinträgen, die sich über zwei Jahre erstrecken, geht es um den Alltag der Familie von Anne sowie einer bekannten, ebenfalls untergetauchten Familie auf engstem Raum. Trotz der bedrückenden Raumsituation und der ständigen Angst vor Entdeckung lernen wir Anne Frank als temperamentvollen Teenager mit Liebeskummer, Wünschen, Träumen und auch Familienkonflikten kennen.

Hilfreiche Zusatzinformationen findet ihr auf der Homepage des Anne-Frank-Hauses in Amsterdam: *www.annefrank.org/de.*

Sonntag, 12. Juli 1942
Heute vor einem Monat waren sie alle so nett zu mir, weil ich Geburtstag hatte, aber nun fühle ich jeden Tag mehr, wie ich mich von Mutter und Margot entfremde. Ich habe heute hart gearbeitet, und alle haben mich ungeheuer gelobt, doch fünf Minuten später schimpften sie schon wieder mit mir.

Man kann deutlich den Unterschied sehen, wie sie mit Margot umgehen und mit mir. Margot hat zum Beispiel den Staubsauger kaputt gemacht, und deshalb hatten wir den ganzen Tag kein Licht. Mutter sagte: »Aber Margot, man sieht, dass du keine Arbeit gewöhnt bist, sonst hättest du gewusst, dass man einen Staubsauger nicht an der Schnur herauszieht.« Margot sagte irgendwas, und damit war die Geschichte erledigt.

Aber heute Mittag wollte ich etwas von Mutters Einkaufsliste abschreiben, weil ihre Schrift so undeutlich ist. Sie wollte das nicht und hielt mir sofort wieder eine gepfefferte Standpauke, in die sich die ganze Familie einmischte.

Ich passe nicht zu ihnen, das merke ich vor allem in der letzten Zeit sehr deutlich. Sie sind so gefühlvoll miteinander, und das will ich lieber sein, wenn ich allein bin. Sie sagen, wie gemütlich wir vier es doch haben, und dass wir so harmonisch zusammenpassen. Dass ich es ganz anders empfinde, daran denken sie keinen Augenblick.

Nur Papa versteht mich manchmal, ist aber meistens auf der Seite von Mutter und Margot. Ich kann es auch nicht ausstehen, wenn sie vor Fremden erzählen, dass ich geheult habe oder wie vernünftig ich bin … Das kann ich überhaupt nicht ertragen.

Sonntag, 27. September 1942
Heute habe ich wieder eine sogenannte »Diskussion« mit Mutter gehabt. Das Schlimme ist, ich breche immer sofort in Tränen aus, ich kann es nicht ändern. Papa ist immer lieb zu mir, und er versteht mich auch viel besser. Ach, ich kann Mutter in solchen Momenten nicht ausstehen, und ich bin für sie auch eine Fremde. Das sieht man gleich, sie weiß noch nicht mal, wie ich über die normalsten Dinge denke. …

Auch mit Margot verstehe ich mich nicht sehr gut. Obwohl es in unserer Familie nie so einen Ausbruch wie oben [die andere untergetauchte Familie] gibt, ist es doch längst nicht immer gemütlich. Ich habe eine ganz andere Natur als Margot und Mutter, sie sind so fremd für mich. Ich verstehe mich mit meinen Freundinnen besser als mit meiner eigenen Mutter. Das ist schade …

Samstag, 3. Oktober 1942
… Gestern gab es wieder einen Zusammenstoß, und Mutter hat sich schrecklich aufgespielt. Sie hat Papa alle meine Sünden erzählt und heftig angefangen zu weinen. Ich natürlich auch, und ich hatte sowieso schon schreckliche Kopfschmerzen. Ich habe Papi endlich gesagt, dass ich »ihn« viel lieber habe als Mutter. Daraufhin hat er gesagt, dass das schon wieder vorbeigehen würde, aber das glaube ich nicht. Mutter kann ich nun mal nicht ausstehen, und ich muss mich mit Gewalt zwingen, sie nicht immer anzuschnauzen und ruhig zu bleiben. Ich könnte ihr glatt ins Gesicht schlagen. Ich weiß nicht, wie es kommt, dass ich eine so schreckliche Abneigung gegen sie habe. Papa hat gesagt, ich müsste ihr mal von selbst anbieten, ihr zu helfen, wenn sie sich nicht wohlfühlt oder Kopfschmerzen hat. Aber das tue ich nicht, weil ich sie nicht liebe, und dann fühle ich das nicht. Ich kann mir auch gut vorstellen, dass Mutter mal stirbt. Aber dass Papa mal stirbt, das könnte ich, glaube ich, nicht aushalten. Das ist sehr gemein von mir, aber so fühle ich es. Ich hoffe, dass Mutter dieses und alles andere niemals lesen wird.

● **Familienkonflikte.** Beschreibe in eigenen Worten, welches Verhältnis Anne zu ihrer Familie bzw. den einzelnen Familienmitgliedern hat. Du kannst das auch bildlich (z. B. mit > Symbolen oder mit Sprechblasen) darstellen.

- Verfasse mit deiner Tischnachbarin oder deinem Tischnachbarn einen Dialog mit Anne über einen typischen Familienkonflikt. Welchen Tipp habt ihr für sie, damit sie sich in ihrer Familie wohler fühlt?
- Gestaltet auf dieser Basis ein Gespräch, das Anne mit ihrer Familie führen könnte, um vielleicht einige Probleme zu klären. ··· ●

Ronja Räubertochter

Ronja, die Tochter eines gefürchteten Räuberhauptmanns, lebt mit den Mattisräubern zufrieden in ihrer Räuberburg und deren Umgebung. Die Burg ist am Tag ihrer Geburt durch einen Blitz in zwei Teile gespalten worden, die nun eine tiefe Schlucht, der »Höllenschlund«, trennt. Vor dem hat ihr Vater sie eindringlich gewarnt. Ronja weiß nicht, dass es noch andere Kinder in der Gegend gibt, bis sie eines Tages Birk trifft, den Sohn des gegnerischen Räuberhauptmanns, des Anführers der Borkaräuber. Sie erfährt von ihm, dass die feindlichen Räuber sich in dem anderen Teil ihrer Räuberburg niedergelassen haben. Ronja findet Birk arrogant und unsympathisch …

Ronja antwortete nicht. Sie hatte jetzt genug, genug von dem Lümmelgeschwätz und den Frechheiten. Jetzt musste gehandelt werden … Sie stand auf und wollte gehen. Doch da sah sie, was Birk vorhatte. Wirklich und wahrhaftig, dieser Lümmel machte Anstalten, über den Höllenschlund zu springen! Er stand dort ihr gegenüber auf der anderen Seite, und jetzt nahm er einen Anlauf. Da schrie sie: »Kommst du her, dann hau ich dir eins aufs Maul, dass dir die Nase abfliegt!«

»Haha!«, rief Birk und mit einem Satz war er über die Kluft hinweg.

»Mach's nach, wenn du's kannst«, sagte er mit einem kleinen Grinsen. Das hätte er nicht sagen dürfen, das war zu viel. Es reichte, dass er und seine Hosenschisser sich eine Feste in der Mattisburg verschafft hatten, aber kein Borkaräuber sollte hier irgendwelche Sprünge machen, die ein Mattisräuber nicht machen konnte!

Und sie tat es. Sie wusste selbst nicht recht, wie es zuging, aber plötzlich flog sie über den Höllenschlund und landete auf der anderen Seite.

»Du bist gar nicht so ungelenk«, sagte Birk und sprang ihr sofort nach. Aber Ronja wartete nicht auf ihn. Mit einem neuen Sprung flog sie zurück über die Kluft. Da konnte er stehen und ihr nachglotzen, soviel er wollte!

»Du wolltest mir doch eins aufs Maul hauen, warum tust du es denn nicht?«, rief Birk. »Jetzt komme ich!«

»Das seh ich«, sagte Ronja. Und er kam wirklich. Aber auch diesmal wartete sie nicht auf ihn. Wieder sprang sie, und springen würde sie, um ihm zu entkommen, so lange, bis ihr der Atem ausging. Danach sagte keiner von beiden mehr etwas. Sie sprangen nur. Verbissen und wie besessen sprangen sie über den Höllenschlund hin und her. Außer ihrem Keuchen war nichts zu hören … Da sah sie, wie Birk, gerade als er aufsetzte, auf einem Stein ausrutschte, der lose am Rande lag. Und sie hörte seinen Aufschrei, bevor er in die Tiefe verschwand.

Danach hörte sie nur noch die Krähen. Sie schloss die Augen und wünschte, diesen Tag hätte es nie gegeben! Sie wünschte, diesen Birk hätte es nie gegeben! Und sie wünschte, dass sie beide nie gesprungen wären. Schließlich kroch sie bäuchlings bis an den Rand vor und spähte hinab in die Schlucht. Und da sah sie Birk. Er stand unmittelbar unter ihr auf einem Stein oder Balken oder was es nun war, das aus der geborstenen Mauer ragte. Nur gerade so weit, dass seine Füße dort Platz fanden, aber auch nicht mehr. Dort stand er, den tiefen Höllenschlund unter sich, und seine Hände suchten verzweifelt nach einem Halt, nach irgendetwas, woran er sich festhalten konnte, etwas, das ihn davor bewahrte, in den Abgrund zu stürzen. Und er wusste und auch Ronja wusste es, dass er ohne Hilfe nicht herauskommen konnte. Er würde dort stehen müssen, bis seine Kräfte versagten, das wussten beide, und danach würde es keinen Birk Borkason mehr geben.

»Bleib da stehen!«, rief Ronja, und er antwortete mit einem kleinen Grinsen: »Ja, was anderes kann man hier schlecht tun!«

Aber Angst hatte er, das sah sie ihm an. Ronja riss sich den geflochtenen Lederriemen ab, den sie stets zu einem Knäuel zusammengerollt am Gürtel trug. Er hatte ihr in ihrem Waldleben bei allem Klettern und Hangeln oft gute Dienste getan. Jetzt machte sie eine große Schlinge in das eine Ende des Riemens und knotete sich das andere um den Leib. Danach ließ sie den Riemen zu Birk hinab und sie sah es in seinen Augen aufleuchten, als die

● **Freundschaft.** Erzählt euch in einer Dreier- oder Vierergruppe, wie bei euch Freundschaften begonnen haben. Unterhaltet euch dann in dieser Gruppe in einem Schreibgespräch, was für euch eine Freundin bzw. ein Freund ist. Was würdest du deinem Freund, deiner Freundin von Herzen wünschen? Schreibe ihm oder ihr das. ··· ●

Schlinge zu ihm hinuntergebaumelt kam. Ja, der Riemen reichte gerade so weit, wie es nötig war, stellte sie fest, das war ein rechtes Glück für diesen Borkalümmel.

»Streif dir die Schlinge über, wenn du kannst«, sagte sie.

»Aber klettre erst los, wenn ich rufe! Nicht früher!«

Der Blitz, der in jener Nacht ihrer Geburt eingeschlagen hatte, hatte auch einen Steinblock aus der Mauerkrone gerissen. Nun lag dieser Brocken recht günstig nur ein kleines Stück vom Rand der Schlucht entfernt. Ronja warf sich dahinter platt auf den Bauch, und dann rief sie:

»Los jetzt!«

Gleich darauf spürte sie, wie sich der Riemen um ihren Bauch schnürte. Es tat weh. Jeder Ruck am Riemen, wenn Birk höherkletterte, ließ sie aufstöhnen. Bald breche ich wohl mittendurch wie die Mattisburg, dachte sie und biss die Zähne zusammen, um nicht zu schreien. Plötzlich ließ der Druck nach, und da stand Birk und sah auf sie hinunter. Sie war liegen geblieben, um auszuprobieren, ob sie noch atmen konnte. Er sagte: »Aha, hier liegst du also!«

»Ja, hier liege ich«, sagte Ronja. »Bist du jetzt fertig mit dem Gehopse?« »Nein, einmal muss ich noch springen. Um auf die richtige Seite zu kommen. Ich muss ja heim in die Borkafeste, ist doch klar!«

● **Ronja und Birk.** Beschreibe das Verhalten von Ronja und Birk. Was könnte Birk mit seinem letzten Satz zum Abschied meinen? ···●

»Nimm aber erst meinen Lederriemen ab«, sagte Ronja und sprang auf. »Mit dir will ich nicht länger als unbedingt nötig zusammengebunden sein.«

Er schlüpfte aus der Schlinge. »Nein, versteht sich«, sagte er. »Aber von jetzt an bin ich vielleicht trotzdem an dich gebunden. Auch ohne Riemen.«

Astrid Lindgren

Der Mensch soll nicht allein sein

Gleich am Anfang der Bibel steht eine anschauliche Geschichte von der Erschaffung der Welt und des Menschen. Nachdem Gott den Menschen erschaffen hat, heißt es:

Dann sprach Gott, der Herr: Es ist nicht gut, dass der Mensch allein ist. Ich will ihm eine Hilfe machen, die ihm ebenbürtig ist. Gott, der Herr, formte aus dem Ackerboden alle Tiere des Feldes und alle Vögel des Himmels und führte sie dem Menschen zu, um zu sehen, wie er sie benennen würde. Und wie der Mensch jedes lebendige Wesen benannte, so sollte sein Name sein. Der Mensch gab Namen allem Vieh, den Vögeln des Himmels und allen Tieren des Feldes. Aber eine Hilfe, die dem Menschen ebenbürtig war, fand er nicht. Da ließ Gott, der Herr, einen tiefen Schlaf auf den Menschen fallen, sodass er einschlief … und … baute aus [einer] Rippe, die er vom Menschen genommen hatte, eine Frau und führte sie dem Menschen zu. Und der Mensch sprach: Das endlich ist Bein von meinem Bein und Fleisch von meinem Fleisch.

Gen 2,18–23

● **Der Mensch in der zweiten Schöpfungserzählung.** Der Autor dieser Schöpfungserzählung will Wichtiges über den Menschen und Gott, seinen Schöpfer, aussagen. Untersuche:

1. Wie wird der Mensch beschrieben?
2. Was ist seine Aufgabe?
3. Welches Verhältnis hat er zu Gott?
4. Wie ist das Verhältnis von Mann und Frau? ···●

● **Namen.** Erläutere: Welche Bedeutung haben Namen und der Namensgeber (Mensch) in dieser Erzählung? Erkläre die Bedeutung von Namen, die dir wichtig sind (auch von Spitznamen). Was sagen sie aus (vgl. S. 12)? ···●

● **Allein oder gemeinsam.** Überlege: Wie fühlst du dich, wenn du allein bist? Wann bist du es gern und wann möchtest du mit anderen zusammen sein? Stelle zusammen, wann dich eine Gruppe oder Clique einschränkt und was du dir ohne sie nicht vorstellen kannst. Wann fühlst du dich in einer Gruppe/Clique wohl, wann unwohl? ···●

Wir in Deutschland leben nicht auf einer Insel. Auf vielfältige Weise sind wir mit Menschen aus anderen Ländern und mit anderen Kulturen verbunden. Wir leben »international«. In Afrika, Asien, Ozeanien und Südamerika wird uns der Tisch, z. B. mit Kaffee, Kakao, Tee, Bananen, Ananas und Mangos gedeckt. Auch viele unserer Kleidungsstücke, Einrichtungsgegenstände, unsere Sportschuhe, unser Fußball werden in Entwicklungsländern hergestellt, oft unter furchtbaren Arbeitsbedingungen. Lernen wir Sanjay aus Indien kennen.

Hallo! Ich heiße Sanjay. Ich bin zwölf Jahre alt und wohne mit meiner Familie in einem kleinen Dorf im Nordosten von Indien. Das war nicht immer so. Vier Jahre lang war ich von meiner Familie getrennt: Ich habe in einer Teppichfabrik in einer anderen Stadt gearbeitet. Dort musste ich Teppiche knüpfen. Ich erzähle dir, wie es dazu kam und wie ich zu meiner Familie zurückkehren konnte.

Warum ich meine Familie verlassen musste

Mit meiner Familie wohne ich in einem Dorf im Bundesstaat Bihar, das ist in Nordostindien. Ich habe einen Bruder und eine Schwester. Meine Eltern sind Bauern, aber leider besitzen wir kein eigenes Land. Bis heute arbeitet mein Vater für den Nachbarbauern auf der Tabakplantage. Drei Monate im Jahr ist das Land überflutet. Dann gibt es keine Arbeit für ihn. Damals war er der Einzige, der für den Unterhalt unserer Familie sorgen konnte. Meine Mutter konnte nicht mehr in der Landwirtschaft arbeiten, weil sie gesundheitliche Probleme hatte. Das Geld reichte nicht aus.

In unserem Dorf wohnte ein guter Bekannter meiner Eltern. Als es meiner Familie so schlecht ging, bot er mir einen Job an. Ich könnte in einer Teppichfabrik in einer großen Stadt arbeiten. Dort würde ich so viel Geld verdienen, dass wir immer genug zu essen hätten und die Schulden meiner Eltern bezahlen könnten. Als ich erfuhr, dass die Teppichfabrik 900 Kilometer von unserem Dorf entfernt sei, sagte ich sofort Nein. Aber die Not zu Hause war wirklich groß. Also willigten wir schließlich schweren Herzens ein.

Gefangen in der Teppichfabrik

Der Bekannte meiner Eltern brachte mich also in die weit entfernte Stadt. Mit fünf anderen Kindern arbeitete ich für einen Mann, der mehrere Teppichknüpfstühle besaß. Ein Knüpfstuhl ist ein großer, mit Baumwollfäden bespannter Holzrahmen. Auf ihm entstehen die bunten Teppiche. Wir knüpften einen Wollfaden neben den anderen an die Baumwollfäden. Ich habe sieben Tage die Woche gearbeitet. Jeden Tag habe ich bestimmt 5.000-mal einen Knoten festgezurrt, mit dem Teppichmesser nach unten geschoben und dann die überstehende Wolle abgeschnitten.

Sanjay. Lies das Porträt von Sanjay gut durch und notiere wichtige Aussagen.

Der Raum, in dem die Knüpfstühle standen, war sehr stickig und dunkel. Wir mussten jeden Tag mindestens vierzehn Stunden arbeiten. Nachdem ich zwei Monate gearbeitet hatte, hat der Mann meinen Eltern 1.000 Rupien (ungefähr 15 Euro) geschickt. Aber danach haben weder meine Eltern noch ich Geld bekommen. Immer, wenn ich nach meinem Lohn fragte, sagte mein Chef, ich hätte noch Schulden bei ihm. Einmal wollte ich abhauen. Aber mein Chef hat es bemerkt. Dann hat er mich so sehr geschlagen, dass ich drei Tage nicht arbeiten konnte.

DIE STERNSINGER
KINDERMISSIONSWERK

SCHOKOFAIR
Stoppt Kinderarbeit!

Wie ich freikam

Eines Morgens gab es plötzlich lautes Geschrei. Mehrere Männer, darunter auch zwei Polizisten, stürmten in unseren Arbeitsraum. Ich wollte wegrennen, aber sie hielten mich sofort fest, genauso wie die anderen Jungen. Der Chef wurde abgeführt. Wir wurden mit einem Auto weggebracht und hatten furchtbare Angst.
Bald erfuhren wir, dass dies eine lang geplante Aktion von Pater Deepak und seinen Mitarbeitern und Mitarbeiterinnen war, um uns Kindersklaven zu befreien. Sie brachten uns in ein Heim für befreite Kinderarbeiter, es heißt »Bal Vikas Ashram«. Pater Deepak und seine Leute von der Organisation DDWS (Diocesan Development and Welfare Society) haben sich um mich gekümmert. Als ich irgendwann über alles reden konnte, habe ich oft mit den Psychologinnen und den anderen befreiten Kinderarbeitern gesprochen.

In dem halben Jahr im Ashram habe ich endlich wieder spielen können. In dieser kurzen Zeit habe ich auch richtig gut lesen und schreiben gelernt. Ich durfte auch eine Ausbildung machen. Ich habe mich fürs Schneidern entschieden. Ich dachte mir, dass ich damit am besten Geld verdienen kann, wenn ich wieder zu Hause bin.

terre des hommes
Hilfe für Kinder in Not

Endlich wieder zu Hause

Nach sechs Monaten im Ashram brachte mich eine Mitarbeiterin von DDWS dann schließlich wieder nach Hause. Vier Jahre lang hatte ich mir jeden Tag gewünscht, endlich wieder bei meiner Familie sein zu können.

Für die Zeit als Kindersklave habe ich vom indischen Staat eine Entschädigung von 20 000 Rupien bekommen. Das sind ungefähr 300 Euro. Davon habe ich mir eine mechanische Nähmaschine gekauft. Jetzt nähe ich alles Mögliche, zum Beispiel Taschen, Hosen und Decken. Meine Geschwister und meine Mutter verkaufen die Sachen auf der Straße und einmal im Monat auf dem Markt. Das läuft erstaunlich gut bisher.

● **Interview.** Überlegt euch in Kleingruppen Fragen an Sanjay. Gruppe 1 beschäftigt sich mit der Lebenssituation von Sanjay vor der Zeit in der Teppichfabrik, Gruppe 2 mit den Arbeitsbedingungen in der Fabrik, Gruppe 3 mit seiner Befreiung und Gruppe 4 mit seinen neuen Lebensumständen zu Hause. Spielt den jeweils anderen Gruppen das Interview mit Fragen und Antworten vor.

● **Kinderarbeit und Hilfsprojekte.** Informiere dich im Internet über Kinderarbeit und über Hilfsprojekte. Informationen findest du über die Internetseiten der Hilfswerke Misereor *(www.misereor.de)* und Brot für die Welt *(www.brot-fuer-die-welt.de)*, terre des hommes, Hilfe für Kinder in Not *(www.tdh.de)* und von UNICEF, dem Kinderhilfswerk der Vereinten Nationen *(www.younicef.de/tukinderarbeit.html)*.

● **Ein harter Arbeitstag.** Erstelle eine Zeitleiste, die morgens um 7 Uhr beginnt und abends um 22 Uhr endet. Schreibe oberhalb der Zeitleiste den Arbeitstag von Sanjay auf, unterhalb des Zeitstrahls deinen Tagesablauf an einem Schultag. Erkläre deiner Nachbarin oder deinem Nachbarn Gemeinsamkeiten und Unterschiede.

● **Partnerschaftsprojekte.** Gibt es an eurer Schule Partnerschaftsprojekte mit Institutionen oder Schulen aus Entwicklungsländern? Informiere dich darüber. Gute Ideen für Klassen- und Schulprojekte findest du auf der Internetseite von Misereor unter »Service« – »Für die Schule« – »Spendenaktionen in der Schule«.

ACTION!KIDZ
KINDER GEGEN KINDERARBEIT

kinder
not
hilfe

Unsere Klassengemeinschaft

Vermutlich habt ihr euch am Schuljahresbeginn Gedanken über eure Klasse bzw. eure Religionsgruppe gemacht. Jetzt kennt ihr euch wahrscheinlich schon ziemlich gut. Vielleicht haben sich auch schon unterschiedliche Gruppen gebildet. Manche dieser Gruppen verstehen sich eher besser, manche können sich nicht ausstehen. Die Mädchen haben oft andere Interessen als die Jungen, einige eurer Mitschülerinnen und Mitschüler sind vielleicht sehr modisch gekleidet und besitzen sehr viele Kleidungsstücke, anderen scheint das Aussehen egal zu sein. Manche Cliquen halten sich vielleicht für angesagter als die anderen, sie lästern über die anderen und bestärken sich gegenseitig. Trotzdem scheint es interessant zu sein, die anderen, die doch eigentlich so gar nichts mit einem selbst zu tun haben, zu beobachten und sich mit ihnen zu vergleichen.

Häufig machen wir uns nicht die Mühe, Menschen besser kennenzulernen, wir be- und verurteilen andere, ohne sie richtig zu kennen. Oft gibt es auch Streit in der Klasse, der unterschiedlich heftig, manchmal sogar körperlich ausgetragen wird. Dennoch ist die Klasse eine Gruppe, in der es auf jeden und jede ankommt und in der ihr einige Zeit miteinander auskommen müsst. Auf dieser Doppelseite habt ihr Gelegenheit, euch Gedanken über dieses »Gruppengebilde« zu machen. Im weiteren Verlauf der Lernlandschaft findet ihr Spiele und Übungen, mit denen ihr euch besser kennenlernen und ausprobieren könnt, gewinnbringend miteinander zu streiten, wenn es Auseinandersetzungen gibt.

Unser Klassenhaus. Zeichnet die Umrisse des Schulhauses auf dieser Seite auf ein großes Plakat.

- Jede und jeder von euch überlegt sich nun, was er oder sie besonders gut kann, und schreibt es auf Kärtchen. Legt alle Kärtchen auf einen großen Tisch.
- Besprecht anschließend gemeinsam, wie ihr eure Fähigkeiten in eure Klassengemeinschaft einbringen könnt. Ergänzt auf leeren Kärtchen Eigenschaften, die sonst noch wichtig für eure Klassengemeinschaft sind.
- Klebt die Kärtchen (als Bausteine) in euer Klassenhaus und überlegt dabei, welche besonders wichtig sind, z. B. als »Fundament« oder als schützendes Dach.

Kjell Sandved, 1975

Aus einem Schuljahresanfangsgottesdienst

Ihr habt viele verschiedene Vornamen. Aber nicht nur das unterscheidet euch. Ihr kommt aus verschiedenen Orten und Grundschulen. Ihr habt unterschiedliche Begabungen und Talente. Jeder ist anders. Ihr seid eine ganz schön bunte Mischung …

Dies ist ein ganz besonderes Alphabet, ein Schmetterlingsalphabet. Ein Fotograf aus Norwegen fand diese Buchstaben und Ziffern auf Flügeln von Schmetterlingen und Motten … Jeder dieser Buchstaben ist schön und einzigartig. Jeder hat eine besondere Farbe und eine ganz eigene Form. Aber nur zusammen bilden sie ein komplettes Alphabet.

Der Apostel Paulus hat im 1. Korintherbrief den Körper des Menschen mit einer Gemeinschaft von Gläubigen verglichen (1 Kor 12,12–27). Jeder Körperteil ist zwar anders, aber notwendig, damit der ganze Körper »funktioniert« und es ihm gut geht.

Auch für eine Klassengemeinschaft gilt, dass sie ein bunter Haufen von ganz unterschiedlichen Schülerinnen und Schülern ist. Jeder und jede darf und soll zunächst einmal sein, wie er oder sie eben ist.

Nur zusammen bilden Schülerinnen und Schüler eine Klassengemeinschaft. Damit die funktioniert, sollte jede und jeder mit seinen bzw. ihren Fähigkeiten, Stärken und Begabungen dazu beitragen. Gemeinsam lassen sich dann auch Schwächen, Fehler und Verunsicherungen aushalten.

● **In Bildern.** Auf dieser Seite wird eine Gemeinschaft von Menschen mit zwei Bildern verglichen, mit dem Schmetterlingsalphabet und dem Leib. Diskutiert: Findet ihr beide passend für eine (Klassen-)Gemeinschaft? ···

Unser Logo. Besprecht in Kleingruppen: Welches Bild, welches Logo oder Motto würdet ihr eurer Lerngruppe in Religion geben? Stellt eure Ergebnisse den anderen Gruppen vor. ···

● **Für die Schule.** Als Religionsgruppe habt ihr Einfluss auf das Leben in der Schule. Denkt an den Umgang mit Strom, Wasser, Müll, euer Miteinander auf den Fluren oder auf dem Pausenhof und stellt Verhaltensregeln zusammen. ···

Der Spielwarenhersteller Mattel, Produzent der Barbiepuppen, hat die Spielfigur von Barbies behinderter Freundin Becky, die auf den Rollstuhl angewiesen ist, seit Ende der Neunzigerjahre in den USA verkauft und den Erlös gespendet. Sie wurde dort ein Verkaufserfolg.

In Deutschland gibt es ca. 6,8 Millionen schwerbehinderte Menschen.

Es gibt Menschen mit
- geistiger Behinderung
- Körperbehinderung
- Lernbehinderung
- psychischen Behinderungen
- Sinnesbehinderung (blind, taub, stumm ...)
- Sprachbehinderung
- Mehrfachbehinderungen
- schweren chronischen Krankheiten

Becky im Rollstuhl. Tauscht euch aus: Würdet ihr eine solche Barbiepuppe (oder auch eine andere Spielfigur mit einer Behinderung) kaufen? Warum? Warum nicht? Nehmt Stellung dazu.

Beweggründe. Eine Firma wie Mattel ist auf hohe Verkaufszahlen angewiesen. Warum hat die Firma wohl eine solche Puppe auf den Markt gebracht? Nennt mögliche Beweggründe.
In Deutschland wird Becky nicht angeboten. Überlegt: Welche Gründe könnte das haben? Vergleicht die Beweggründe der Firma in den USA und in Deutschland.

Wir gehören zusammen. Überlegt: Es gibt Mitschülerinnen und Mitschüler mit Behinderungen an eurer Schule/in eurer Klasse. Welche Besonderheiten gibt es dadurch? Wie unterstützt eure Schule diese Schülerinnen und Schüler? Was muss noch getan werden? Denkt an euer Schulgebäude, Treppenhäuser, Klassenzimmer, Toiletten, Medien usw. Stellt eure Überlegungen für verschiedene Formen von Behinderung zusammen.

Behinderung. Becky kann nicht eigenständig laufen und braucht deshalb einen Rollstuhl. Stellt ausgehend vom Infokasten zusammen, welche speziellen Formen von Behinderung euch bekannt sind.

Inklusion. In einigen europäischen Ländern sind Sonderschulen für Kinder und Jugendliche mit besonderem Förderbedarf per Gesetz abgeschafft worden. Auch in Deutschland wird empfohlen, alle Kinder gemeinsam an den »Regelschulen« zu unterrichten. Diskutiert in der Lerngruppe, was dafür und was dagegen spricht. Informiert euch über das Thema »Inklusion«, z. B. im Internet auf der Webseite *www.inklusionerleben.de/inklusion*. Gestaltet ein Plakat dazu.

Der Künstler dieses Doppel-Bildwerkes, Wolfgang Kulzer, ist 1963 mit dem > Downsyndrom (auch Trisomie 21 genannt) zur Welt gekommen. Seine Eltern und Geschwister haben seine Fähigkeiten und Begabungen von Anfang an gefördert. Heute lebt Wolfgang Kulzer in einer Einrichtung für Menschen mit geistiger Behinderung und arbeitet dort mit seinem Betreuer zusammen in der Kunstwerkstatt.

● **Downsyndrom.** Lies die Informationen zum Künstler Wolfgang Kulzer und im Lexikon den Artikel zum Downsyndrom (Trisomie 21). Schau dir das Bild noch einmal an. Ändert sich jetzt deine bisherige Bildinterpretation? Füge neue Aspekte hinzu. ···

Wolfgang Kulzer, 2006

● **Namen.** Gebt jeder der beiden Figuren einen Namen. Schaut genau hin: Was ist beiden gemeinsam, worin unterscheiden sie sich? Wie sehen sie aus? Wie schauen sie? Was tun sie? Erweitert eure Notizen. ···

● **Gedanken.** Überlegt: Welche Gedanken habe ich zu den beiden Figuren auf dieser Seite? Notiert eure Gedanken an der Tafel oder auf einer Folie (linkes Bild / rechtes Bild). ···

● **Titel.** Schaut bei den Bildquellen am Ende des Buches nach, welchen Titel der Künstler diesem Doppelbild gegeben hat. Passen eure Namen dazu? Warum könnte der Künstler seine Figuren so gestaltet und betitelt haben? ···

● **Gemeinschaft** In der Familie, in der Schule, im Alltag, in der Bibel, weltweit und ganz nah: Gestalte in deinem Lerntagebuch eine Grafik zum Thema Gemeinschaft, in der all diese Bereiche vorkommen. ···

SCHULORDNUNG
aus dem 19. Jahrhundert

§ 1 Die Kinder haben pünktlich, zur bestimmten Zeit, an Körper und Kleidung reinlich und anständig und mit den erforderlichen Schulsachen versehen in dem Schulzimmer zu erscheinen, sich sofort an ihre Plätze zu setzen und alles zum Unterricht Nöthige in Bereitschaft zu legen. […]

§ 3 Während des Unterrichts sollen die Schüler still, ruhig, in gerader und anständiger Haltung auf ihren Plätzen sitzen, die Hände auf den Tisch legen und sich mit den Füßen ruhig auf dem Boden halten. Alles, was den Unterricht hemmt und stört, wie Essen, Spielen, Scharren oder Stampfen mit den Füßen, Schwätzen, Lachen, eigenmächtiges Verlassen des Platzes, ist untersagt. Hat ein Kind während des Unterrichts dem Lehrer etwas zu sagen oder ihn um etwas zu bitten, so gibt es, bevor es spricht, ein Zeichen mit dem Finger. […]

§ 5 Die Schüler sollen ihre volle Aufmerksamkeit dem Lehrer oder bei mittelbarem Unterricht ihren schriftlichen Arbeiten zuwenden. Beim Aufsagen, Lesen und Singen sollen sie stehen; ihre Antworten sollen sie in gerader Haltung des Kopfes laut, lautrein, wohlbetont und möglichst in ganzen Sätzen geben. Beim Schreiben und Zeichnen sollen sie aufrecht sitzen, die Brust nicht an den Tisch andrücken, noch den Körper stark vorwärts biegen. […]

§ 8 Die Tafeln, Hefte und Bücher der Kinder sollen reinlich und in guter Ordnung gehalten, die ersteren insbesondere mit einem Schwämmchen oder mit einem Selbandwickel versehen sein. […]

§ 11 In allen anderen Fällen, namentlich bei der Verwendung der Kinder zu häuslichen oder gewerblichen Geschäften, ist die Versäumniß des Unterrichts nur nach vorher eingeholter Erlaubniß gestattet.

§ 12 Kein Schüler soll den geordneten Gottesdienst versäumen. In der Kirche sollen die Kinder eingedenk der Heiligkeit des Ortes ein anständiges, gesittetes und gottesfürchtiges Verhalten zu erkennen geben.

§ 13 Nach dem Schlusse der Schule verlassen die Kinder bankweise, ohne Lärm und in guter Ordnung das Zimmer und gehen ruhig und anständig ihres Weges.[…]

§ 17 Niemals dürfen die Kinder fremdes Eigentum nehmen oder verderben. Das Quälen der Thiere, das Ausnehmen von Vogelnestern, das Einfangen von Vögeln und das Beschädigen der Bäume und anderer Gewächse ist verboten, ebenso das Tabakrauchen und die Anschaffung von Feuerwerkskörpern, Streichzündhölzchen und anderen leicht entzündlichen und gefährlichen Gegenständen.

§ 18 Fluchen, Schimpfen, Schlagen, Werfen, Nachspringen nach Fuhrwerken, Anhängen oder unbefugtes Aufsitzen auf solche darf nicht vorkommen. Nach dem Abendgebetläuten sollen sich Schulkinder nicht mehr zwecklos auf den Straßen und öffentlichen Plätzen umhertreiben.

Schulordnung. Vergleiche die abgedruckte Schulordnung aus dem 19. Jahrhundert mit der Hausordnung deiner Schule. Finde Gemeinsamkeiten und Unterschiede heraus.
Diskutiert in der Gruppe, welche Regeln euch sinnvoll erscheinen und welche nicht.

Familie. Tauscht euch in der Gruppe darüber aus, in welchen Bereichen bei euch zu Hause bestimmte Regeln gelten (gemeinsame Mahlzeiten, Zu-Bett-Gehen, Taschengeldregelungen etc.). Diskutiert darüber, welche Regeln ihr für sinnvoll haltet und welche nicht.

Warum Regeln?

Regeln gehören zu einem harmonischen Zusammenleben. Viele von ihnen befolgen wir automatisch, weil wir es schon immer so gemacht haben. Andere müssen wir uns immer wieder ins Gedächtnis rufen, weil sie entweder neu für uns sind oder weil sie uns nicht so recht passen – wir lassen sie dann gerne aus Bequemlichkeit weg. Wir sollten uns Regeln aber auch immer wieder genau anschauen und überlegen, ob sie in der gegenwärtigen Situation noch sinnvoll sind. Denn wenn eine Gruppe von Menschen in eine neue Situation gerät, müssen oft neue Regeln gefunden und ausprobiert werden.

Es gibt von Gruppe zu Gruppe unterschiedliche Regeln. Auch die Angehörigen verschiedener Kulturkreise regeln ihr Verhalten sehr unterschiedlich. Es gibt jedoch eine Regel, die sich in fast allen Kulturen findet – das ist die sogenannte > »Goldene Regel«.

● **Regeln?!** Stelle in deinem Heft die verschiedenen Arten von Regeln zusammen und finde jeweils Beispiele. Welche Regeln sind in eurer Klasse absolut notwendig, welche wünschenswert? ··· ●

Eine einzige Regel – verschiedene Formulierungen

Füge anderen nicht Leid durch Taten zu, die dir selber Leid zufügten.

Buddhismus, 5. Jh. v. Chr.

Keiner von euch ist ein Gläubiger, solange er nicht seinem Bruder wünscht, was er sich selber wünscht.

40 Hadithe (Sprüche Muhammads) von an-Nawawi, 13

Was du hasst, das tu niemand anderem an!

Tob 4,15

Zi-gong fragte den Konfuzius: »Gibt es ein Wort, das ein ganzes Leben lang als Richtschnur des Handelns dienen kann?« Konfuzius antwortete: »Das ist ›gegenseitige Rücksichtnahme‹. Was man mir nicht antun soll, will ich auch nicht anderen Menschen zufügen.«

China, 6. Jh. v. Chr.

Alles, was ihr wollt, dass euch die Menschen tun, das tut auch ihnen.

Mt 7,12

● **Goldene Regel.** Eine »Goldene Regel« für das Zusammenleben von Menschen gibt es in allen Kulturen und Religionen. Sprecht in der Gruppe über die Unterschiede in den Formulierungen. Das geht am besten, wenn ihr euch gegenseitig die Unterschiede anhand eines Beispiels erklärt.
Welche dieser Formulierungen würdet ihr als »Goldene Klassenregel« übernehmen? ··· ●

Die Zehn Gebote

Schon immer haben Menschen die Erfahrung gemacht, dass Gruppen Regeln für ihr Zusammenleben brauchen. So auch das Volk > Israel, das nach biblischer Überlieferung aus der Sklaverei in > Ägypten befreit wurde. Auch während dieser Zeit hatte sich das Volk an Regeln gehalten, die das Zusammenleben und das Verhältnis zu seinem Gott bestimmten. Doch die Befreiungstat Gottes bestimmte dieses Verhältnis grundlegend neu. Zeichen hierfür sind die > Zehn Gebote, die in zwei alttestamentlichen Büchern (Exodus und Deuteronomium) überliefert sind. Die Einhaltung dieser Gebote (griech. Dekalog = »Zehnwort« oder zehn Weisungen) ermöglichte Israel ein gutes Zusammenleben und ein ehrfürchtiges und dankbares Verhältnis zu seinem Gott.

Weil den Menschen die Freiheit geschenkt wurde, sollen sie, nein: werden sie sich in ihrem Leben an diese Weisungen halten. Und so werden im Folgenden die Worte »du sollst« durch »du wirst« ersetzt.

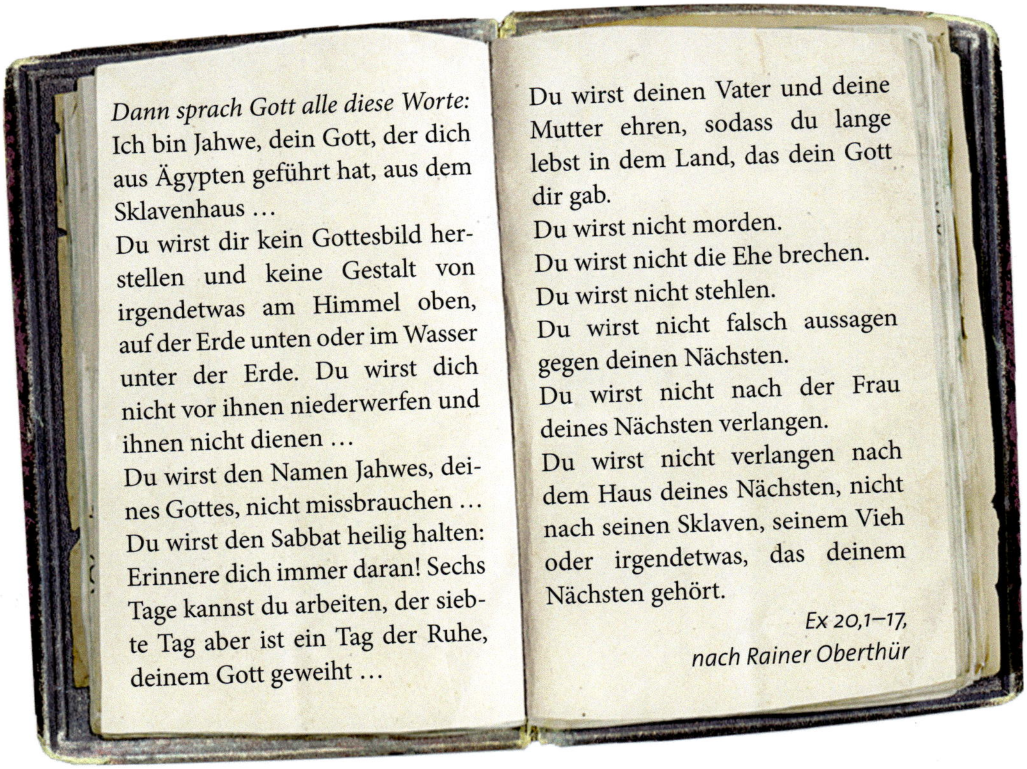

Dann sprach Gott alle diese Worte:
Ich bin Jahwe, dein Gott, der dich aus Ägypten geführt hat, aus dem Sklavenhaus …
Du wirst dir kein Gottesbild herstellen und keine Gestalt von irgendetwas am Himmel oben, auf der Erde unten oder im Wasser unter der Erde. Du wirst dich nicht vor ihnen niederwerfen und ihnen nicht dienen …
Du wirst den Namen Jahwes, deines Gottes, nicht missbrauchen …
Du wirst den Sabbat heilig halten: Erinnere dich immer daran! Sechs Tage kannst du arbeiten, der siebte Tag aber ist ein Tag der Ruhe, deinem Gott geweiht …
Du wirst deinen Vater und deine Mutter ehren, sodass du lange lebst in dem Land, das dein Gott dir gab.
Du wirst nicht morden.
Du wirst nicht die Ehe brechen.
Du wirst nicht stehlen.
Du wirst nicht falsch aussagen gegen deinen Nächsten.
Du wirst nicht nach der Frau deines Nächsten verlangen.
Du wirst nicht verlangen nach dem Haus deines Nächsten, nicht nach seinen Sklaven, seinem Vieh oder irgendetwas, das deinem Nächsten gehört.

Ex 20,1–17, nach Rainer Oberthür

● **Beispiele.** Bearbeitet in fünf Kleingruppen jeweils zwei Gebote und sucht Beispiele aus dem täglichen Leben, in denen gegen diese beiden Gebote verstoßen wird. Stellt euch diese Beispiele gegenseitig vor. ···

● **Übersetzung.** Vergleicht in Partnerarbeit diese Übersetzung des Dekalogs mit der in eurer Bibel. Benennt die wichtigsten Unterschiede. Entscheidet euch für eine Version und begründet diese Entscheidung. ···

● **Zeitung.** Suche Zeitungsmeldungen, die zu einem oder mehreren der Zehn Gebote in Bezug gesetzt werden können. Erstelle daraus eine Collage. ···

● **Gebote der Freiheit.** Ordnet wie folgt zu:
1. Gebote, die auf die Freiheit Gottes setzen = Gebote für Menschen, die mit Gott in Frieden leben wollen.
2. Gebote, die auf die Freiheit der Menschen in der Gemeinschaft bezogen sind = Gebote für Menschen, die mit anderen in Frieden leben wollen.
3. Gebote, die auf die Freiheit des Einzelnen bezogen sind = Gebote für Menschen, die bereit sind, mit sich selbst in Frieden zu leben.

Erstelle eine eigene Reihenfolge der Gebote nach ihrer Wichtigkeit für dich. Vergleiche deine jeweilige Anordnung mit der von anderen. ···

Gebote konkret: Du sollst nicht stehlen?!

Schwarzfahren schadet doch niemandem ...

In der großen Pause gestern schon wieder drei Stühle geschrottet ... Die sollten endlich mal was Stabileres anschaffen.

Drei Euro aus dem Portemonnaie meiner Mutter – die merkt das sowieso nicht ...

Gut, dass Tina gestern alle Vokabeln konnte! Hab' beim Test alles bei ihr abgeschrieben – hatte mal wieder keine Zeit zum hirnlosen Pauken ...

Fünf ausgeliehene Comics in meinem Bücherregal beim Aufräumen entdeckt. Macht nichts! Jan hat noch nicht danach gefragt ...

Super, die Auswahl von Marcos Musik-Downloads. Er zahlt doch tatsächlich ein Abo für das Downloaden! So blöd bin ich nicht, kopier' ich mir alles ...

Ein völlig überteuerter Lidschatten aus dem Drogeriemarkt – schnell eingesteckt –, selber schuld bei diesen Preisen ...

● **Meins oder deins oder unseres?** Beurteilt in Partnerarbeit die oben stehenden Aussagen nach folgendem Raster:
0 = Verstößt nicht gegen das siebte Gebot.
1 = Verstößt leicht gegen das siebte Gebot.
2 = Verstößt schwer gegen das siebte Gebot.
Vergleicht und diskutiert eure Ergebnisse. Findet weitere »Klau-Beispiele«.

● **Weniger ist leer.** Setze dich mit der Plakataktion von »Brot für die Welt« auseinander. Erläutere mögliche Verbindungen zum siebten Gebot.

Das Doppelgebot der Liebe

Die Frage, welches das wichtigste Gebot ist, haben sich schon viele Menschen gestellt.

Einige sagten: »Du sollst nicht töten!« ist das wichtigste Gebot, weil das Leben dadurch geschützt wird. Andere sagten: »Du sollst nicht stehlen!« ist das wichtigste Gebot, weil sich sonst jeder nimmt, was er will. Manche meinten auch: »Du sollst den Feiertag heiligen!« ist am wichtigsten, weil man sonst nie zur Ruhe kommt.

Einmal fragte ein gelehrter Mann Jesus nach seiner Meinung zu den › Zehn Geboten. Der Gelehrte kannte sich in den Überlieferungen der Väter genau aus. Er war sehr darauf bedacht, alle Gebote genau einzuhalten. Mit seiner Frage allerdings wollte er Jesus prüfen. Er dachte: Alle Gebote sind doch gleich wichtig. Wenn ich jetzt nach dem wichtigsten Gebot frage und Jesus eines besonders herausstellt, dann zeigt er damit, dass er über die Gebote nicht richtig nachgedacht hat.

Umgeben von einigen Menschen, mit denen Jesus geredet hatte, fragte der Gelehrte: »Lehrer, welches ist das wichtigste Gebot des Gesetzes?«

Jesus schaute ihn lange an und antwortete dann: »Du sollst den Herrn, deinen Gott, lieben von ganzem Herzen, von ganzer Seele und mit all deiner Kraft. Dies ist das höchste und größte Gebot. Das andere aber ist dem gleich: Du sollst deinen Nächsten lieben wie dich selbst.« Auf diese Antwort konnte der Gelehrte nichts mehr sagen. Lange noch stand er da und dachte über diese Antwort Jesu nach.

Nach Mt 22,34–40

Du sollst den Herrn, deinen Gott, lieben mit ganzem Herzen, mit ganzer Seele und mit all deinen Gedanken. Du sollst deinen Nächsten lieben wie dich selbst.

Mt 22,37.39

● **Nur ein Gebot.** Wie begründen die Menschen in der Geschichte »Das Doppelgebot der Liebe« die besondere Bedeutung »ihres« Hauptgebotes? Vergleiche diese Begründungen mit deiner Reihenfolge der Zehn Gebote auf S. 68. Was war für euch das wichtigste Gebot und wie habt ihr das begründet?
Stellt die beiden Teile von Jesu Hauptgebot der Liebe (Mt 22,37.39) nebeneinander und ordnet die Zehn Gebote diesen beiden Teilen zu.

Leah und Noreen: »Die nächste Mail schreib ich dir aus der Klinik ...«

Ich möchte hier keinen unrealistischen, mitleiderregenden und auf die Tränendrüsen drückenden Artikel über ein krebskrankes Mädchen schreiben – davon gibt es schon viel zu viele ... Ich möchte euch etwas erzählen, das genauso passierte, wie ich es hier schildern werde, um euch zu zeigen, dass man todkranken Menschen manchmal schon durch etwas so Normales wie E-Mails helfen kann, sich nicht aufzugeben und um das Leben zu kämpfen.

Alles fing damit an, dass Dr. Ralf Filipp – ein guter Freund unserer Familie und Arzt – im letztjährigen Konzert zugunsten der José Carreras-Leukämie-Stiftung von einem leukämiekranken Mädchen erzählte, das auf seiner Homepage über seine Krankheit schrieb. Da mich dieser Vortrag sehr beeindruckte, bat ich Ralf um eine Möglichkeit, mit dem Mädchen in Kontakt zu treten. Das Mädchen hieß Noreen, war 16 Jahre alt und wohnte in Münster. Seit ihrem 15. Lebensjahr litt sie an akuter Leukämie.

Noch am selben Tag, an dem ich die Adresse bekam, setzte ich mich abends vor den Computer und versuchte Noreen eine Mail zu schreiben. Das war aber gar nicht so einfach, weil ich natürlich einen einigermaßen netten Eindruck machen und mich nicht gleich blamieren wollte. Außerdem hatte ich ja gar keine Erfahrungen damit, wie man mit Leukämiekranken umgeht, und ich wusste auch nicht, wie Noreen auf meine Fragen reagieren würde und was ich überhaupt fragen durfte und was nicht.

Wie man sich wahrscheinlich vorstellen kann, war ich ganz schön aufgeregt, als gleich am nächsten Tag eine Antwort von ihr kam. Noreens erste Mail war ziemlich witzig und sie machte sofort einen sympathischen Eindruck auf mich.

… Bitte, bitte sag nicht, dass du dir ganz sicher bist, dass ich wieder gesund werde. Natürlich hoffe ich das auch, aber wirklich sicher kann man sich nicht sein. Eine meiner Freundinnen sagt es auch, um mich zu beruhigen. Vielleicht sagt sie es auch, um sich selbst zu beruhigen. Nein, niemand weiß es, und das macht es auch so schlimm. Wenn es mir schlecht geht, frage ich mich oft, ob es sich überhaupt lohnt. Wenn ich hundertprozentig wüsste, dass der Krebs mal weggeht, dann wäre alles viel leichter. Bitte sei mir nicht böse, dass ich das jetzt geschrieben habe, okay? Die nächste Mail schreibe ich dir aus der Klinik. *Bis bald und viele Grüße!*
Deine Noreen

… Bei mir dreht sich im Augenblick leider alles nur um diese scheiß Krankheit und wenn ich dann deine Mails lese, weiß ich dann, dass es eigentlich genau das ist, was ich wieder will … nervige Lehrer in der Schule, mit Freunden etwas unternehmen, dort übernachten, einfach wieder LEBEN. Wenn ich das dann so bei dir lese, wird der Wunsch, dies alles auch wieder tun zu können, noch viel größer. Auch wenn ich dir das noch nicht gesagt habe, aber du verstärkst mit deinen Mails meinen Willen, diese Normalität wieder zu erreichen!

… Es ist zwar sehr anstrengend, weil ich nicht richtig sitzen kann, aber ich möchte dir jetzt unbedingt schreiben. Ach Mann, Leah, ich habe mich über jede einzelne Mail so gefreut und konnte nicht zurückschreiben. Weißt du was? Ich habe 400 Leukos! Die Zellen sind angewachsen. Oh Leah, wenn das so weitergeht, komme ich vielleicht bald aus dem Schleusenzimmer raus. Ich bin auf dem Weg, gesund zu werden. Na, wie findest du das? Ich fühle mich zwar noch sehr schwach, aber ich bin richtig glücklich. Du hast mir immer und immer wieder geschrieben und meine Mutter hat mir die letzten Mails alle vorgelesen, weil ich noch nicht mal mehr lesen konnte. Du hast mich aber trotzdem nicht vergessen, obwohl ich nicht zurückgeschrieben habe. Ach Leahchen, immer wenn meine Mutter vorgelesen hat, habe ich in Gedanken alles nachvollzogen. Manchmal habe ich auch geheult, als ich gehört habe, was du so alles gemacht hast. Ich war dann unheimlich traurig, weil ich hier liegen musste und nichts tun konnte. Das hat mir Kraft gegeben, denn durch deine Mails hast du mir gesagt, dass ich all das nicht mehr erleben kann, wenn ich mich aufgebe. Du glaubst gar nicht, was du durch deine Mails alles bei mir ausgelöst hast. Ich danke dir dafür! – Jetzt schreibe ich dir wieder öfter, denn ich hoffe ganz doll, dass es mir mit jedem Tag besser geht.
Deine Noreen

Einige Wochen hörte ich nichts mehr von Noreen. Zirka einen Monat später bekam ich von Noreens Freundin die für mich unbegreifliche Antwort auf meine Fragen …

Wie soll ich es dir sagen? Erst ging es Noreen ja besser, aber dann hat sie Fieber bekommen und die Untersuchung des Knochenmarks hat ergeben, dass es wieder neue Krebszellen gab. Es ging ihr jeden Tag schlechter, und dann ist sie gestorben …

Dass ich darüber sehr traurig war und auch immer noch bin und dass ich das alles eigentlich immer noch nicht richtig fassen kann, brauche ich euch hier sicher nicht zu erzählen. Im Nachhinein bin ich aber ganz, ganz froh, Noreen kennengelernt zu haben, und ich habe mich schon über jede einzelne Mail von Noreen so gefreut, dass ich keine Sekunde unserer Freundschaft irgendwie bereut hätte. Ich bin mir sicher, dass ich Noreen niemals vergessen werde!!! *Aus: Zartbitter. Schülerzeitung des Gymnasiums Niedernburg, Passau*

● **Leah.** Überlege: Wie kam Leah dazu, mit Noreen Kontakt aufzunehmen, und was waren ihre Befürchtungen?

- Lies die Auszüge aus Noreens E-Mails genau und beschreibe in zwei bis drei Sätzen, was Leahs E-Mails bei Noreen bewirkt haben.
- Nächstenliebe kann mit kleinen Schritten und Handlungen beginnen. Informiert euch über Beispiele bei euch vor Ort oder im Internet, z. B. unter *www.ktf.uni-passau.de/local-heroes*.

Brif, bruf, braf

In einem Hof spielten einmal zwei Kinder ein äußerst lustiges Spiel. Sie dachten sich eine ganz besondere Sprache aus, in der sie miteinander reden konnten, ohne dass andere Leute eine Silbe davon verstanden.

»Brif, braf«, sagte der Erste. »Braf, brof«, antwortete der Zweite. Und dann lachten alle beide ganz toll.

Im oberen Stock des Hauses saß ein alter Herr auf dem Balkon und las seine Zeitung, im Haus ihm gegenüber lehnte eine alte Frau zum Fenster hinaus, die weder gut noch schlecht war.

»Was sind das für dumme Kinder, die zwei da unten«, sagte die Frau. Aber der alte Herr war nicht ihrer Meinung: »Das finde ich nicht.«

»Sagen Sie mir nicht, dass Sie verstanden hätten, was sie eben gesagt haben.«

»Doch. Ich habe alles verstanden. Der Erste sagte: Was für ein herrlicher Tag heute. Und der Zweite antwortete: Morgen wirds noch viel schöner.«

Die alte Frau rümpfte die Nase, schwieg aber still, weil die Kinder unten im Hof wieder angefangen hatten, sich in ihrer Geheimsprache zu unterhalten.

»Maraschi, baraschi, pfiffirimoschi«, sagte der Erste.

»Bruf«, antwortete der Zweite. Und wieder brach ihr tolles Gelächter los.

»Wollen Sie das auch wieder verstanden haben?« rief die alte Frau erbost ihrem Nachbarn zu.

»Sicher«, antwortete der alte Herr lächelnd. »Der Erste hat gesagt: Wie sind wir doch froh, dass wir auf der Welt sind! Und der Zweite hat ihm geantwortet: Die Welt ist ganz wunderbar!«

»Aber ist sie wirklich wunderbar, die Welt?« bohrte die alte Frau weiter.

»Brif, bruf, braf«, antwortete der alte Herr.

Gianni Rodari

● **Erlebnisse.** Übt in Zweiergruppen folgende Szenen ein und spielt sie euch gegenseitig vor der Klasse vor:

- Der alte Mann erzählt einem Freund, was er erlebt hat.
- Die Frau erzählt ihrem Mann am Abend, was geschehen ist.
- Die Kinder erzählen zu Hause, was passiert ist.

● **Verstehen.** Erläutert: Warum versteht der alte Mann die Kinder, während die Frau sie nicht versteht? Sucht eine oder mehrere Erklärungen.

● **Ohne Worte.** Teile den anderen nur mit deinen Blicken mit: »Ich bin wütend!« oder »Ich bin traurig!« oder »Ich bin glücklich!«.
Teile den anderen nur mit deiner Mimik mit: »Komm her!« oder »Du bist nett!«.
Teile den anderen nur mit deiner Gestik mit: »Mit mir nicht!« oder »Ich habe gewonnen!« oder »Geschieht dir ganz recht!«.
Teile den anderen nur mit deiner Körperhaltung mit: »Ich bin der bzw. die Größte!« oder »Ich habe Angst!« oder »Ich will im Unterricht nicht drankommen!«.
Erfinde noch mehr Anlässe, bei denen man anderen etwas nonverbal mitteilt, und stelle es dar. Die Gruppe soll raten, was du jeweils dargestellt hast.

LERNGANG Begegnen: Menschen wahrnehmen

Erinnerst du dich noch an deinen ersten Schultag am Gymnasium? Alles war neu: das Gebäude, die Klassenzimmer und vor allem auch die Menschen – Klassenkameradinnen und Klassenkameraden, Lehrerinnen und Lehrer. Der erste Eindruck, die erste Wahrnehmung macht da viel aus: Wie guckt der? Die sieht aber freundlich aus! Haben die zwei aber abgedrehte Jeans an! Und meinen neuen Banknachbarn, den kann ich einfach nicht riechen!

Wir drücken viel mit unserem Gesicht und dem übrigen Körper aus. Man nennt das Körpersprache. Einiges davon setzen wir bewusst ein, vieles von unserer Körpersprache ist uns bei uns selbst und bei anderen gar nicht bewusst. Trotzdem reagieren wir und die anderen auch auf diese nonverbalen (= nichtsprachlichen) Ausdrucksformen. Es ist für ein besseres Verstehen oft hilfreich, wenn wir uns unsere eigene Körpersprache und die der anderen klarmachen.

Anton Räderscheidt, 1921

Bildbegegnung. Beschreibe das Bild genau: die Personen, ihre Kleidung, ihre Körperhaltung, die Mimik der Frau. Welchen Gesichtsausdruck könnte der Mann haben?
Formuliere Fragen an eine Person oder an beide Personen.

Tipps für faires Streiten

In einer Klasse, aber auch zwischen einzelnen Klassengruppen oder auch zwischen einzelnen Schülerinnen und Schülern gibt es manchmal unterschiedliche Meinungen. Diese Meinungsverschiedenheiten können zu einem handfesten Streit werden. Damit sich hierbei niemand als Verlierer fühlen muss, helfen die folgenden »Spielregeln«:

- Sei ehrlich!
- Du kannst nur von dir selbst reden, also sprich in der Ich-Form.
- Vermeide Schimpfwörter und Anschreien und überlege dir, was du sagen willst, bevor du den Mund auftust.
- Höre gut auf das, was dein Gegenüber dir zu sagen hat, und lasse ihn oder sie ausreden.
- Versuche, dich in die Situation deines Gegenübers hineinzuversetzen.
- Achte auf die Körpersprache deines Gegenübers und auf deine eigene. (Wie stehen die Personen einander gegenüber? Wie ist ihr Gesichtsausdruck? Was machen sie mit den Händen? usw.)
- Mache dir bewusst, was du während des Streits fühlst (Angst, Wut, Überlegenheit, Enttäuschung usw.).
- Einigt euch auf ein Ergebnis, das niemanden als Unterlegene oder Unterlegenen dastehen lässt.
- Sei nicht nachtragend.

Manchmal reichen solche Regeln für eine Einigung nicht aus. Da wird etwa eine Klassenkameradin über Wochen gemobbt, weil sie stark kurzsichtig ist und eine Brille trägt, hinter der ihre Augen ganz klein aussehen. Hannes wird nur auf Druck der Sportlehrerin in das Fußballteam aufgenommen – er ist so lahm, dass »seine« Mannschaft fast zwangsläufig verliert. Oder die Klasse kann sich nicht einigen, wohin der nächste Klassenausflug gehen soll.

In solchen Situationen können »Streitschlichter« helfen. Vielleicht gibt es an eurer Schule auch Mitschülerinnen und Mitschüler, die eine Art Ausbildung für die Streitschlichtung absolviert haben.

● **Schimpfwörter.** Sprecht in eurer Klasse über Beschimpfungen und Schimpfwörter im Schulalltag. Welche Erfahrungen habt ihr gemacht?

Das Streitschlichtermodell

Phase 1: Schlichtung einleiten
Die Streitschlichter suchen mit den Streitenden einen ungestörten Ort auf. Sie erklären die Regeln des Streitschlichtergesprächs, denn alle Beteiligten sollen wissen, worauf sie sich einlassen. Die Streitschlichter betonen, dass sie neutral sind und sich auf keine der beiden Seiten stellen werden. Außerdem sind sie verschwiegen – sie werden niemandem von diesem Gespräch erzählen. Diese Verschwiegenheit versprechen auch die Streitenden.
Am Ende dieser ersten Phase erklären sich alle Beteiligten mit den vereinbarten Regeln einverstanden.

Phase 2: Sichtweise der Konfliktparteien klären
Beide Konfliktpartner/Konfliktparteien tragen ihre Sichtweise vor und erklären, wie und warum es aus ihrer Sicht zum Streit gekommen ist. Alle dürfen ausreden, ohne unterbrochen zu werden. Die Streitschlichter fassen die beiden Standpunkte zusammen und spiegeln so den Streitenden, wie sie diese verstanden haben.

Phase 3: Klärung des Sachverhalts
Manchmal liegen die beiden Versionen der Streitpartner weit auseinander. Dann müssen die Streitschlichter durch konkrete Nachfragen herausfinden, was genau geschehen ist. Wichtig sind hier die Beweggründe der Streitenden (z. B. Angst, Eifersucht, Zorn, ungerechte Behandlung). Die Streitschlichter geben den Anstoß, sich in den/die jeweils anderen hineinzuversetzen.
Die Konfliktparteien tauschen dann ihre Gefühle sowie ihre Erwartungen und Wünsche aus.

Phase 4: Problemlösung
Gemeinsam mit den Streitschlichtern überlegen sich die Konfliktparteien, wie sie die Situation klären können. Jede Konfliktpartei überlegt, was sie selbst zu tun bereit ist, um den Konflikt zu lösen.
Die Vorschläge werden diskutiert und eine Einigung wird angestrebt, mit der beide Konfliktpartner/Konfliktparteien sich wohlfühlen.

Phase 5: Vereinbarung formulieren
Die Vereinbarung wird nun schriftlich in Form eines Vertrags festgehalten. Beide Konfliktparteien unterzeichnen die Vereinbarung und willigen ein, sich an die Abmachungen zu halten. Alle Beteiligten erhalten eine Kopie dieses Vertrags.

Phase 6: Vergebung
Vereinbarungen zu erfüllen ist das eine (und die Grundlage eines fairen Zusammenlebens in der Gruppe/Klasse). Wir als Religionsgruppe gehen einen Schritt weiter, den Jesus uns vor Augen gestellt hat, den Schritt der Vergebung. Wenn wir das Vaterunser beten, fällt uns dieser Schritt auf: »Und vergib uns unsere Schuld, wie auch wir vergeben unseren Schuldigern.«

Streitschlichtung. Lest euch die sechs Phasen der Streitschlichtung gut durch. Klärt in der Klasse mögliche Rückfragen.
- Teilt euch in sechs Gruppen auf. Jede Gruppe übernimmt die »Patenschaft« für eine Streitschlichtungsphase.
- Überlegt in eurer Kleingruppe: Welchen Sinn hat diese Phase? Worin liegen die Schwierigkeiten dieser Phase? Mit welchem > Symbol würdet ihr diese Phase kennzeichnen?

Streitschlichter. Wenn es an eurer Schule Streitschlichter gibt, informiert euch über ihre Namen, ihre Sprechstunden und ihr Sprechzimmer. Ladet eine Streitschlichterin oder einen Streitschlichter in eure Klasse ein und interviewt sie. Die Interviewfragen solltet ihr in Kleingruppen vorbereiten und dann zusammenstellen.

Auf dieser Seite hast du die Möglichkeit, dir noch einmal Gedanken über die verschiedenen Menschen(-gruppen) zu machen, mit denen ihr euch in diesem Kapitel beschäftigt habt. Hierbei hat sich euer Blick immer mehr geweitet und ihr habt überlegt, wie man mit anderen Menschen gut auskommt.

Meine Familie

Ihr habt euch eure Familien angeschaut – die Menschen, mit denen ihr am engsten zusammenlebt.

ICH

Meine Mitmenschen weltweit

Ihr habt euch mit der (Lebens-)Geschichte eines indischen Jungen beschäftigt und diese mit eurem Lebensalltag verglichen.

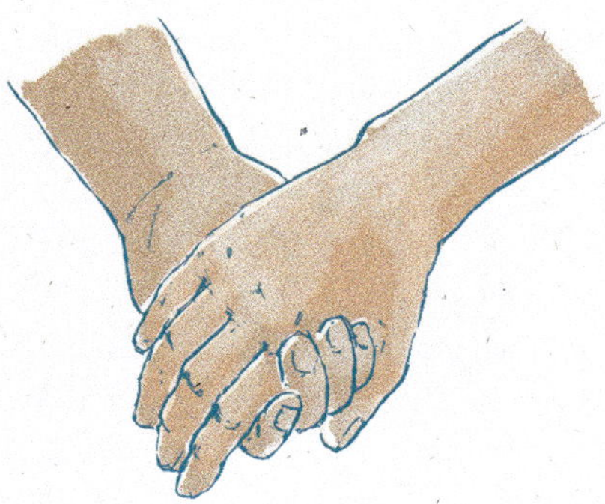

Meine Freunde/Freundinnen

Ihr habt euch Gedanken darüber gemacht, was für euch Freundschaft bedeutet und wer euer Freund/eure Freundin ist.

Miteinander. Gestaltet ein DIN-A3-Blatt oder eine Doppelseite in eurem Heft so wie diese Doppelseite: In die Mitte kommt ein großes ICH. Darum herum notiert ihr in Kreisform die Begriffe »Familie«, »Freunde/Freundinnen«, »Mitschüler/Mitschülerinnen« und »Menschen weltweit«. Zeichnet unter die Begriffe zwei Kästchen mit unterschiedlich farbigem Rahmen. In das eine schreibt ihr, was die jeweilige Person oder Personengruppe für euch bedeutet und was ihr von ihnen für euer Leben lernen könnt. In das zweite Kästchen schreibt ihr, was für eine Bedeutung ihr für diese Personen habt oder haben könntet.

- Blättert zum Ausfüllen dieser Kästchen in eurem Heft zurück und verwendet auch Ergebnisse, die ihr bei den jeweiligen (Personen-)Gruppen aufgeschrieben habt.
- Stellt euch eure Doppelseite gegenseitig vor und vervollständigt sie.

Meine Mitschüler und Mitschülerinnen

Ihr habt über eure Klasse bzw. Lerngruppe gesprochen. Dabei ging es auch um Mitschüler und Mitschülerinnen, die aufgrund einer Behinderung anders sind als ihr.

Auf ein gutes Miteinander! Trage in deinem Lerntagebuch die Weisungen Gottes zum guten Leben in Gemeinschaft zusammen. Wähle drei Weisungen aus, die dir besonders wichtig sind, und begründe deine Entscheidung.

Wir und die anderen. Beschriftet nun in der Religionsgruppe ein Plakat, das ebenso wie eure Doppelseite gestaltet ist (ICH in der Mitte, Personengruppen im Kreis darum herum). Sprecht in der Lerngruppe darüber, welche Schwierigkeiten ihr mit diesen Menschen (-gruppen) manchmal habt oder sie mit euch haben.
Was sind typische Konflikte? Schreibt diese auf Gegensatzpfeile zwischen dem »ICH« und den Gruppen.

Regeln helfen. Ordnet den von euch gefundenen Konflikten Regeln zu, die zu einer Lösung beitragen. Schreibt auf das Plakat die Regeln zu den jeweiligen Konflikten. Welche Regeln erscheinen euch wichtiger, welche findet ihr nicht ganz so wichtig?

Jesus auf der Spur

Jesus lebte vor ungefähr 2000 Jahren in einem kleinen Land, Palästina, auf dem Gebiet des heutigen Israel, das ca. 2000 Kilometer von uns entfernt ist. Erstaunlich ist, dass dieser Jesus heute noch sehr vielen Menschen wichtig ist. Sie versuchen, sich in ihrem Leben danach zu richten, was er gesagt und wie er gelebt hat. Daher begebt ihr euch in dieser Lernlandschaft auf die Spuren Jesu. Ihr begegnet Menschen, die etwas mit Jesus erlebt haben, und erschließt euch so sein Leben und sein Wirken. Die Spuren Jesu weisen in die Gegenwart, und so setzt ihr euch auch damit auseinander, wie sich Menschen von dem Vorbild Jesu für ihr Leben und Handeln anregen lassen. Warum eigentlich? Was ist an Jesus so bedeutsam, dass sich Menschen immer noch an ihm orientieren? Auf dieser Seite seht ihr einige Personen abgebildet, die nach der Überlieferung der Evangelien Jesus begegnet sind. Auf den nächsten Doppelseiten erzählen diese Personen von ihren Begegnungen mit ihm. Natürlich ist einiges in diesen Erzählungen erfunden. Wenn ihr herausfinden wollt, wie das Neue Testament diese Begegnungen erzählt, könnt ihr den Hinweisen am Ende der jeweiligen Texte nachgehen.

Ein Einwohner von Nazaret

Ein Blinder aus Jericho

Eine Frau aus Syrien

Aussagen über Jesus. Lies die Sprechblasen.
- Welche Aussage interessiert dich am meisten? Suche die dazugehörige Person auf den nächsten Seiten.
- Stimmt darüber ab, mit welcher Person ihr in der Religionsgruppe beginnen wollt.

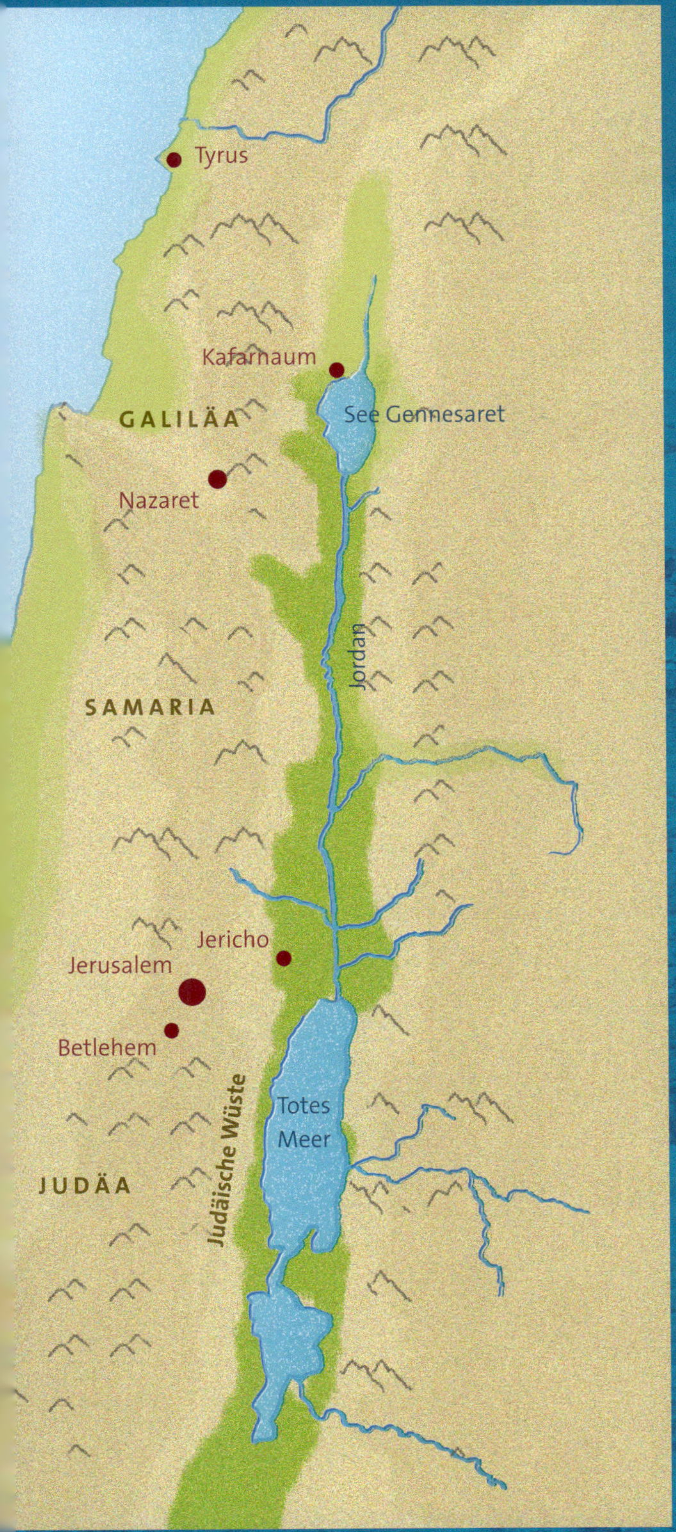

Ein römischer Hauptmann in Jerusalem

Ein Pharisäer aus Kafarnaum

Ein Zöllner aus Jericho

Und du? Was sagst du über Jesus? Male eine leere Sprechblase in dein Heft und formuliere deine Meinung.

Wo Jesus herkommt. Sammelt Informationen über Israel und Palästina und gestaltet damit ein Poster für euer Klassenzimmer.

Jakobus, ein Verwandter des Jesus aus Nazaret

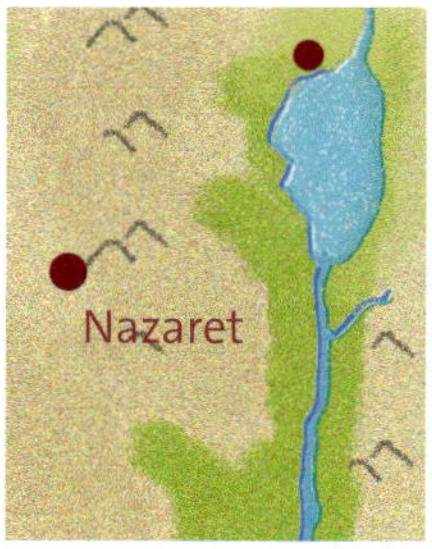

Er war verrückt! Von Sinnen! Dabei sah es zunächst gar nicht so aus. Wir sind zusammen in › Nazaret aufgewachsen. Er hat schon recht früh seinem Vater Josef bei der Arbeit geholfen und, so wie es sich gehört, den Beruf des Vaters gelernt. So weit, so gut. Allerdings war da immer schon so ein merkwürdiges Interesse für alles, was mit Gott und der › Tora zu tun hat. Als er einmal mit seinen Eltern – ich glaube, er war damals zwölf Jahre alt – nach › Jerusalem reiste, um dort das alljährliche Passahfest zu feiern, hat er sich, ohne den Eltern Bescheid zu sagen, in den › Tempel begeben und dort mit den › Schriftgelehrten diskutiert und ihnen Fragen gestellt. Als Zwölfjähriger im Tempel! Und dann über Gott diskutieren! Als gäbe es für Zwölfjährige nicht ganz andere, spannendere Themen!

Aber jetzt, wo er immerhin schon das reife Mannesalter von dreißig Jahren erreicht hat, ist er völlig durchgedreht. Stellt euch einmal vor, euer Bruder oder euer bester Freund würde sich auf den Marktplatz stellen und rufen: »Das Gottesreich ist nahe! Kehrt um und glaubt an meine Worte, sie werden euch froh machen!« Was würdet ihr denken? Was würdet ihr tun? Vermutlich das Gleiche, was meine Brüder und ich getan haben: Wir haben versucht, ihn mit Gewalt zurückzuholen, ihn ins Haus zu ziehen, wo ihn niemand mehr gehört hätte. Es war uns so peinlich, dass er so laut vor allen Leuten solche Worte gesprochen hat! Woher nahm er das Recht dazu? Wir haben sogar schon gehört, wie er Gott mit »Abba« anrief. »Abba«, das sagt man ganz zärtlich zu seinem lieben Papi, wenn man ein kleines Kind ist. Aber doch nicht zu Gott, dem Einzigen und Ewigen, dessen Name uns Juden so heilig ist! Und Jesus spricht Gott ganz vertraulich an und meint sogar, sein Reich zu kennen und davon sprechen zu können!

Manchmal denke ich aber auch: Woher nimmt er den Mut und die Kraft? Was ist bloß in ihn gefahren, dass er so von Gott besessen ist? Er vergisst in solchen Momenten alles – seine Umgebung, seine Familie, seine Herkunft. Als wir versuchten, ihn zurückzuholen, stieß er uns brüsk zurück mit den Worten: »Wer ist meine Mutter und wer sind meine Brüder?« Und er schaute seine Zuhörerinnen und Zuhörer an und rief ihnen zu: »Ihr, ihr seid meine Schwestern und Brüder, ihr seid meine Familie!« Ich sag's ja: Er spinnt!

Leider ist er jetzt fort aus Nazaret. Wir konnten ihn nicht aufhalten. Nun gut, er hat es ja so gewollt. Gottes Wille, so hat er gesagt, sei ihm wichtiger als unsere Angst. Denn von Gott zu erzählen sei niemals peinlich. »Ihr fürchtet doch nur, dass ich euch blamiere, wenn ich von Gott und seinem Reich erzähle. Aber von Gott zu erzählen ist niemals peinlich. Und wer Gottes Willen befolgt, der ist mein wirklicher Bruder, meine Mutter, meine Schwester«, sagte er. Was sollen wir bloß tun?

vgl. Mt 12,46–50

● **Was tun?** Jakobus fragt sich: Was also tun? Was würdest du ihm antworten? Entwirf einen › Brief an ihn.

● **Gegenüberstellung.** Vergleiche die Standpunkte Jesu und seiner Familie: Wo siehst du Unterschiede? Stelle dazu in einer Tabelle gegenüber, welche Gründe die Familie Jesu für ihr Verhalten hat und was Jesus zu seinem Verhalten bewegt.

● **Sprechblase.** Erkläre, was Jesus mit den Worten in der Sprechblase gemeint hat. Gilt dieser Satz auch heute noch? Suche nach Beispielen und präsentiere sie deinen Mitschülern.

Wohnen. Beschreibe, was dir an dem Haus auf dieser Seite auffällt. Vergleiche es mit anderen, dir bekannten Wohnungen: Welche Ähnlichkeiten gibt es? Wo siehst du Unterschiede?

In einem jüdischen Dorf zur Zeit Jesu

Damals lebten die meisten Menschen in einfachen Häusern aus Lehm- oder Natursteinen. Tiere und Menschen teilten sich einen Raum, der spärlich möbliert war.
Ein großer Teil der Bevölkerung arbeitete auf den Feldern, in Weinbergen, als Fischer oder Viehhirten, aber auch als Handwerker, wie z. B. Zimmermänner, Schmiede, Töpfer und Weber.

Vielen Menschen ging es schlecht: Sie hatten keine regelmäßige Arbeit und verdienten sich ihr Brot durch Gelegenheitsarbeiten als Tagelöhner; andere mussten sich sogar das Nötigste zum Überleben erbetteln.

Die Frauen arbeiteten auf den Feldern und im Haus, wo sie für den Haushalt und die Zubereitung der Mahlzeiten zuständig waren. Diese Tätigkeiten waren körperlich sehr anstrengend, weil es kaum Geräte gab, die die Arbeit erleichterten. So war zum Beispiel das Hauptnahrungsmittel Getreide, das zunächst in einer Handmühle zu Mehl gemahlen und dann als Fladenbrot ausgebacken wurde.

Alltagsleben zur Zeit Jesu. Auf dieser Seite erfährst du eine ganze Menge über das Leben in Palästina zur Zeit Jesu.

- Auch im > Neuen Testament kann man darüber viel lesen. So zum Beispiel in folgenden Texten: Mt 9,17; Mt 13,33; Mk 2,1–4; Lk 17,35; Joh 2,6–9.
- Entwirf mithilfe der Informationen auf dieser Seite und aus dem Neuen Testament ein Haus zur Zeit Jesu und zeichne es in dein Heft. Verwende dabei alle genannten Gegenstände und Personen.

● **Häuser.** Betrachte die Zeichnung auf dieser Seite und beschreibe mithilfe des Textes die einzelnen Personen und deren Lebensbedingungen, die du dort entdeckst.
- Was sagt die Größe der einzelnen Wohnstätten über die jüdische Gesellschaft der damaligen Zeit aus?
- Erkläre mithilfe des Sachtextes die Eigenarten und Stellungen der einzelnen Gruppen.

Oben und unten

Nur ganz wenige Menschen zur Zeit Jesu waren reich. Sie waren Großgrundbesitzer oder gehörten zu den Priesterfamilien des Jerusalemer > Tempels. Letztere nannte man > Sadduzäer. Diese waren ausgesprochen fromm und richteten sich nach den Vorschriften des jüdischen Gesetzes, der > Tora. Sadduzäer hatten einflussreiche Positionen inne und saßen z. B. im Hohen Rat, der obersten Gerichtsbehörde. Besonders wohlhabend, aber auch verachtet waren die Zöllner, weil sie mit der verhassten Besatzungsmacht der > Römer zusammenarbeiteten. Sie erhoben an Grenzen, Brücken, Stadttoren und größeren Straßenkreuzungen Zölle, indem sie sich die Waren der Reisenden zeigen ließen, ihren Wert schätzten und entsprechend Geld verlangten. Das Recht dazu pachteten sie von den Römern, denen sie wiederum einen Teil des eingenommenen Zolls abgeben mussten. Je höher jedoch der Zoll war, den sie verlangten, umso mehr konnten sie in ihre eigene Tasche wirtschaften. Deswegen waren sie in der Bevölkerung verhasst und galten als Verräter.

Zur Mittelschicht gehörten Handwerker und Bauern. Sie waren sehr besorgt um den Erhalt ihres Besitzes und fürchteten sich vor Veränderungen. Manche gehörten zu der Gruppe der > Pharisäer (der »Abgesonderten«). Diese waren sehr gottesfürchtig und hielten sich nicht nur streng an die Weisungen der Tora, sondern auch an viele andere im Lauf der Zeit mündlich überlieferte Gesetze. All diese Weisungen und Gesetze gaben ihnen Rückhalt und Hilfe im Leben. Aus Angst, »unrein« zu werden, hielten sie sich von allem fern, was die religiöse Reinheit beflecken könnte. Auch Jesus stand den Pharisäern wahrscheinlich ursprünglich nahe, grenzte sich aber später durch seine freiere Auslegung der Tora von ihnen ab und wurde daher angefeindet.

Der größte Teil der Bevölkerung lebte in Armut auf dem Land und verdiente sich seinen Lebensunterhalt durch unregelmäßige Hilfsarbeiten als Tagelöhner. Diese Menschen waren in der Gesellschaft ebenso wenig angesehen wie die Gruppe der Bettler und Kranken. Sie standen gesellschaftlich am Rand, weil Krankheit zur Zeit Jesu als selbst verschuldet und als Strafe Gottes galt. Wer krank war, so dachte man, musste zuvor eine schwere Sünde begangen haben. Häufige Krankheiten waren Lepra (eine Nervenkrankheit, bei der die äußeren Gliedmaßen absterben und regelrecht verfaulen), psychische Erkrankungen oder körperliche Behinderungen und Verkrüppelungen. Nach den religiösen Vorschriften machte der Kontakt mit Kranken unrein. Damit waren die Betroffenen vom gesellschaftlichen und religiösen Leben ausgeschlossen. Daher vermieden fromme Juden wie die Pharisäer den Kontakt zu ihnen.

Aber auch Frauen waren in vielerlei Hinsicht wenig geachtet. Das Leben in der Öffentlichkeit war für viele von ihnen nur eingeschränkt möglich. Sie waren von ihrem Mann abhängig und an das Haus gebunden. Selbst vor Gericht waren sie nicht gleichberechtigt: So konnte zum Beispiel nur die Frau die eigene Ehe brechen – der Mann galt in dieser Hinsicht als unschuldig.

Das Land, in dem Jesus lebte

Das Land, in dem Jesus lebte, hat viele Gesichter. Auch das Klima ist dort sehr unterschiedlich: Große Gebiete sind so trocken, dass dort fast gar nichts wächst. Dies gilt z. B. für die Wüste Juda, in der nur Viehhirten überleben konnten und Räuberbanden ihr Unwesen trieben. In > Galiläa dagegen, um den See Gennesaret herum, gibt es auch fruchtbare Gegenden. Der See versprach zu allen Zeiten reichen Fischfang. Auch das Jordantal, mit über 400 Metern unter dem Meeresspiegel das am tiefsten gelegene Gebiet der Erde, gehört zu den fruchtbaren Gebieten. > Jerusalem dagegen liegt über 800 Meter hoch und wird daher auch die »Stadt auf dem Berg« genannt. Sie war zur Zeit Jesu das religiöse und politische Zentrum des Judentums – nach damaligen Verhältnissen eine pulsierende Großstadt.

Grundwissen. Notiere in deinem Lerntagebuch Fakten und Daten zum Leben Jesu. Du kannst auch eine kleine Biografie verfassen.

Stationen. Nach seinem Aufbruch aus > Nazaret durchquerte Jesus fast ganz > Israel.

- Beschreibe diesen Weg Jesu. Zeichne dazu eine Karte Israels und trage folgende Stationen seines Lebensweges dort ein: Mk 1,9; Mk 1,12f.; Mk 1,16f.; Mk 1,21; Mk 10,46; Mk 11,1–11.
- Ordne die Bilder auf dieser Seite den einzelnen Orten zu.

Levi befragt Zachäus

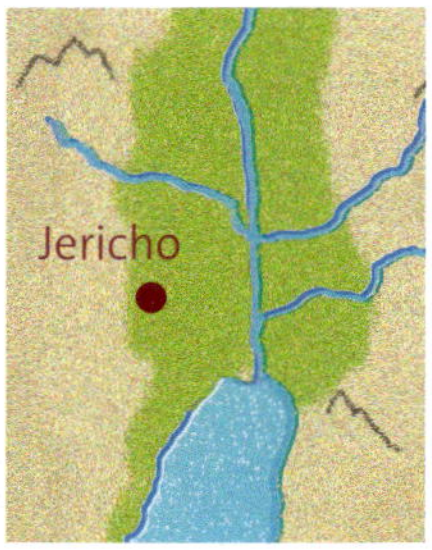

Levi: Sag mal, Zachäus, bist du schon als Kind gerne auf Bäume geklettert?

Zachäus: Ja. Mit meinen Freunden habe ich ein Baumhaus in einem Maulbeerbaum gebaut. Da war die Welt noch in Ordnung.

Levi: Jetzt nicht mehr?

Zachäus: Jetzt wieder. Aber je länger ich Zöllner war, desto einsamer wurde ich. Weißt du, wir Zöllner sind kein besonders angesehener Berufsstand in > Israel. Wir haben die Leute ziemlich ausgenommen. Wirtschaftlich ging es mir und meiner Familie folglich nicht schlecht. Und doch fand ich keinen Frieden. Irgendetwas bohrte in mir. Mir war aber nicht klar, was.

Levi: Was mich wundert: Du hättest Jesus und seine Leute doch einfach am Stadttor aufhalten können. Du hattest die Befugnis dazu. Und dann hättest du Jesus direkt in die Augen blicken können.

Zachäus: Stimmt, hätte ich machen können. Aber ich hatte einen Heidenrespekt vor diesem Mann aus > Nazaret. Viel hatte ich schon über ihn gehört. Dass er Kranke heilt, Dämonen austreibt und einem reichen Jüngling empfohlen hatte: Verkaufe alles, was du hast, und gib es den Armen, so wirst du einen Schatz im Himmel haben!

Levi: Demnach hättest du also eher Angst vor einer Begegnung mit ihm haben müssen.

Zachäus: Angst? Ja, ein bisschen Angst war wohl auch dabei. Aber nicht nur vor Jesus, sondern auch vor meinen Zollkollegen, die von solchen Wanderpredigern wie Jesus gar nichts hielten. Mich aber faszinierte er. Deshalb habe ich ihn nicht vor den anderen aufgehalten, sondern mich auf einen Baum verdrückt, um ihn wenigstens aus der Ferne zu sehen. Du siehst ja: Ich bin ein kleiner Mann.

Levi: Minderwertigkeitsgefühle?

Zachäus: Nicht mehr. Immerhin hat Jesus mich angesehen. Kannte sogar meinen Namen. Und wollte mich in meinem Haus besuchen. Mich, Zachäus, den Oberzöllner aus Jericho. Was meinst du, wie die frommen Juden da geschaut haben? Ich habe sie tuscheln gehört: Bei einem Sünder ist er eingekehrt!

Levi: Was hat Jesus dann bei dir gemacht?

Zachäus: Er setzte sich mit mir an den Tisch, sprach und aß mit mir. Er war freundlich, mir zugewandt. Und ich fühlte mich angenommen; Sohn Abrahams nannte er mich. Ich gestand ihm, was mich belastete. Das Haus, der Tisch, der Stuhl, auf dem er saß – in alldem steckte Geld, das ich meinen Landsleuten unrechtmäßig abgepresst hatte. Also sagte ich ihm – oder besser mir: Ich gebe die Hälfte meines Besitzes den Armen. Und den Leuten, die ich betrogen habe, gebe ich es vierfach zurück.

Levi: Das klingt sehr ehrenwert – hat dich das nicht ruiniert?

Zachäus: Nicht ganz. Aber ich muss nun schon kürzertreten. Trotzdem geht es mir jetzt besser. Viel besser.

Levi: Sicherlich hast du dann auch deinen Beruf aufgegeben?

Zachäus: Nein. Ich habe ihn jetzt erst richtig gewissenhaft ausgeübt. Habe die Zollpflichtigen gerecht behandelt. Meine Kollegen, die weiterhin die Leute ausgenommen haben, habe ich ermahnt.

Levi: Damit hast du doch die letzten Freunde verloren.

Zachäus: Dafür habe ich viele neue Freunde gefunden unter denen, die an die Macht dieses Mannes aus Nazaret geglaubt haben. Ärmer bin ich geworden, mein Leben dagegen reicher. *vgl. Lk 19,1–10*

● **Zachäus.** Lies im > Neuen Testament die Erzählung von Zachäus (Lk 19,1–10) sorgfältig durch.

- Erstelle in deinem Heft ein Diagramm, in das du nach dem Schema »oben« und »unten« einträgst, wie sich jeweils die wirtschaftliche und soziale Stellung des Zachäus entwickelt. Benenne kurz die jeweiligen Stufen der Entwicklung.
- Erläutere, wie sich die Stellung von Zachäus durch die Begegnung mit Jesus verändert.

● **Zöllner.** Auf S. 82 findest du Informationen über die Berufsgruppe der Zöllner. Trage die Informationen zusammen und beschreibe das Ansehen der Zöllner zur Zeit Jesu.

Im Baum. Auf den Bildern auf dieser Seite siehst du Menschen in Bäumen. Wähle ein Bild aus und schreibe dazu eine Geschichte, die erklärt, warum sich der Mensch in diesem Baum befindet. Überlege, in welcher Situation du auf einen Baum kletterst.

Das Evangelium der Ausgestoßenen

Zachäus steht hier nicht allein. Dies gilt gerade heute. Es gibt viele Suchende, Zweifelnde, Ausgegrenzte, Distanzierte. Wir haben oft ein fertiges Urteil über sie. Jesus verurteilt sie nicht. Er sucht sie. Er entdeckt sie, auch wenn sie sich verstecken. Ihre Wahrheit ist mit dem, wie sie sich selbst bisher einschätzen und wofür sie von anderen gehalten werden, noch nicht zu Ende. Gott hat Zeit mit uns Menschen. Er hat viel mehr Geduld, als wir ahnen. Der Weg kann weit sein. Niemand ist ganz verloren. Auch Hindernisse lassen sich überwinden: Zachäus muss auf einen Baum steigen; er ist mit seiner kleinen Gestalt benachteiligt; die Menschen murren. Aber da ist einer, der alle sucht, der für den Einzelnen – gerade wenn er von anderen verachtet wird – Zeit hat. Mit ihm kann man ein neues Leben beginnen, auch wenn es belastet ist.

Man hat diese Erzählung, die vieles aus dem Lukasevangelium zuspitzt, das »Evangelium der Ausgestoßenen« genannt. Es wird durch den Satz Jesu am Ende der Erzählung auf einen Höhepunkt gebracht: »Denn der Menschensohn ist gekommen, um zu suchen und zu retten, was verloren ist.« So können wir auch verstehen, warum diese dem Anschein nach nebensächliche Randfigur Zachäus eine große Rolle spielen kann.

Karl Lehmann

In den Bäumen? Entwickle aus dem Verhalten Jesu Perspektiven für den Umgang mit Menschen, die in der Gesellschaft nicht akzeptiert sind. Entwirf dafür ein Plakat mit dem Titel: »Komm schnell herunter!«

Komm schnell. Jesus sieht Zachäus auf dem Baum und ruft ihn. Versetze dich in die Situation des Zachäus. Schreibe auf, wie er sich dabei fühlt und welche Gedanken ihm durch den Kopf gehen.

Evangelium der Ausgestoßenen. Lies den Text von Karl Lehmann und überprüfe, inwieweit die Erzählung von Zachäus als ein »Evangelium der Ausgestoßenen« bezeichnet werden kann.

Heute ist diesem Haus das Heil geschenkt worden.

Lk 19,9

Bartimäus, ein blinder Bettler

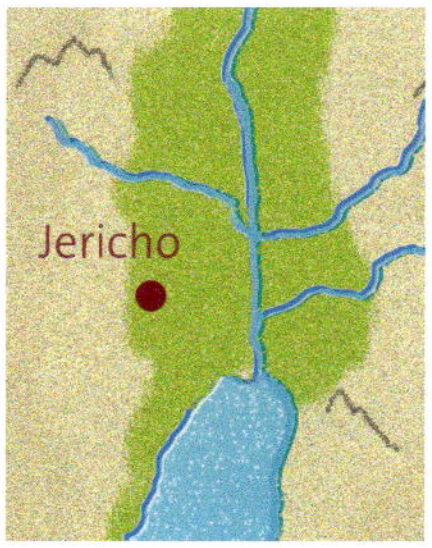

Ihn hat nichts und niemand gleichgültig gelassen. Egal, ob er etwas anderes vorhatte oder in Eile war – für seine Mitmenschen hatte er immer ein Auge und Zeit. Nichts war ihm wichtiger. Ich weiß, wovon ich rede, denn ich habe es am eigenen Leibe erfahren.

Als ich ihm zum ersten Mal am Stadttor von Jericho begegnete, war mein Bettelsack zwar reichlich gefüllt, aber in meinem Inneren fühlte ich mich leerer als je zuvor. Niemand nahm mich wirklich wahr, aber der Blick Jesu traf mich. Woher ich das weiß, da ich doch blind bin? Er hat nicht in meine blinden Augen gesehen, sondern in mein Innerstes. Das habe ich genau gespürt. Er sah mich an, und zwar nicht gleichgültig wie manche der Spenderinnen und Spender, die mir mein nacktes Überleben durch ihr Almosen ermöglichten. Nein, als er mich ansah, hatte ich zum ersten Mal das Gefühl, dass mich wirklich jemand versteht. Und so nahm ich all meinen Mut zusammen und sprach ihn an. Die Umstehenden wurden ärgerlich und riefen, ich solle ja meinen Mund halten. Aber es war schon längst zu spät, denn, wie gesagt, er hatte mich schon längst wahrgenommen. Ich dachte, nun würde er zu mir kommen – aber nein, er wollte, dass ich zu ihm ginge.

Blind sein? »Blind sein« wird in unserer Sprache oft für verschiedene Sachverhalte benutzt. Zeigt solche Sachverhalte auf, indem ihr an der Tafel Beispiele sammelt, und erläutert, was diese Beispiele gemeinsam haben.

Ich zögerte zunächst, hatte Angst, zu stolpern, die Orientierung zu verlieren, ihn zu verlieren. Dann fasste ich mir ein Herz und machte mich auf. Ich warf den störenden alten Mantel weg und ging los, auf den Weg zu ihm. Ich wusste plötzlich genau, wo ich ihn finden konnte.

Als ich bei ihm war und ihn umfassen konnte, stellte er mich in die Mitte seiner Jünger und dann stellte er eine seltsame Frage: »Was willst du, was soll ich dir tun?« Welch eine Frage! Was sollte ich schon wollen? Und dennoch, ich fühlte mich zum ersten Mal ernst genommen. Eben nicht mehr als der blinde Bettler, der Geld will, sondern als richtiger Mensch, der andere Bedürfnisse und Wünsche hat, der dazugehören will, nicht mehr der Außenstehende am Rande ist. Und dann sagte ich die Worte, von denen ich zuvor nur immer wieder geträumt hatte: > »Rabbi, ich möchte wieder sehen!« Da schaute er mich an mit diesem verstehenden Sehen und sagte: »Geh! Dein Glaube hat dir geholfen!«

Wirklich sehen. Bartimäus hat durch Jesus »wirklich sehen« gelernt. Erkläre, was er damit wohl meint, und suche nach weiteren Beispielen für »wirkliches Sehen«.

Heute bin ich ein angesehener Mann und muss nicht mehr betteln. Und all das habe ich Jesus zu verdanken, der aus mir wieder einen vollwertigen Menschen, einen normalen Menschen gemacht hat – nur weil er nicht gleichgültig über mich hinweggesehen, sondern sich mir wirklich zugewandt hat. So habe ich wieder sehen gelernt, und das heißt für mich: nicht die Probleme der Mitmenschen übersehen, sondern eben genau hinsehen, was sie bewegt und bekümmert. Er hat mir die Augen geöffnet für das, was im Leben wirklich wichtig ist.

vgl. Mk 10,46–52 parr.

Was geschieht da? Beschreibe genau, was sich in der Begegnung mit Jesus ereignet. Lies dazu die Bartimäus-Geschichte genau.

- Lege eine Tabelle mit drei Spalten an.
- Trage in je eine Spalte in Stichworten das Verhalten der Umstehenden, von Jesus und dem Bettler ein.
- Erkläre nun, was Jesus mit dem Satz in der Sprechblase gemeint haben könnte.

Echternacher Codex, um 1050

Geheilt. Alle Evangelisten erzählen davon, dass Jesus Menschen geheilt hat. Ein weiteres Beispiel für eine solche Heilung findest du in Mt 8,1–4.

- Schlage die Stelle nach und vergleiche die Geschichte mit der Heilung des Bartimäus.
- Notiere die Gemeinsamkeiten.

Seitenwechsel. Betrachte das Bild in aller Ruhe.

- Beschreibe: Wie sind die Personen dargestellt? Achte auf die Farben der Gewänder (vgl. S. 111), den Gesichtsausdruck, die Körperhaltungen, die Hände (vgl. S. 72). Wie sind die einzelnen Personen auf dem Bild verteilt?
- Versetze dich nun in die Situation einer der umstehenden Personen: Wie sieht diese wohl die Szene? Schreibe die Geschichte aus ihrer Sicht auf.
- Lest euch gegenseitig eure Geschichten vor und vergleicht sie mit der Geschichte links. Was hat sich verändert?

Jonadab, ein Pharisäer

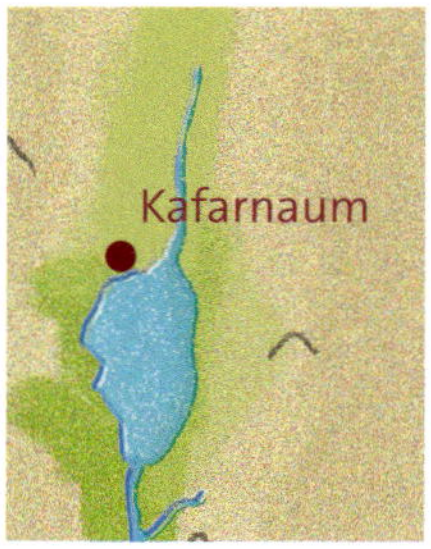

Ich hatte ganz und gar nichts gegen den »Meister«, wie ihn seine Jünger auch nannten. Er hat ja durchaus die Nähe zu uns › Pharisäern gesucht und für mich war er zunächst einfach ein › Rabbi, der das Wort Gottes verkünden wollte. Und das muss er recht gut getan haben, denn die Menge, die ihm folgte, wurde immer größer. Sogar ich selbst war furchtbar neugierig, ihn einmal kennenzulernen. Und als er in unsere Gegend kam, machte ich mich sogleich auf, um ihm entgegenzueilen und ihn zum Essen einzuladen.

Nun müsst ihr wissen, dass Gastfreundschaft für uns Juden etwas ganz Wichtiges ist. Es gibt zahllose Vorschriften, die ich als Gastgeber und auch der Gast einhalten müssen. Die sind uns sehr wichtig! Und was macht dieser Jesus? Setzt sich einfach an den Tisch, ohne sich die Hände zu waschen! Dabei weiß doch so ziemlich jeder halbwegs gesetzestreue Jude, dass die Reinheit vor dem Essen für Gott das Wichtigste ist. Unerhört! Als er meine Empörung bemerkt, fängt er auch noch an, mich, ein Mitglied der Partei der Gesetzestreuen, zu belehren! »O ihr Pharisäer«, so sagt er, »ihr wascht euch zwar brav vor jedem Essen die Hände, haltet auch Becher und Teller außen sauber, innen aber seid ihr voll Raubgier und Bosheit. Ihr Unverständigen! Hat nicht der, der das Äußere schuf, auch das Innere geschaffen? Gebt lieber, was in den Schüsseln ist, den Armen, dann tut ihr wirklich Gottes Willen.« Den Armen etwas geben – als sei es damit getan! Nein, das Gesetz, die › Tora, muss geachtet werden, und wer das nicht kapiert, ist kein Gottesfreund.

Was dann neulich noch passiert ist, das schlug dem Fass den Boden aus: Da geht er an einem › Sabbat in die › Synagoge und sieht einen Mann dort sitzen, dessen Hand verkrüppelt ist. Der sitzt da schon immer und bettelt – den nimmt keiner mehr richtig wahr. Und was macht dieser Jesus? Bleibt stehen!

Es war ja Sabbat und das Gesetz verbietet es, am Sabbat zu arbeiten. Das heißt aber auch, dass es strengstens untersagt ist, einen Menschen zu heilen, wenn dieser nicht in äußerster Lebensgefahr schwebt. Das würde er nicht wagen, noch dazu in der Synagoge, dachte ich. Aber er hat es getan! Stellt den Mann in die Mitte der Gläubigen und heilt ihn! Hat uns dann gefragt: »Was ist am Sabbat erlaubt: Gutes zu tun oder Böses, ein Leben zu retten oder es zu vernichten?« Keiner hat sich getraut, ihn zurückzuhalten, so zornig führte er sich auf. Und dann hat er zu dem Mann gesagt: »Strecke deine Hand aus« – da war sie gesund.

Das ist nun wirklich zu viel. Wir Pharisäer haben uns sogleich vor der Synagoge getroffen und beraten, was zu tun sei. Unser Beschluss war eindeutig: Im Namen der Partei der Gesetzestreuen – dieser Jesus muss verschwinden, und zwar endgültig!

vgl. Mk 2,23–3,6 parr.

● **Einen Standpunkt einnehmen.** Was kritisiert der Pharisäer an Jesus? Und was Jesus an dem Pharisäer?
- Tragt die Punkte in einer Tabelle zusammen und erörtert dann in der Gruppe, wer recht hat.
- Was meint Jesus mit dem Satz in der Sprechblase dazu?

Der Sabbat ist für den Menschen da und nicht der Mensch für den Sabbat.

Mk 2,27

● **Gesetz und Sabbat.** Wenn du Näheres über die Tora, das Gesetz der Juden, und den Sabbat erfahren willst, findest du in der Lernlandschaft »Religionen begegnen« (S. 154) verschiedene Informationen dazu. Arbeite diese heraus und formuliere einen kleinen Vortrag dazu.

LERNGANG Darstellen: Standbild

In einem Standbild könnt ihr eine Situation, Personen, Gefühle oder Sachverhalte ohne Worte als ein »Denkmal« darstellen, indem ihr diese mit euren Körpern nachgestaltet. So funktioniert das:

1. Teilt euch zunächst in Gruppen von mindestens vier, höchstens aber sechs Personen auf.

2. Sprecht über die Geschichte, die Situation oder den Sachverhalt, den ihr darstellen wollt:
   - Was fällt euch auf?
   - Was gefällt euch?
   - Was stört euch?

   Wenn Personen mit im Spiel sind:
   - Welche Gefühle haben die einzelnen Personen?
   - Wie stehen sie zueinander in Beziehung?

3. Überlegt euch, wie ihr das Thema darstellen wollt:
   - Welche Szenen gibt es?
   - Welchen Moment der Geschichte wollt ihr darstellen?
   - Welche Personen sind beteiligt?
   - Welche Körperhaltung, welcher Gesichtsausdruck sollte gezeigt werden?
   - Wer möchte welche Rolle übernehmen?

4. Nun baut die erste Gruppe ihr Bild auf, ohne dass sie dazu etwas sagt. Geht Schritt für Schritt gemeinsam vor, indem ihr die Haltung der Mitspielerinnen und Mitspieler so lange mit den Händen formt, bis sie die richtige Position eingenommen haben. Während dieser Bauphase wird nicht gesprochen, die Mitspielerinnen und Mitspieler verhalten sich völlig passiv und lassen sich von den Erbauern formen. Wenn das Bild fertig ist, »friert« es ein, d. h. alle Mitspielerinnen und Mitspieler erstarren für eine kurze Zeit.

5. Die Beobachtenden aus den anderen Gruppen betrachten das Bild, beschreiben und deuten, was sie sehen:
   - Wie ist das Bild aufgebaut?
   - Wer steht im Mittelpunkt, wer steht außen?
   - Welche Aufgaben haben die einzelnen Teile des Standbilds?
   - Welche Gefühle kommen zum Ausdruck?

   Wenn ihr über die Personen redet, sprecht sie nicht mit ihren eigentlichen Namen an, sondern als Standbilder (z. B. »die Person da vorne«).

6. Danach wird das Bild wieder aufgehoben und es gibt donnernden Applaus! Die Erbauer des Standbildes berichten nun selbst über ihre Erfahrungen, Gefühle und Ideen. Dann ist die nächste Gruppe dran.

7. Ihr könnt die Standbilder in einem zweiten Durchgang auch sprechen lassen: Einzelne Zuschauerinnen und Zuschauer treten in das Bild hinein. Sie stellen sich hinter eine der Personen des Bildes, legen dieser die Hand auf die Schulter und äußern sich dann in einer »Ich-Aussage« über Gedanken und Gefühle der dargestellten Person.

Hände. Vielleicht ist es kein Zufall, dass Jesus gerade einen Mann mit einer kranken Hand heilte. Denn mit den Händen kann man viel Gutes tun, aber auch viel Zerstörerisches.

- Lege deine Hände auf ein großes Stück Papier oder auf dein Heft. Ein Mitschüler oder eine Mitschülerin zeichnet mit einem Stift die Umrisse der Hände nach.
- Schreibe nun in die eine Hand, was Hände Gutes tun können, und in die andere, wo sie Schaden anrichten.
- Präsentiert euch gegenseitig eure Hände.

Standbild bauen. Die Erzählung vom Mann mit der verdorrten Hand steht in Mk 3,1–6. Ihr könnt diese Geschichte wie hier beschrieben in ein Standbild umsetzen. Untersucht dabei genau die Position der einzelnen Personen und ihre Rollen: Wer steht im Mittelpunkt? Wer ist »außen vor«?

Eine Frau aus Syrien

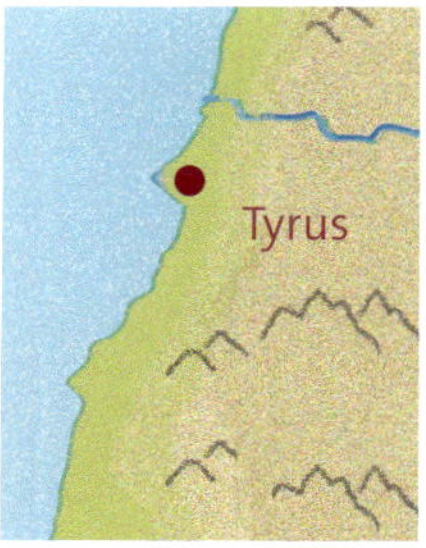

Andreas, ein Jünger Jesu, erzählt:
Wir hatten uns einige Tage am See Gennesaret aufgehalten. Dort war es zu einigen Streitgesprächen mit Jerusalemer ›Schriftgelehrten und ›Pharisäern gekommen. Man warf Jesus vor, dass wir, seine Jünger, uns nicht an die Gebote der Alten halten würden. Der Streit eskalierte richtig, als Jesus die Männer als Heuchler bezeichnete, welche die Gebote Gottes ebenfalls missachteten. Die Pharisäer reagierten sehr empört auf das, was wir machten und was Jesus ihnen sagte. Damit sich der Streit nicht verschärfte, zogen wir uns vom See Gennesaret in Richtung Norden nach Tyrus zurück. Ich selbst bin dort nicht sehr gerne, denn die Menschen, die dort leben, sind keine Juden, sondern Heiden. Aber so hatten wir unsere Ruhe und mussten uns nicht dauernd rechtfertigen. Ich glaube auch, dass Jesus von den Diskussionen genervt war – warum verstanden die Menschen nicht, was er ihnen von Gott sagte?

Nach ein paar Tagen der Wanderung kamen wir an und suchten uns eine Unterkunft. Wir waren müde, durstig und meine Füße schmerzten. An einem Brunnen setzten wir uns im Schatten eines Baumes nieder, tranken Wasser und überlegten, wo wir die Nacht verbringen sollten. Die Leute, die dort wohnten, bemerkten uns; manche kamen neugierig zu uns und fragten, wer wir seien. Nach einer knappen Stunde erhoben wir uns, um uns ein Nachtlager zu suchen. Mittlerweile musste sich in dem Dorf unsere Anwesenheit herumgesprochen haben, denn als wir gerade ein Haus betreten wollten, hörten wir die Rufe einer Frau aus Syrien. Sie lief auf uns zu und warf sich auf den Boden: »Jesus, hab Erbarmen mit mir und meiner Tochter. Sie ist krank, wird von einem Dämon gequält!« Mir tat sie leid, wie sie sich vor Jesus in den Sand warf. Ich konnte ihr ansehen, wie sehr sie unter der Krankheit ihrer Tochter litt. Mich wunderte allerdings, dass Jesus gar nicht auf sie reagierte, sondern einfach weiterging. Sie drehte sich nach ihm um, blieb auf den Knien und rief wieder: »Jesus, bitte, hab Mitleid mit meiner Tochter – sie leidet so sehr unter dem Dämon.« Jakobus trat zu Jesus und flüsterte ihm zu: »Befreie sie doch von ihrer Sorge, denn sie wird bestimmt keine Ruhe geben.« Die Schärfe der Antwort, die Jesus Jakobus gab, überraschte mich doch sehr: »Jakobus, ich bin nur zu den Kindern Israels gesandt, sie aber ist eine Heidin.«

So harsch hatte ich ihn noch nie urteilen gehört, im Gegenteil: Gerade den Kranken, die nach unserem Glauben von Gott durch ihre Krankheit gestraft werden, hatte er verziehen und sie geheilt. Während ich mich weiter wunderte, hörte ich die Frau wieder laut um Heilung ihrer Tochter bitten. Da drehte sich Jesus zu ihr um und sagte ihr knapp in einem Tonfall, der keine Diskussion zuließ: »Es ist nicht recht, das Brot den Kindern wegzunehmen und es den Hunden vorzuwerfen!« In aller Deutlichkeit sagte er der Frau so, dass er nicht für sie da sei. Das saß – dachte ich. Doch die Frau entgegnete ihm: »Das stimmt, so soll es nicht sein, aber selbst die Hunde bekommen von den Brotresten des Tisches.« »Oh je«, dachte ich mir, »erst vor ein paar Tagen die Diskussionen mit den Schriftgelehrten, und jetzt widerspricht ihm auch noch diese Heidin.« Ich erwartete, dass Jesus sie nun noch deutlicher zurechtweisen würde als die Pharisäer, deren Heuchelei er massiv angegriffen hatte. Was erlaubte sich diese Ungläubige, die aus einem anderen Land kam? Ich bemerkte, wie Jesus zögerte, nachdachte, sich in seiner Körperhaltung änderte, als

Heidin. In dieser Geschichte erfährst du etwas über die Lebensumstände der Mutter und deren Tochter. Arbeite aus dem Text die Informationen heraus, die die Situation von Mutter und Tochter deutlich machen. Der Sachtext auf S. 82 kann dir weitere Hinweise geben.

Brot für die Hunde. Der Dialog zwischen Jesus und der Frau dreht sich vordergründig um Hunde und Brot. Interpretiere diesen Dialog, indem du deutlich machst, worum es beim Brot für die Hunde geht.

hätte sich etwas in ihm geändert, und seine Gesichtszüge sanfter wurden. Nach einem Moment des Schweigens – ich meine, einem Moment des Nachdenkens und Erkennens – sagte er zu ihr: »Du hast recht mit dem, was du gesagt hast. Gehe nun nach Hause, der Dämon hat deine Tochter verlassen, sie ist wieder gesund.« Dann drehte er sich um und ging weiter. Noch einige Zeit beobachtete ich, wie er still und konzentriert nachdachte – vielleicht über das Brot für die Hunde. *vgl. Mt 15,21–28 par.*

Friedensgruß vor der Kommunion

Dem da
dem andern
dem x-beliebigen
dem wildfremden
der mir wurscht ist
der mich nichts angeht
dem man nicht trauen kann
dem man besser aus dem Weg geht
dem man's schon von Weitem ansieht
dem da
dem Spinner
dem Blödmann
dem Besserwisser
dem Speichellecker
der nicht so tun soll
dem's noch Leid tun wird
der mir's noch büßen soll
der noch was erleben kann
der sich nicht unterstehen soll
dem ich's schon noch zeigen werde
dem da
wünsche ich Frieden

Lothar Zenetti

Perspektivenwechsel. Versetze dich in die Rolle der Frau und schreibe einen Brief an ihre geheilte Tochter, in dem sie über das Gespräch mit Jesus nachdenkt.

Jesus lernt dazu. Die Jünger sprechen Jesus am Ende des Tages auf die Begegnung mit der Frau aus Syrien an. Sie fragen ihn, warum er seine Meinung geändert hat. Formuliere eine Antwort.

Die da! Überlege, welche Formulierungen aus dem Gedicht auf die Frau aus Syrien zutreffen könnten. Erkläre auch die Bedeutung des Titels »Fiedensgruß vor der Kommunion«.

Zuwendung. Notiere in deinem Lerntagebuch drei Beispiele, die aufzeigen, dass Jesus sich besonders den Menschen zugewandt hat, die am Rande stehen. Erkläre das Besondere dieser Zuwendung.

Fabius, ein römischer Hauptmann

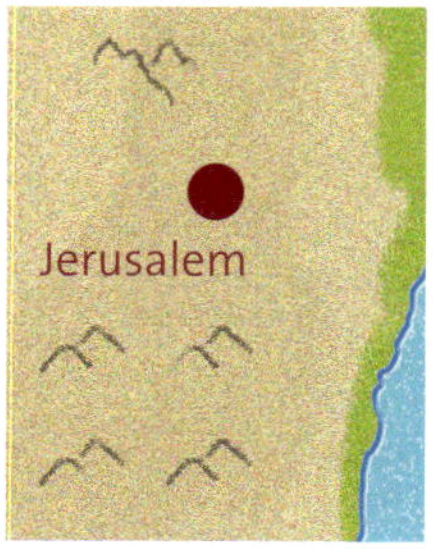

Beim Jupiter! Das waren die verrücktesten Tage meines ganzen Soldatenlebens! Aber das ist ja nun, Gott sei Dank, vorbei. Wo soll ich anfangen? Ich weiß ja nicht, was ihr schon wisst! Außerdem verstehe ich selbst immer noch nicht, warum das Ganze passiert ist. Wir > Römer haben nie die merkwürdigen jüdischen Sitten und Gesetze verstanden, erst recht nicht ihren Ein-Gott-Glauben und ihre ganze Religion. Am besten ist es, ich fange ganz von vorne an:

Also, da war dieser Mann aus Galiläa, den alle Jesus nannten. Überall, wo er auftrat, gab es Wirbel und Aufregung. Das gefiel Pontius Pilatus, dem römischen Statthalter, gar nicht. Der wollte nur seine Ruhe haben und am liebsten mit Jesus kurzen Prozess machen, so wie er es schon oft getan hat. Pilatus ist brutal und unberechenbar. Das Einzige, was für ihn zählt, ist die Sicherung seiner Macht und der Macht des römischen Kaisers. Da kommt es für ihn auf einen Menschen mehr oder weniger überhaupt nicht an. Das Gerichtsverfahren für Jesus ist dann auch ziemlich unfair verlaufen. Die Stimmung war so aufgeheizt, dass Pilatus einen Tumult befürchtete und das Todesurteil sprach.

Jetzt war ich an der Reihe. Als Hauptmann der römischen Besatzungsarmee in > Jerusalem war ich damals zuständig für politische Verbrecher. Also begann die ganze Prozedur inklusive dem Auspeitschen und der Vorschrift, dass der Verurteilte sein eigenes Kreuz tragen musste. Als wir an der Schädelhöhe angekommen waren, ließ ich ihn zusammen mit zwei weiteren Verbrechern kreuzigen.

Und jetzt kommt das Unglaubliche! Die ganze Zeit vorher war mir aufgefallen, mit welcher Haltung dieser Jesus sein Schicksal trug. So was hatte ich noch nie gesehen! Kein Wort der Klage oder Verbitterung. Schon am Kreuz hängend, betete er zu seinem Judengott. »Vater«, so redete er ihn an, »vergib ihnen, denn sie wissen nicht, was sie tun!« Was für ein merkwürdiges Gebet! Nicht für sich, sondern für andere, für uns Soldaten, für mich, bat er bei seinem Gott! Ich habe schon viel gesehen und mitgemacht als Hauptmann – bei Verurteilungen und in vielen Schlachten. Aber so in Würde und Vertrauen auf seinen Vatergott ist dieser Jesus gestorben – das ist unbeschreiblich! So stirbt nur jemand, der spürt, dass mit dem Tod nicht alles aus ist. Für diesen Jesus scheint sein Gott mächtiger zu sein als der Tod. Wir alle, die wir ihn haben sterben sehen, waren tief betroffen. Dieser gewaltlose, vertrauensvolle Tod war ein Sieg über alle, die ihn verurteilt, verspottet, getötet hatten!

vgl. Lk 23,1–48 parr.

Unbeschreiblich. Der römische Hauptmann bezeichnet das Verhalten Jesu als »unbeschreiblich«. Untersuche, inwiefern auch für dich Jesu Verhalten unbeschreiblich ist.

Vater, vergib ihnen,
denn sie wissen
nicht, was sie tun.

Lk 23,34

Abschiedsgesuch. Nachdem Fabius Jesus so hat sterben sehen, will er kein Soldat mehr sein und stellt ein Abschiedsgesuch an seinen Vorgesetzten.

- Helft ihm beim Verfassen des Gesuchs, indem ihr Kleingruppen bildet und Argumente sammelt, mit denen er diesen Schritt begründet. Wie könnte er seinen Vorgesetzten überzeugen? Von welchen Gefühlen wird er ihm erzählen wollen?
- Jetzt wird es schwieriger: Fabius muss vor seinem Vorgesetzten erscheinen und sein Anliegen begründen. Formuliere mithilfe eurer Argumente eine kleine Rede, die den Vorgesetzten überzeugt, und übe diese Rede ein. (Die Hinweise auf S. 195 können dir dabei sicher helfen.)
- Gebt euch anschließend gegenseitig Tipps und verbessert euch beim Einüben der Rede. Dann wählt einen Vorgesetzten, dem ihr der Reihe nach als Fabius eure Reden vortragt.
- Überprüft abschließend, welche Argumente besonders überzeugend waren und welche nicht.

Leben unter der Römerherrschaft

Zur Zeit Jesu war der gesamte Mittelmeerraum von den Römern erobert worden. Die Römer gewährten den Juden wie den meisten von ihnen unterworfenen Völkern viele Sonderrechte. Vor allem durften sie ihre Religion weiter ausüben. Der Hohe Rat, das höchste Regierungs- und Richterkollegium der Juden, hatte in religiösen Fragen alle Rechte und Befugnisse, durfte aber keine Todesurteile aussprechen. Die Juden mussten außerdem den Römern ziemlich hohe Steuern und Zölle zahlen. Daher war die römische Besatzung sehr verhasst. Auch die Zöllner, die diese Steuern eintrieben, wurden als Helfershelfer der Römer verachtet.

Oft gemalt. Die Kreuzigung Jesu ist eines der bedeutendsten Motive der Malerei.

- Betrachte die Darstellung von Matthias Grünewald auf S. 105.
- Beschreibe die Personen, die bei Grünewald unter dem Kreuz stehen. Wie würden sie von den Geschehnissen erzählen?
- Sucht weitere Kreuzigungsdarstellungen und vergleicht sie miteinander.

Das Römische Reich. Vergleiche die Karte oben mit einer Landkarte, auf der die heutigen Staaten der Region eingezeichnet sind. Notiere, welche davon auf dem Gebiet des damaligen Römischen Reiches liegen.

Als Jesus geboren wurde, regierte in Rom Kaiser Augustus (30 v. Chr. bis 14 n. Chr.). In Palästina hatte er Herodes zum König der Juden eingesetzt. Nach dem Tod des Herodes im Jahre 4 v. Chr. wurde das Reich unter seinen Söhnen aufgeteilt und später als römische Provinz > Judäa von einem römischen Statthalter regiert. Von 26 bis 36 n. Chr. hieß dieser Statthalter Pontius Pilatus. Die meiste Zeit des Jahres lebte er in Cäsarea am Meer. Nur an den hohen jüdischen Feiertagen hielt er sich in Jerusalem auf, um für Ruhe und Ordnung zu sorgen. Er überwachte das Steuerwesen und hatte als oberster Richter alleine das Recht, die Todesstrafe zu verhängen. Diese wurde durch die Kreuzigung vollzogen, eine grausame Art der Hinrichtung, die im ganzen Römischen Reich ausgeübt wurde, aber nicht auf römische Bürger angewendet werden durfte.

Siegen. Der Verein »Die Brücke Siegen e.V.« kümmert sich um Jugendliche, die vom Gericht zu Sozialstunden oder einer »Betreuungsweisung« verdonnert wurden. Stefanie Brenner arbeitet dort als Sozialpädagogin. Durch Gespräche will sie den Kindern und Jugendlichen helfen, ein straffreies Leben zu führen. Sie versucht, sie zu verstehen, auch wenn sie mit ihren Taten nicht einverstanden ist. Erst sind die Kinder noch verschlossen, aber allmählich reden sie mit ihr. Für sie sind die Kinder keine Straftäter, sondern in erster Linie Menschen.

Bensheim. Die Christoffel-Blindenmission in Bensheim ist eine international tätige, christliche Entwicklungshilfsorganisation mit dem Auftrag, blinden und Menschen mit anderen Behinderungen in der ganzen Welt zu helfen. Allein im vergangenen Jahr wurden rund zwölf Millionen Patienten untersucht, behandelt und, wo nötig, operiert.

??? Auch bei dir in der näheren Umgebung engagieren sich Menschen für andere Menschen. Sucht in Kleingruppen Beispiele heraus. Dokumentiert auf einer Wandzeitung, was die Menschen in eurem Beispiel tun und wer ihnen dabei hilft.

Karlsruhe. Die schwierige Situation von Flüchtlingen in der Landeserstaufnahmestelle für Asylbewerber und Asylbewerberinnen in Karlsruhe ist ein großes Problem, unter dem Kinder, Frauen und Männer leiden. Ehrenamtliche des Caritasverbandes Karlsruhe besuchen die Flüchtlinge und haben für sie ein freundliches Wort übrig, spielen mit den Kindern und bringen ihnen Decken, Kinder- und Babykleidung sowie weitere Kleidungsstücke. Manchmal sind sie einfach nur vor Ort und stehen mit Rat und Tat zur Verfügung.

● **Jesus heute.** Vergleiche die in dieser Lernlandschaft vorgestellten Personen zur Zeit Jesu und die hier genannten Personen in Deutschland. Zeige Gemeinsamkeiten auf. Wo siehst du dennoch Unterschiede?

Berlin. In Berlin haben viele Kinder nicht genug zu essen. Eine warme Mahlzeit ist oft Luxus. Mit aller Kraft versuchen die Betroffenen, ihre Armut zu verbergen. Pastor Siggelkow hat daher eine Suppenküche für hungrige Kinder in Berlin ins Leben gerufen. Bis zu 150 Kinder und Jugendliche essen hier, und nicht selten nehmen sie auch Reste mit nach Hause. Für ihre Eltern.

Erfurt. 1991 gründete Schwester Benedikta Hoffmann in Erfurt ein Haus für Frauen in Not. Die damals 68-jährige Ordensschwester erkannte, wie wichtig es ist, Frauen und ihre Kinder vor gewalttätigen Männern zu schützen. Betroffene Frauen werden meist von der Polizei und den Behörden ins Frauenhaus gebracht.

Benediktbeuern. Das Kloster in Benediktbeuern/Oberbayern wurde mit einem ökologischen Zertifikat ausgezeichnet, weil es ein hohes Umweltbewusstsein zeigt. Die Welt wieder stärker als > Schöpfung Gottes zu begreifen ist Anliegen der Mönche bei der Bildung und Erziehung vor allem der Jugend. Mit ihren »Bio-Ansichten« wurden die Mönche aber auch schon oft belächelt.

● **Mit Jesus heute unterwegs.** Wie würde das aussehen? Schreibe in dein Lerntagebuch einen Reisebericht mit dieser Überschrift.

● **Vorbilder!** Überlege, wieso die hier vorgestellten Menschen sich so verhalten. Finde heraus, wer sie unterstützt und finanziert. Erstellt mithilfe des Internets zu den genannten Einrichtungen jeweils ein Plakat, das Aufgaben und Ziele näher vorstellt. Die Homepage zu »Local Heroes«, *www.uni-passau.de/local-heroes,* bietet weitere Beispiele, wie Menschen sich im Sinne Jesu gesellschaftlich engagieren.

Eine Zeit zu feiern

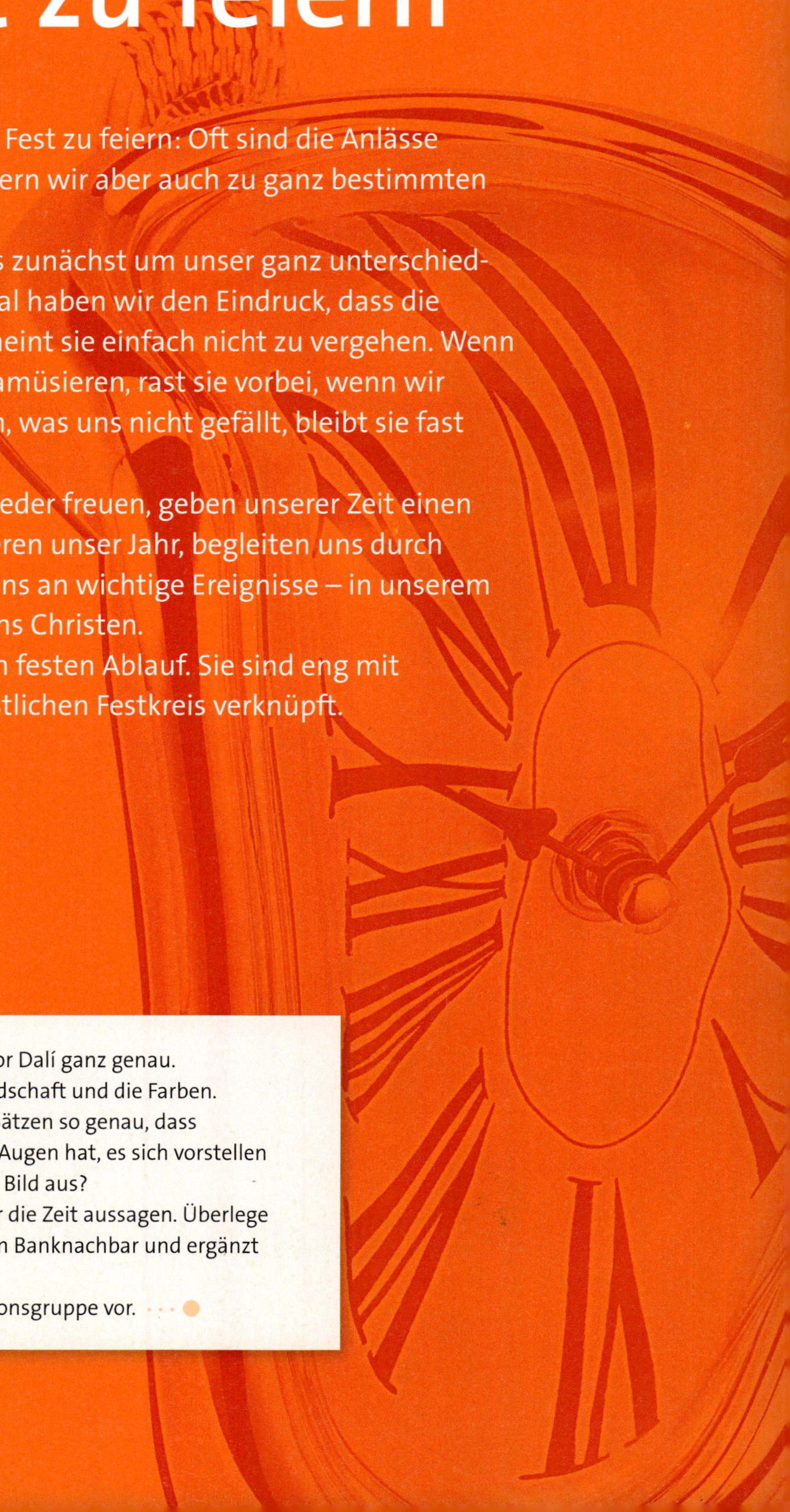

Es gibt viele Gelegenheiten, ein Fest zu feiern: Oft sind die Anlässe ganz spontan; im Jahreslauf feiern wir aber auch zu ganz bestimmten Zeiten.
In dieser Lernlandschaft geht es zunächst um unser ganz unterschiedliches Zeitempfinden. Manchmal haben wir den Eindruck, dass die Zeit davonrennt, manchmal scheint sie einfach nicht zu vergehen. Wenn wir uns freuen, feiern und uns amüsieren, rast sie vorbei, wenn wir traurig sind oder etwas machen, was uns nicht gefällt, bleibt sie fast stehen.
Feste, auf die wir uns immer wieder freuen, geben unserer Zeit einen festen Rhythmus. Sie strukturieren unser Jahr, begleiten uns durch die Jahreszeiten und erinnern uns an wichtige Ereignisse – in unserem Leben, unserem Land und für uns Christen.
Feste geben unserem Jahr einen festen Ablauf. Sie sind eng mit den Jahreszeiten und dem christlichen Festkreis verknüpft.

Zeit. Betrachte das Bild von Salvador Dalí ganz genau.

- Achte auf die Gegenstände, die Landschaft und die Farben.
- Beschreibe das Bild in drei bis fünf Sätzen so genau, dass auch jemand, der das Bild nicht vor Augen hat, es sich vorstellen kann. Welche Stimmung strahlt das Bild aus?

Dalí wollte mit seinem Bild etwas über die Zeit aussagen. Überlege mit deiner Banknachbarin oder deinem Banknachbar und ergänzt gemeinsam: Zeit ist ...
Stellt eure Satzergänzungen der Religionsgruppe vor.

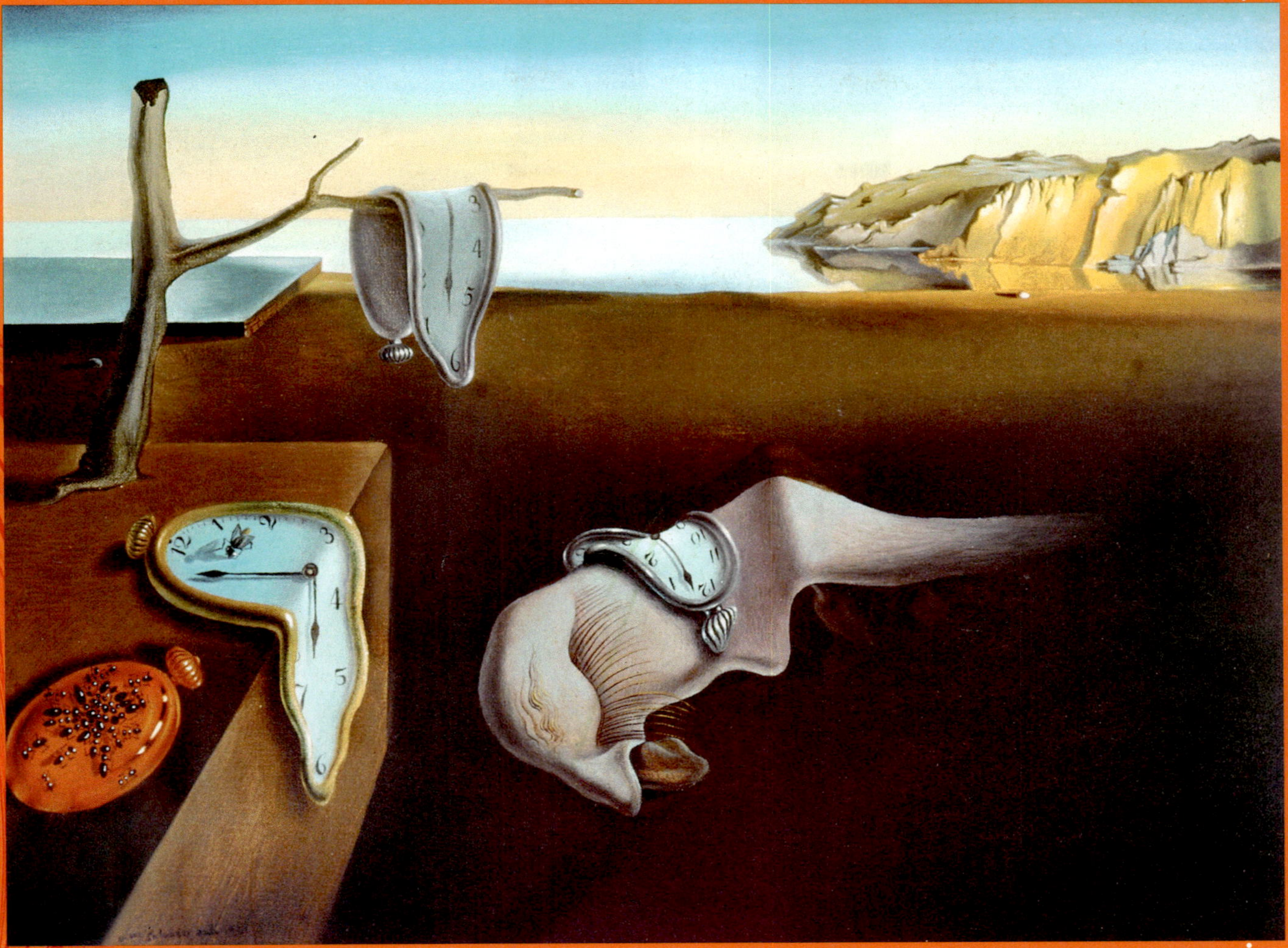

Salvador Dalí, 1931

● **Deine Zeit.** Male eine Uhr, in die du den Ablauf eines beliebigen typischen Wochentages von dir einträgst.

- Fertige auch eine »Jahresuhr« für das zurückliegende Jahr an.
- Trage darin wichtige Ereignisse ein und markiere gute bzw. schlechtere Zeiten mit entsprechenden Farben.

Zeit empfinden

Unser Zeitempfinden ist geprägt von den Jahreszeiten und verschiedenen Ereignissen, welche die ablaufende Zeit strukturieren. Ereignisse, die sich regelmäßig wiederholen, machen uns das Vergehen der Zeit bewusst und erinnern uns im alltäglichen Einerlei an Wichtiges. So feiern die meisten Menschen jedes Jahr ihren Geburtstag, um sich gemeinsam mit anderen darüber zu freuen, dass sie geboren wurden. Kinder und Jugendliche feiern dabei auch, dass sie ein Jahr älter geworden sind. Ehepaare feiern ihren Hochzeitstag und erinnern sich daran, wie schön der Beginn ihrer Liebe war und welche guten und schlechten Zeiten sie gemeinsam durchlebt haben. Auch ein Volk denkt an bestimmten Tagen an prägende und für die Geschichte des Landes bedeutsame Ereignisse. Für uns Deutsche ist dies unter anderem der »Tag der deutschen Einheit« am 3. Oktober, an dem wir uns an die Wiedervereinigung von West- und Ostdeutschland im Jahr 1990 erinnern.

Manchmal müssen wir uns auch an schlimme Ereignisse erinnern, wie z. B. den Todestag von geliebten Menschen oder an Kriege oder Naturkatastrophen. Auch diese Erinnerungstage haben für uns eine große Bedeutung, denn wir trauern gemeinsam mit anderen um Verlorenes und überdenken begangene Fehler. Dies erleichtert deren Bewältigung.

Es ist also wichtig, dass wir immer wieder innehalten, um uns zu erinnern und uns – wenn der Anlass ein schöner ist – in einem Fest miteinander zu freuen.

Mein Jahr. Male einen > Jahreskreis in dein Heft (eine Vorlage findest du im Lexikon) und trage darin ein, auf welche Zeiten in diesem und im kommenden Jahr du dich am meisten freust.
Zeigt euch in Gruppen euren Jahreskreis und erklärt ihn euch gegenseitig.

- Überlege, was die Bilder im abgebildeten Jahreskreis bedeuten könnten. Zeichne die Bilder in dein Heft und schreibe ihre mögliche Bedeutung daneben.
- Gestalte deinen Jahreskreis ähnlich wie den im Lexikon abgebildeten mit verschiedenen > Symbolen für die unterschiedlichen Zeitphasen im Jahr.
- Wähle für deinen eigenen Jahreskreis entsprechende Farben aus. Informiere dich über die Farbsymbolik in dieser Lernlandschaft auf S. 111 und wende deine Kenntnisse auf die Bilder in dieser Lernlandschaft an.

Ein Fest feiern. Welche Anlässe feierst du? Fallen dir welche ein, die du noch nie gefeiert hast, aber gerne feiern würdest? Was gehört für dich unbedingt zu einem gelungenen Fest? Beschreibe deinem Nachbarn oder deiner Nachbarin dein schönstes Fest.

Gute Zeiten, schlechte Zeiten

Sicherlich gibt es Zeiten, an die du dich besonders gern erinnerst, ebenso wie Zeiten, die du gerne aus deiner Erinnerung streichen würdest. Es gibt Zeiten, auf die wir uns besonders freuen, und solche, deren Herbeikommen uns ängstigt. Im Nachhinein betrachtet, kann sich das Gewesene und Erlebte zu einem Ganzen fügen und manchmal sehen wir sogar, dass auch Schlechtes seine guten Seiten haben kann. Schon vor Tausenden von Jahren schrieb ein Weisheitslehrer, dessen Schriften in unsere > Bibel aufgenommen wurden, über die Zeit:

Ein jegliches hat seine Zeit,
und alles Vorhaben unter dem Himmel hat seine Stunde:
Geboren werden hat seine Zeit, sterben hat seine Zeit;
pflanzen hat seine Zeit, ausreißen, was gepflanzt ist, hat seine Zeit;
töten hat seine Zeit, heilen hat seine Zeit;
abbrechen hat seine Zeit, bauen hat seine Zeit;
weinen hat seine Zeit, lachen hat seine Zeit;
klagen hat seine Zeit, tanzen hat seine Zeit;
Steine wegwerfen hat seine Zeit, Steine sammeln hat seine Zeit;
herzen hat seine Zeit, aufhören zu herzen hat seine Zeit;
suchen hat seine Zeit, verlieren hat seine Zeit;
behalten hat seine Zeit, wegwerfen hat seine Zeit;
zerreißen hat seine Zeit, zunähen hat seine Zeit;
schweigen hat seine Zeit, reden hat seine Zeit;
lieben hat seine Zeit, hassen hat seine Zeit;
Streit hat seine Zeit, Friede hat seine Zeit.
(...) Gott hat alles schön gemacht zu seiner Zeit, auch hat er die
Ewigkeit in das Herz der Menschen gelegt (...)

Koh 3,1–8.11 in der Übersetzung nach Martin Luther

● **Lieblingssatz.** Wie wirkt der Text Koh 3,1–8 auf dich?
- Tausche dich mit deinem Banknachbarn oder deiner Banknachbarin aus. Welcher Teilsatz (zwischen zwei Strichpunkten) gefällt dir am besten? Warum? Trifft ein Satz auf dein Leben in den letzten Jahren besonders zu?
- Füge noch eigene Sätze hinzu, die etwas mit deiner Zeit zu tun haben, z. B.: »Computerspielen hat seine Zeit« – »... hat seine Zeit« – »Lernen hat seine Zeit«.
- Überlege: Was könnte Kohelet mit dem letzten Vers gemeint haben? ···●

Ausgang und Eingang

T/M: Joachim Schwarz, © Strube Verlag GmbH, München

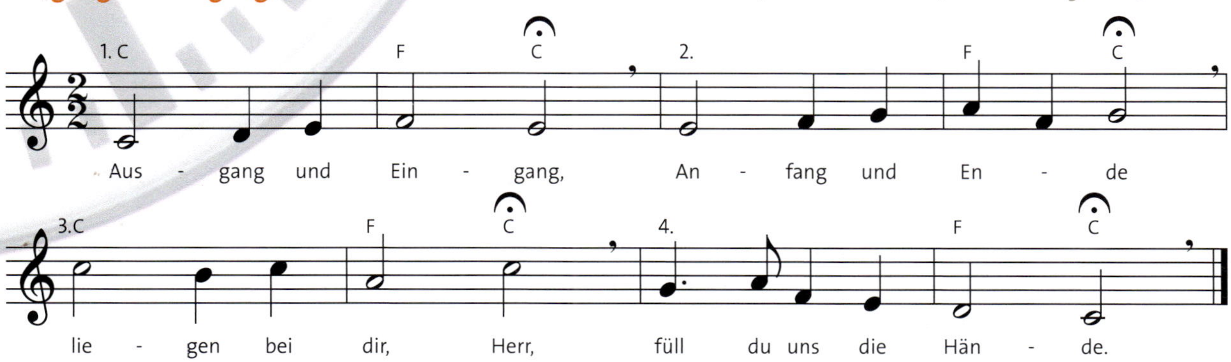

4. Dezember: Gedenktag der hl. Barbara
Wenn man an diesem Tag einen Kirschbaum- oder Forsythienzweig in der Wohnung ins Wasser stellt, blüht dieser an Weihnachten. Der Brauch geht auf die Legende von der hl. Barbara zurück, die die Tochter eines reichen Griechen war und im 3./4. Jahrhundert in Nikomedien lebte. Obwohl damals die Christen verfolgt wurden, ließ sie sich taufen. Daraufhin wurde sie von ihrem Vater an die Verfolger ausgeliefert. Auf dem Weg ins Gefängnis soll ein Kirschbaumzweig an ihrem Kleid hängen geblieben sein. Den stellte sie als Gefangene ins Wasser, und er soll an ihrem Todestag geblüht haben.
Heute erinnert uns der mitten im Winter blühende Zweig an das Wunder der Geburt Jesu.

13. Dezember: Festtag der hl. Luzia
Luzia lebte im 4. Jahrhundert in Syrakus/Sizilien. Sie war Christin, und eine von vielen Legenden über sie besagt, dass sie verfolgten Christinnen und Christen in ihren Verstecken Lebensmittel brachte. Damit sie hierfür in der Dunkelheit beide Hände frei hatte, trug sie einen Lichterkranz mit Kerzen auf ihrem Kopf. Luzia gilt deshalb als Lichtbringerin. Anlässlich ihres Festtages gab und gibt es viele Bräuche. So wurden die Kinder im Mittelalter immer am Luziatag beschenkt. Erst seit dem 16. Jahrhundert werden die Geschenke am 24. Dezember überreicht. In Schweden ist der Gedenktag der hl. Luzia ein besonderer Feiertag. Eine Tochter jeder Familie stellt die heilige Luzia dar, indem sie einen grünen Kranz mit brennenden Kerzen auf dem Kopf trägt.

6. Dezember: Nikolaustag
An diesem Tag wird des heiligen Nikolaus von Myra in Kleinasien gedacht, der als Bischof äußerst beliebt war und sich vorbildlich um seine Mitmenschen gekümmert haben soll. Dieser Mann hat nichts mit dem sogenannten »Weihnachtsmann« zu tun, der zur Adventszeit in Fußgängerzonen und Filmen sowie als Schokoladenfigur allgegenwärtig ist.

● **Adventskalender.** Advent ist die Vorbereitungszeit auf Weihnachten, das Fest der Freude. Adventskalender helfen dabei, diese Zeit der Vorfreude bewusst zu gestalten.
- Male einen Adventskalender in dein Heft.
- Schreibe in einzelne Türchen Geschenkideen für Weihnachten, gute Vorsätze für die Adventszeit oder etwas Besonderes, das du an diesem Tag für einen deiner Mitmenschen tun möchtest.

Weihnachten in den Ardennen

Als es an diesem Weihnachtsabend an der Tür klopfte, war ich zwölf und wir lebten in einem kleinen Häuschen nahe der deutsch-belgischen Grenze. Mein Vater hatte uns dorthin geschickt, als unsere Heimatstadt Aachen im Krieg immer stärker unter Luftangriffen zu leiden begann. »In den Wäldern seid ihr sicher«, hatte er zu mir gesagt. Und nun tobte ringsum die Ardennenschlacht.

Als es klopfte, blies Mutter rasch die Kerzen aus. Dann ging sie zur Tür. Draußen standen zwei Männer mit Stahlhelmen. Der eine redete Mutter in einer Sprache an, die wir nicht verstanden, und zeigte auf einen dritten, der im Schnee lag. Amerikaner, Feinde! Mutter stand schweigend da, unfähig, sich zu bewegen. Die Männer waren bewaffnet und hätten sich den Eintritt erzwingen können, aber sie rührten sich nicht und baten nur mit den Augen. Der Verwundete schien mehr tot als lebendig. »Kommt rein«, sagte Mutter schließlich. Die Soldaten trugen ihren Kameraden ins Haus. Keiner von ihnen sprach deutsch. Mutter versuchte es mit Französisch, und in dieser Sprache konnte sich einer der Männer verständigen. Bevor Mutter sich des Verwundeten annahm, sagte sie zu mir: »Bring einen Eimer Schnee herein.« Kurz darauf rieb ich die blaugefrorenen Füße mit Schnee ab. Der eine, erfuhren wir, war Jim. Sein Freund hieß Robin. Harry, der Verwundete, schlief jetzt auf meinem Bett, mit einem Gesicht so weiß wie draußen der Schnee. Sie hatten ihre Einheit verloren und irrten seit Tagen im Wald umher.

Während Jim und ich in der Küche halfen, kümmerte sich Robin um Harry, der einen Schuss in den Oberschenkel abbekommen hatte. Mutter riss ein Laken in Streifen zum Verbinden der Wunde. Bald zog der verlockende Duft von Gebratenem durch das Zimmer. Als es wieder klopfte, öffnete ich ohne Zögern – in der Erwartung, noch mehr verirrte Amerikaner zu sehen. Draußen standen vier deutsche Soldaten! Ich war vor Schreck wie gelähmt. Trotz meiner Jugend kannte ich das Gesetz: Wer feindliche Soldaten beherbergt, begeht Landesverrat. Mutter hatte auch Angst. Ihr Gesicht war weiß, aber sie trat hinaus und sagte: »Fröhliche Weihnachten!« Die Soldaten wünschten ihr ebenfalls eine frohe Weihnacht. »Wir haben unsere Einheit verloren und möchten gern bis Tagesanbruch warten«, erklärte der Anführer, ein Unteroffizier. »Können wir bei Ihnen bleiben?« »Natürlich«, erwiderte Mutter. »Sie können auch eine gute warme Mahlzeit haben. Aber wir haben noch drei Gäste, die Sie vielleicht nicht als Freunde ansehen werden.« Ihre Stimme war mit einem Mal so streng, wie ich sie noch nie gehört hatte. »Heute ist Heiliger Abend, und hier wird nicht geschossen.« »Wer ist drin?«, fragte der Unteroffizier barsch: »Amerikaner?« »Legen Sie Ihre Waffen weg und kommen Sie rein – sonst essen die anderen alles auf.« Die vier Soldaten legten wie benommen ihre Waffen auf die Kiste mit Feuerholz im Gang, und dann gaben auch die Amerikaner Mutter ihre Waffen. Jeder Soldat bekam in der Stube einen Sitzplatz.

Da sah ich, wie einer der Deutschen sich über die Wunde des Amerikaners beugte. Wie sich herausstellte, hatte er bis vor Kurzem in Heidelberg Medizin studiert. Nun erklärte er den Amerikanern in fließendem Englisch, Harrys Wunde sei wegen der Kälte nicht infiziert. Er brauche jetzt einfach nur Ruhe und kräftiges Essen.

Alle hatten Tränen in den Augen, als Mutter am Esstisch die vertrauten Worte sprach: »Komm Herr Jesus, sei unser Gast …« Um Mitternacht ging Mutter zur Tür, um den Stern von Bethlehem anzusehen. Für jeden von uns war in diesem Augenblick der Stille der Krieg sehr fern und fast vergessen.

Am anderen Morgen gab Mutter allen ihre Waffen zurück: »Seid vorsichtig, Jungens«, sagte sie. »Ich wünsche mir, dass ihr eines Tages dahin zurückgeht, wo ihr hingehört, nach Hause. Gott beschütze euch alle!«

nach Fritz Vincken

● **Kriegsweihnachten.** Betrachte das Verhalten der drei Personengruppen in dieser Geschichte. Was ist ungewöhnlich? Was könnte in den Köpfen einzelner Beteiligter vorgehen? Schreibe diese Vorstellungen als Gedankenblasen in dein Heft.

● **Advent und Weihnachten feiern.** Wie bereitet ihr euch in eurer Familie auf Weihnachten vor?

- Sammelt verschiedene Weihnachtsbräuche auf einem Plakat. Informiert euch über deren Bedeutung und schreibt sie daneben.
- Erkundigt euch bei euren Mitschülerinnen und Mitschülern, die aus anderen Ländern kommen: Wie wird bei ihnen die Vorweihnachtszeit begangen und Weihnachten gefeiert? Ergänzt euer Plakat entsprechend.

● **Adventsfeier.** Gestaltet in der letzten Schulwoche eine Adventsfeier in eurer Religionsgruppe. Überlegt hierbei, was unbedingt dazu gehört und wer etwas dazu beitragen kann.

Jesus wird geboren

Die ausführliche Geschichte von der Geburt Jesu steht nur in einem einzigen > Evangelium. Nur der Evangelist Lukas erzählt ausführlich davon. Er hat aufgeschrieben, was von Jesus damals nicht bekannt war: unter welchen Umständen er geboren wurde. Der Evangelist hat sich überlegt, wie es hätte sein können und was wohl zu Jesus passen würde, von dem er so viel gehört hatte und von dem die Menschen, die ihn erlebt haben, so begeistert berichteten. Entstanden ist eine Geschichte, die weltbekannt ist und sicherlich mehr nachgespielt und abgebildet wurde als jedes andere Theaterstück oder Bildmotiv der Welt. In dieser Geschichte steht sehr viel über diesen Jesus von > Nazaret und über das, was er für die Menschen damals bedeutete und auch heute bedeuten kann.

Es geschah aber in jenen Tagen, dass Kaiser Augustus den Befehl erließ, den ganzen Erdkreis in Steuerlisten einzutragen. Diese Aufzeichnung war die erste; damals war Quirinius Statthalter von Syrien. Da ging jeder in seine Stadt, um sich eintragen zu lassen. So zog auch Josef von der Stadt Nazaret in Galiläa hinauf nach Judäa in die Stadt Davids, die Betlehem heißt; denn er war aus dem Haus und Geschlecht Davids. Er wollte sich eintragen lassen mit Maria, seiner Verlobten, die ein Kind erwartete. Es geschah, als sie dort waren, da erfüllten sich die Tage, dass sie gebären sollte, und sie gebar ihren Sohn, den Erstgeborenen. Sie wickelte ihn in Windeln und legte ihn in eine Krippe, weil in der Herberge kein Platz für sie war.

In dieser Gegend lagerten Hirten auf freiem Feld und hielten Nachtwache bei ihrer Herde. Da trat ein Engel des Herrn zu ihnen, und die Herrlichkeit des Herrn umstrahlte sie und sie fürchteten sich sehr. Der Engel sagte zu ihnen: Fürchtet euch nicht, denn siehe, ich verkünde euch eine große Freude, die dem ganzen Volk zuteil werden soll: Heute ist euch in der Stadt Davids der Retter geboren; er ist der Christus, der Herr. Und das soll euch als Zeichen dienen: Ihr werdet ein Kind finden, das, in Windeln gewickelt, in einer Krippe liegt. Und plötzlich war bei dem Engel ein großes himmlisches Heer, das Gott lobte und sprach: Ehre sei Gott in der Höhe und Friede auf Erden, den Menschen seines Wohlgefallens.

Und es geschah, als die Engel von ihnen in den Himmel zurückgekehrt waren, sagten die Hirten zueinander: Lasst uns nach Betlehem gehen, um das Ereignis zu sehen, das uns der Herr kundgetan hat. So eilten sie hin und fanden Maria und Josef und das Kind, das in der Krippe lag. Als sie es sahen, erzählten sie von dem Wort, das ihnen über dieses Kind gesagt worden war.

Lk 2,1–17

Welche Bedeutung die Menschen diesem Ereignis gaben, sieht man daran, dass sie ausgehend von der Geburt Jesu eine neue Zeitrechnung einführten. Sie setzten für das vermutete Jahr von Jesu Geburt die »Zeiger auf null« und rechneten erst ab da die Jahre weiter. Die Jahre davor werden in unserer Zählung zurückgezählt. Die genaue Bestimmung des Geburtsjahres Jesu ist allerdings schwierig. Heute geht man meist davon aus, dass Jesus bereits zwischen 7 und 4 v. Chr. geboren wurde.

Die Weihnachtserzählung. Erkläre deinem muslimischen Mitschüler oder einer Mitschülerin, was Lukas mit der Erzählung von Jesu Geburt (Herbergssuche, Geburt im Stall, Hirten als erste Besucher, Engel usw.) über Jesus aussagen will. Formuliert in eurer Religionsgruppe, welche »Frohe Botschaft« für uns heute darin enthalten sein könnte (»Weihnachten bedeutet für uns ...«).

Kunst nachspüren. Beschreibe, wie der Maler Rembrandt van Rijn die Geburt Jesu darstellt. Achte dabei auf die Farben und Formen (vgl. S. 111) und die Personen. Stelle dich nun in das Bild hinein und beschreibe, was du hörst, riechst und empfindest.

Rembrandt van Rijn, 1646

Geboren von der Jungfrau Maria

Eigene Weihnachtsbilder. Male ein eigenes Weihnachtsbild, in dem das Besondere an dieser »Geburtstagsgeschichte« zum Ausdruck kommt. Vielleicht kannst du das Bild rahmen und in eurem Weihnachtszimmer zu Hause aufstellen oder aufhängen. Vergleicht eure Bilder und sprecht über Gemeinsamkeiten und Unterschiede.

Die Karwoche oder Heilige Woche

In der Karwoche (von althochdeutsch »kara« = Trauer), der Woche vor Ostern, denken wir Christen an das Leiden und Sterben Jesu und erinnern uns an die verschiedenen Stationen seines Leidensweges. Viele besondere Bräuche begleiten uns durch die Heilige Woche.

Palmsonntag (vgl. Mk 11,1–10)
Das ist der Sonntag vor dem Ostersonntag. Zu Beginn der Karwoche erinnern sich die Christen an den Einzug Jesu in > Jerusalem. Die Evangelisten berichten, dass er auf einem Esel in die Hauptstadt Palästinas einzog und die Menschen ihm zujubelten. Damit wurde zum Ausdruck gebracht, dass Jesus der Messias ist, auf den alle schon gewartet haben. An diesem Tag bringen die Gläubigen Weiden- oder Buchsbaumzweige mit in die Kirche. Diese werden im Gottesdienst geweiht, und oft ziehen die Menschen damit in einer kleinen Prozession um die Kirche und singen > Lieder wie die Menschen, die Jesus in Jerusalem empfangen haben. Die Zweige werden dann mit nach Hause genommen und schmücken dort das Kreuz in der Wohnung.

Gründonnerstag (vgl. Mk 14,17–25)
Der Name »Gründonnerstag« kommt von dem mittelhochdeutschen Wort »gronan«, das greinen, weinen bedeutet. Die »weinenden Büßer« durften an diesem Tag in die Kirche zurückkehren und wurden wieder in die Gemeinschaft aufgenommen. Im Gründonnerstagsgottesdienst erinnern sich die Gläubigen an das letzte > Abendmahl Jesu mit seinen Jüngern. Dieses gemeinsame Mahl ist der Ursprung unserer Eucharistiefeier. Wenn wir sie feiern, denken wir bei den Worten zur Wandlung an das Abendmahl zurück. Jesus soll seinen Jüngern vor dem Mahl die Füße gewaschen haben. Auch heute noch ist es in vielen > Gemeinden Brauch, dass der Pfarrer Gemeindemitgliedern die Füße wäscht. Dies ist ein Zeichen für die Christen, dass jeder von uns dem anderen auch dienen sollte.

Karfreitag (vgl. Mk 15,33–41)
An diesem Tag denken wir an das Leiden und Sterben Jesu. Die Gemeinde versammelt sich zu einem Wortgottesdienst, der in der Regel um 15 Uhr, zur Todesstunde Jesu, gefeiert wird. In ihm wird die ganze Passion Jesu aus dem Johannesevangelium vorgelesen und die Gläubigen verehren das Kreuz Jesu, indem sie vor einem Holzkreuz niederknien.
Der strenge Fastentag steht ganz im Zeichen der Trauer. Deshalb schweigen auch die Kirchenglocken und die Lieder im Gottesdienst werden ohne Orgelbegleitung gesungen.

Karsamstag
Dies ist ein Tag des Wartens auf die Auferstehung Jesu, auf Ostern. Jesus liegt im Grab. In manchen Kirchen gibt es in der Zeit von Karfreitagnachmittag bis zur Osternacht ein sogenanntes Heiliges Grab: Ein Grab wird im Altarraum angedeutet oder nachgestellt; in manchen Gemeinden wird dieses Grab – wie auch das Grab Jesu – bewacht.

● **Leiden und Sterben Jesu.** Fertige zwei Zeitleisten für die Karwoche an. In der einen notierst du die entsprechenden Geschehnisse, wie sie in der > Bibel geschildert werden.
In die andere schreibst du, wie in Kirche und Brauchtum dieser Ereignisse gedacht wird.
Ordne den verschiedenen Tagen die Farben Rot, Lila und Weiß zu (vgl. S. 111) und begründe deine Zuordnung.

Matthias Grünewald, 1505/1516

Gekreuzigt, gestorben und begraben

Der Isenheimer Altar. Beschreibe, wie der Maler Matthias Grünewald Jesus am Kreuz darstellt. Verwende nur Adjektive dafür. Was fällt dir besonders auf? Tausche dich mit deinem Nachbarn oder deiner Nachbarin darüber aus. Dieses Bild ist Teil eines Flügelaltars, der in einer Krankenhauskapelle stand. In dieses Krankenhaus wurden vor allem Menschen eingeliefert, die an den Folgen schwerer Vergiftungen, an Pest und bösen Hautkrankheiten litten. Grünewald malte Jesus am Kreuz mit den gleichen Pusteln am Körper, wie sie die Patienten dieses Krankenhauses hatten. Überlege: Was bewirkte bei den Kranken der Anblick Jesu am Kreuz?

Ostermorgen

Maria aber stand draußen vor dem Grab und weinte. Während sie weinte, beugte sie sich in die Grabkammer hinein. Da sah sie zwei Engel in weißen Gewändern sitzen, den einen dort, wo der Kopf, den anderen dort, wo die Füße des Leichnams Jesu gelegen hatten. Diese sagten zu ihr: Frau, warum weinst du? Sie antwortete ihnen: Sie haben meinen Herrn weggenommen und ich weiß nicht, wohin sie ihn gelegt haben.

Als sie das gesagt hatte, wandte sie sich um und sah Jesus dastehen, wusste aber nicht, dass es Jesus war. Jesus sagte zu ihr: Frau, warum weinst du? Wen suchst du? Sie meinte, es sei der Gärtner, und sagte zu ihm: Herr, wenn du ihn weggebracht hast, sag mir, wohin du ihn gelegt hast. Dann will ich ihn holen. Jesus sagte zu ihr: Maria! Da wandte sie sich ihm zu und sagte auf Hebräisch zu ihm: Rabbuni!, das heißt: Meister.

Jesus sagte zu ihr: Halte mich nicht fest; denn ich bin noch nicht zum Vater hinaufgegangen. Geh aber zu meinen Brüdern und sag ihnen: Ich gehe hinauf zu meinem Vater und eurem Vater, zu meinem Gott und zu eurem Gott. Maria von Magdala kam zu den Jüngern und verkündete ihnen: Ich habe den Herrn gesehen. Und sie berichtete, was er ihr gesagt hatte.

Joh 20,11–18

Auferstehung. Maria von Magdala macht bei der Begegnung im Text die Erfahrung, dass Jesus nicht im Tod geblieben ist, sondern auferstanden ist und lebt. Wie die Apostel und die anderen Jüngerinnen und Jüngern stürzt sie diese Botschaft in eine Vielfalt unterschiedlicher Gefühle.

- Gestalte diese Gefühle mit unterschiedlichen Farben und Formen.
- Gib deinen Bildern jeweils eine Überschrift.
- Erkläre das seltsame Verhalten Jesu. Was sagt Maria wohl den anderen Jüngern? Schreibe das in eine Sprechblase in dein Heft.
- Spielt im Rollenspiel die Szene, in der Maria Magdalena den Jüngern über das Erlebte berichtet (vgl. Vers 18). Beachtet hierbei, dass Frauen zu dieser Zeit als so unglaubwürdig angesehen wurden, dass sie vor Gericht nicht als Zeuginnen aussagen durften (vgl. S. 82).

Ostergeschichten der Bibel. Teilt euch in Zweiergruppen auf und lest in der > Bibel die Ostergeschichten in Mk 16,1–8 und Joh 20,1–11.

- Erstellt eine Tabelle, in deren linker Spalte ihr die Übereinstimmungen der beiden Texte festhaltet und in der rechten die Unterschiede.
- Besprecht eure Ergebnisse im Plenum und fasst die jeweilige Botschaft der Texte in einem Satz zusammen. Was fällt auf?

Auferstehungsbild. Beschreibe: Wie hat der Künstler das Thema »Auferstehung Jesu« dargestellt? Entfalte, wie der Künstler damit aufzeigen will, dass etwas ganz Neues beginnt.

- Vergleiche die Darstellung noch einmal mit Grünewalds Bild des Gekreuzigten auf S. 105.
- Wie wirkt bei den Jesusdarstellungen auf den letzten drei Doppelseiten (Geburt, Tod, Auferstehung) der Kontrast von Licht und Schatten?

Auferstanden von den Toten

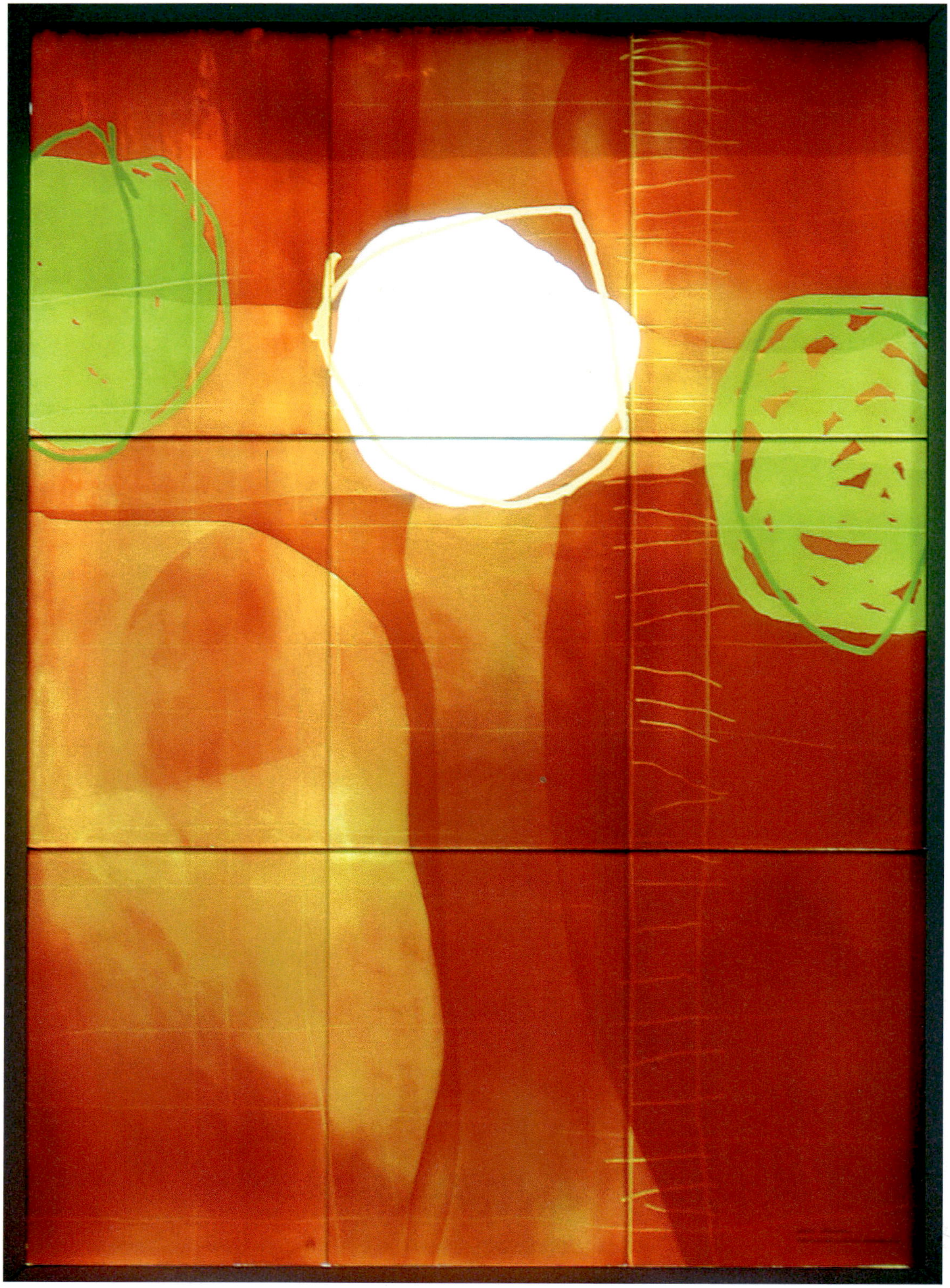

Martin Donlin, 2005

Das Pfingstfest

Danach kamen wir jeden Tag in dem Haus zusammen, in dem wir das letzte Abendmahl gefeiert hatten, und es war immer, als wären in uns zwei Menschen. Der eine war glücklich, weil er wusste: Jesus ist der Herr. Er hat unser Leben in der Hand und er hat auch die ganze Welt in der Hand. Der andere war unglücklich, weil Jesus weggegangen war und wir nicht wussten, was wir tun sollten. Dann kam wieder so ein besonderer Tag, an dem alles anders wurde. Es war das Pfingstfest. Das Erntefest. Überall auf den Feldern wurde das Korn geschnitten, und von überall her brachten die Pilger die ersten Garben nach Jerusalem zum Tempel. Überall feierten die Menschen den Dank für die Ernte. Wir saßen schon am frühen Morgen, wie fast an jedem Tag, im Saal oben im Haus. Einer erinnerte sich: Vor zwei oder drei Jahren, es war ein paar Tage vor dem Erntefest, hat Jesus gesagt: »Seht euch die Felder an. Sie sind schon ganz hellgolden, fast weiß. Sie sind reif. Das Korn wartet auf den Schnitter. So ist es auch mit den Menschen. Sie warten darauf, dass jemand zu ihnen geht, sie zusammenholt und heimbringt zu Gott.« Vielleicht ist jetzt auch für uns Erntezeit? Jesus hat das Korn in die Erde geworfen: Das Wort von Gott. Vielleicht sollen wir jetzt die Erntearbeiter sein, die die reife Frucht, die Herzen der Menschen, einbringen?

Während wir so miteinander redeten, kam plötzlich etwas über uns wie ein Sturm. Es war, als wehte ein Wind durchs Haus und als würden wir alle durcheinandergewirbelt. Es war, als wäre das Haus voll Feuer und voll Licht. Dann, nach wenigen Augenblicken, war wieder Stille. Aber wir waren ganz und gar verwandelt. Wir sprangen von den Bänken und sangen und redeten durcheinander. Und einige riefen: »Das ist es! Das ist es, was er gesagt hat! Das ist der Geist Gottes!« Wir umarmten uns und konnten gar nicht recht in Worte fassen, was uns erfüllte. Immer wieder riefen wir durcheinander: »Das ist es, was Jesus uns versprochen hat! Nun will er, dass wir aus unserem Versteck hervorkommen und zu den Menschen reden!« Einige Leute auf der Straße hörten, dass wir solchen Lärm machten, und blieben unten stehen, und schließlich staute sich eine große Menge vor der Tür. »Die sind verrückt!«, sagten einige. »Die sind betrunken«, sagten andere. Aber Petrus ging zu ihnen hinaus und sagte: »Wir sind weder verrückt noch betrunken. Wir freuen uns nur, dass Jesus lebt und bei uns ist. Und er ist auch bei euch, wenn ihr zu ihm gehören wollt.« Und viele Leute baten uns: »Lasst uns auch dazugehören! Wir möchten auch glauben, dass Jesus lebt!«

Seitdem reden wir mit den Leuten in Jerusalem von Jesus, wo immer wir Gelegenheit haben, und viele schließen sich uns an. Unsere Gemeinde wird täglich größer, und es ist eine große Freude und Begeisterung.

Jörg Zink nach Apg 2,1–42.47

Etwas Neues beginnt. Lies Apg 2,1–47 und vergleiche den Bibeltext mit der Nacherzählung von Jörg Zink.
- Welche Gemeinsamkeiten findest du und welche unterschiedlichen Akzente fallen dir auf?
- Was bewirkt der Geist Gottes bei diesem Ereignis?
- Welche verschiedenen Deutungen dieses Geschehens gibt es?

Die dunkle Seite. Das Pfingstereignis, das Menschen unterschiedlicher Kultur und Sprache zueinanderführt und sie einander bei aller Unterschiedlichkeit verstehen lässt, hat eine dunkle »Gegengeschichte«.
- Lies die Erzählung vom Turmbau zu Babel (Gen 11,1–9).
- Entwirf eine Tabelle, in der du das Verhalten und die Eigenschaften der Menschen in den beiden Erzählungen gegenüberstellst.
- Überlege: Inwiefern kann das Pfingstereignis als »Antwort« auf die Turmbauerzählung gesehen werden?

Pfingstbild. Betrachte das Kirchenfenster von Martin Donlin ganz genau. Entfalte: Was springt dir ins Auge? Was kannst du erkennen? Welche Stimmung drückt dieses Bild aus? Welche Elemente der Pfingsterzählung kannst du im Bild erkennen?

Die drei großen Feste. Trage in deinem Lerntagebuch die Informationen zusammen, die du über die drei großen Feste des Christentums erhalten hast.

Ein Fest in Farben

Auf diesem Bild seht ihr Inder, die das Holi-Fest feiern. Sie färben sich selbst und andere mit vielen Farben. Damit drücken sie ihre Freude darüber aus, dass das Gute über das Böse siegt und dass der Sommer den Winter ablöst.

Ein Fest mit vielen Farben. Informiere dich über den Verlauf und die Bedeutung des Holi-Festes für gläubige Hindus. Dabei hilft dir z. B. die Internetseite *www.religionen-entdecken.de*. Welche Rolle spielen Farben bei diesem Fest?

- Überlege, welche Farben du bevorzugen würdest, um deine Freude auszudrücken. Mit welchen würdest du negative Gefühle verbinden?
- Besprecht in der Religionsgruppe, in welchen Farben ihr euer nächstes Klassenfest dekorieren möchtet. Was wollt ihr damit ausdrücken?

Ein Fest feiern. Informiere dich im Buch »Momo« von Michael Ende, warum die Personen, die in diesem Text genannt werden, ein Fest feiern. Du findest das Buch sicher in eurer Schulbibliothek.

- Stelle zusammen, was man über das Fest erfährt. Welche dieser Elemente gehören für dich unbedingt zu einem gelungenen Fest dazu? Was erinnert dich an Feste, bei denen du selbst mitgefeiert hast, und was fehlt?
- Überlege dir eine mögliche Szene von diesem Fest oder von einem, das du selbst erlebt hast: Welche Farben würdest du dabei verwenden?
- Sprecht miteinander über eure Ergebnisse.

Ein besonderes Fest

Denn als die kleine Momo und der alte Beppo an diesem Tag ins alte Amphitheater zurückkamen, waren sie alle schon da und warteten: Gigi Fremdenführer, Paolo, Massimo, Franco, das Mädchen Maria mit dem kleinen Geschwisterchen Dede, Claudio und alle anderen Kinder, Nino, der Wirt, mit Liliane, seiner dicken Frau, und seinem Baby, Nicola, der Maurer, und alle Leute aus der Umgebung, die früher immer gekommen waren und denen Momo zugehört hatte.

Dann wurde ein Fest gefeiert, so vergnügt, wie nur Momos Freunde es zu feiern verstehen, und es dauerte, bis die alten Sterne am Himmel standen.

Und nachdem der Jubel und das Umarmen und Händeschütteln und Lachen und Durcheinanderschreien sich gelegt hatte, setzten alle sich rundherum auf die grasbewachsenen steinernen Stufen. Es wurde ganz still.

Momo stellte sich in die Mitte des freien runden Platzes. Sie dachte an die Stimmen der Sterne und an die Stunden-Blumen.

Und dann begann sie mit klarer Stimme zu singen.

Michael Ende

Eine Farbe für jedes Fest. Fertige eine Liste von verschiedenen (auch christlichen) Festen an, die dir wichtig sind. Gestalte für jedes Fest einen eigenen kleinen Hefteintrag:

- Darin schreibst du die Bedeutung auf, die das jeweilige Fest für dich hat, sowie einen Bestandteil des Festes, der dir besonders gefällt.
- Ordne nun jedem Fest eine bestimmte Farbe zu, die für dich besonders gut dazu passt. Begründe deine Wahl.
- Tragt »eure« Feste in einen > Jahreskreis ein (S. 206/207).
- Vergleicht die Farben, die ihr den christlichen Festen gegeben habt, mit den Farben, die die jeweiligen Feste im > liturgischen Kalender haben. Einen solchen Kalender findet ihr im Lexikon auf S. 209.

LERNGANG Gestalten: Farbe und Form

Farben sind Lichtreflexe, die unser Auge als unterschiedlich lange oder kurze Lichtwellen wahrnimmt. Jede Farbe hat ihre eigenen Lichtwellen: Die Farbe Blau hat z. B. ganz kurze, die Farbe Rot hat ziemlich lange Wellen. Wenn wir die Farben aber allein als Physikerin oder als Physiker betrachten und beschreiben, dann geht uns das Besondere der Farben verloren. Viele Menschen schreiben jeder Farbe eine bestimmte Bedeutung zu, eine > Symbolik. Bevor du weiterliest, überlege dir, was dir zu den Farben Rot, Grün, Gelb, Blau oder Schwarz einfällt. – Im Folgenden findest du eine Zusammenstellung dessen, was die meisten Menschen weltweit mit den wichtigsten Farben verbinden – wobei es in den verschiedenen Kulturen auch Unterschiede gibt.

Rot: Feuer, Blut oder Leidenschaft
Gelb: Sonne, Glanz
Gelbgrün: Neid, Hass, Eifersucht
Grün: Natur, Wachstum, Unreifes, Hoffnung, Ruhe
Blau: Treue, Ferne, Unergründlichkeit, Keuschheit
Violett: Trauer, Würde, Entsagung
Weiß: Unschuld, Reinheit, Kälte
Schwarz: Nacht, Tod, Trauer, Böses
Grau: Alter, Unterordnung, Trübsinn, Pessimismus
Gold: Sonne, Reichtum, Freude

Die Bedeutung der Farben haben sich viele Künstlerinnen und Künstler zunutze gemacht, um bei der Gestaltung ihrer Bilder noch etwas mehr über das Abgebildete auszusagen. In vielen mittelalterlichen religiösen Bildern trägt beispielsweise Maria, die Mutter Jesu, ein blaues und Judas ein gelbes bis gelb-grünes Gewand. Häufig wurde die Farbe Weiß für Gott und die Engel, später für die Heiligen verwendet, und die Regenbogenfarben wiesen auf eine Gotteserscheinung hin. Christus trug die Farben Blau oder Rot bzw. Purpur – eine Farbe, die ursprünglich nur vom Kaiser getragen wurde.

Auch **Formen** haben oft eine zusätzliche symbolische Bedeutung. Die Kreisform verdeutlicht einerseits einen abgeschlossenen Zeitabschnitt, andererseits sieht man daran schön das Ineinander-Übergehen von Anfang und Ende: Das Ende ist immer auch ein neuer Anfang. Gefühle lassen sich nicht nur mit Farben, sondern auch mit unterschiedlichen Formen darstellen. So werden Empfindungen wie Wut oder Hass eher in spitzen, scharf abgegrenzten Formen, Gefühle wie Liebe und Zärtlichkeit eher in weichen, fließenden, runden Formen ausgedrückt.

Farb- und Formensymbolik. Du kennst nun die Bedeutung von Farben und Formen. Schreibe eine kurze Interpretation des Pfingstbildes von Martin Donlin auf S. 108.

TAGTRÄUMEN
DIE COMICSAMMLUNG SORTIEREN
SCHLAFEN, BIS ES NICHT MEHR GEHT
SONNE, DIE DURCH KIRCHENFENSTER FÄLLT
ZUSAMMEN FRÜHSTÜCKEN UND ALLE HABEN ZEIT

sonntagsschön

TATORT GUCKEN
ÜBER EINEN FRIEDHOF STREIFEN
VORMITTAGS MIT DER LEEREN STRASSENBAHN FAHREN
ROTE BLUMEN AUF DEM ALTAR
BUTTERCREMETORTE OHNE SCHLECHTES GEWISSEN ESSEN
ZEIT FÜR LANGEWEILE HABEN
WEIHRAUCH RIECHEN
SCHAUFENSTERBUMMELN OHNE GELD AUSGEBEN
SICH FEIN RAUSPUTZEN UND INS KONZERTHAUS ZUR MATINEE GEHEN
SONNTAGSFAHRERIN SEIN

Der besondere Wochentag

Die Woche braucht eine Unterbrechung, denn ohne Sonntag ist jeder Tag Werktag.

Christen, Juden und Muslime haben jeweils einen solchen besonderen Tag.

Als Christen feiern wir den **Sonntag** als Erinnerung an Tod und Auferstehung Jesu, wie das Hochgebet der heiligen Messe dies betont: »Darum kommen wir vor dein Angesicht und feiern in Gemeinschaft mit der ganzen Kirche den ersten Tag der Woche als den Tag, an dem Christus von den Toten erstanden ist.«

Für Juden ist der › **Sabbat** (unser Samstag) dem Herrn geweiht – ein Fest- und Ruhetag für alle Menschen und sogar für alle Tiere.

Muslime begehen das **Freitagsgebet** in besonders festlicher Weise (vgl. S. 167).

● **Sonntagsschön.** Auf der Karte oben hat ein Mann oder eine Frau Lieblingsbeschäftigungen für den › Sonntag zusammengestellt. Manche werden dir auch gefallen, andere bedeuten dir vielleicht nichts.

- Entwirf deine persönliche »sonntagsschön«-Karte und stelle sie deiner Religionsgruppe vor. Wo gibt es Gemeinsamkeiten, worin liegen Unterschiede?
- Überlege: Welche fünf Beschäftigungen würden für dich zu der Karte »sonntagshässlich« gehören?
- Diskutiert eure Ergebnisse.

Religion ist Privatsache. Wer am Sonntag in die Kirche gehen will, kann das ja gerne tun. Das ist aber kein Grund, allen einen freien Tag zu verordnen. Ich nutze den verkaufsoffenen Sonntag, um entspannt einkaufen zu gehen.

Robert, 16 Jahre

Meistens ist es am Sonntag ziemlich langweilig; mein Bruder nervt nur, weil seine Freunde nicht erreichbar sind, und die Eltern wollen ihre Ruhe haben nach der anstrengenden Arbeitswoche.

Thomas, 12 Jahre

Gedenke des Sabbats: Halte ihn heilig!
Sechs Tage darfst du schaffen und all deine Arbeit tun.
Der siebte Tag ist ein Ruhetag, dem Herrn, deinem Gott geweiht.
An ihm darfst du keine Arbeit tun:
du und dein Sohn und deine Tochter, dein Sklave und deine Sklavin, dein Vieh und dein Fremder in deinen Toren.
Denn in sechs Tagen hat der Herr Himmel, Erde und Meer gemacht und alles, was dazugehört; am siebten Tag aber ruhte er.
Darum hat der Herr den Sabbat gesegnet und ihn geheiligt.

Ex 20,8–11

Am Sonntag sind wir oft zu Schwimmwettbewerben unterwegs. Ich bin die schnellste Staffelschwimmerin in unserem Schwimmverein. Zu kurz kommt dabei mein Dienst als Ministrantin.

Yvonne, 12 Jahre

An Sonn- und Feiertagen sollten wir das tun, was uns Erholung und Freude bereitet. Dazu gehören die Besinnung, die innere Einkehr ..., aber auch das gemeinsame Spiel, die Zerstreuung, die bereichernde Unterhaltung und der spielerische Wettbewerb.

Deutsche Bischofskonferenz und Rat der evangelischen Kirche in Deutschland (EKD)

Sonntag ist mein Lieblingstag: Wir können in unserer Familie endlich mal Dinge gemeinsam tun: Bei allen Mahlzeiten sind alle da und wir unternehmen vieles gemeinsam. Manchmal gehen wir auch zusammen in die Kirche.

Claudia, 11 Jahre

Die Woche braucht eine Unterbrechung, denn ohne Sonntag ist jeder Tag Werktag.

Warum Sonntag. Das grundsätzliche Arbeitsverbot an Sonntagen wird in der heutigen Zeit zunehmend aufgeweicht.

- Stelle in einer Tabelle die Argumente für und gegen die Einhaltung eines freien Sonntags zusammen.
- Welche Argumente erscheinen dir am besten nachvollziehbar?
- Führt eine Pro- und-contra-Diskussion in eurer Religionsgruppe durch.

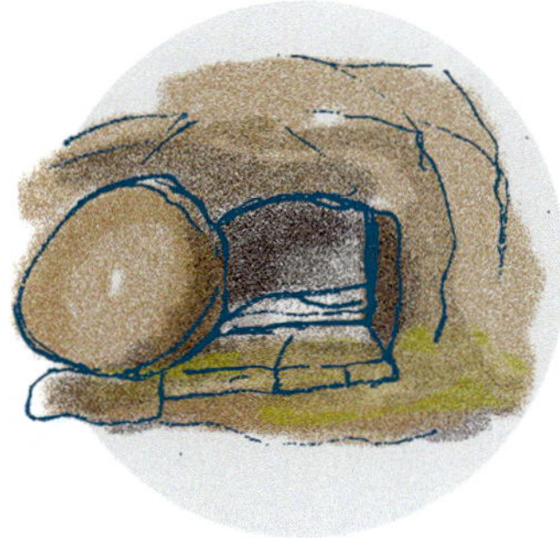

Zeichensprache. Ordnet die verschiedenen > Symbole den Festanlässen aus dieser Lernlandschaft zu. Erklärt euch gegenseitig: Warum könnte ein bestimmtes Symbol zu einem bestimmten Fest passen? Woran wollen sich die Menschen erinnern?

Merkzettel. Entwirf in deinem Lerntagebuch zu jedem Fest dieser Lernlandschaft einen Merkzettel. Notiere darauf vor allem, woran das Fest erinnern soll. Gestalte die Merkzettel jeweils mit einem besonderen Logo.

Farbpalette. Suche ein Bild aus dieser Lernlandschaft, das dich besonders anspricht.

- Erkläre deiner Nachbarin oder deinem Nachbarn, was dir daran besonders gefällt, und gehe besonders auf die Bedeutung der Farben ein.
- Diskutiert in der Religionsgruppe: Hat jedes Fest (also auch jedes private Fest) seine besondere Farbe, seine besonderen Farben? Welche Farbe(n) hat dein Geburtstag?

Geschenkter Tag – verschenkter Tag. Gestalte in der Art der Karte »sonntagsschön« je eine Karte mit dem Titel »Geschenkter Tag« und eine mit dem Titel »Verschenkter Tag«.
Zeigt euch gegenseitig eure Karten und diskutiert Gemeinsamkeiten und Unterschiede.

Gemeinsam glauben

Kirchengebäude sind so vielfältig wie die Menschen, die sie besuchen. Es gibt uralte Kirchen, die aussehen wie mittelalterliche Burgen. Es gibt große gotische Kathedralen, deren Spitzbögen in den Fenstern und Gewölben nach oben streben und so den Blick unweigerlich himmelwärts lenken. Es gibt Barockkirchen, die mit viel Gold, großen hellen Fenstern und üppigen Malereien etwas vom himmlischen Jubel abbilden. Und es gibt moderne Kirchen, die manchmal nüchtern und streng wirken, oft aber auch wohnlich und einladend. Alle diese Kirchen haben jedoch auch eine Gemeinsamkeit: Sie wollen einen Raum schaffen, in dem Menschen sich treffen und Gemeinschaft haben. Vieles, was uns wichtig ist, schaffen wir nicht allein; wir brauchen andere Menschen, um mit ihnen zu spielen, zu lachen und zu arbeiten. Auch wenn es um den Glauben an Gott geht, sind wir angewiesen auf die Gemeinschaft mit anderen. Eine solche Gemeinschaft ist die Kirche. Was aber macht die Kirche eigentlich genau? Wie wird man Teil dieser Kirche? Und: Wo ist der Platz von Kindern und Jugendlichen dort?

Eine Kirche erkunden. Auf dem Bild dieser Seite siehst du die Innenansicht einer modernen Kirche. Es ist die Maria-Magdalena-Kirche in Freiburg.

- Du kannst auf dem Bild sicher viele Gegenstände und Orte entdecken, die du kennst. Zähle sie auf.
- Kennst du weitere Gegenstände oder Orte in der Kirche, die auf dem Bild nicht zu sehen sind? Beschreibe sie deinen Mitschülern.
- Erzählt euch gegenseitig von euren letzten Besuchen in einer Kirche, was ihr dort gesehen und erlebt habt.

Zeugnis geben – *martyria*

In der Begegnung mit Jesus erfahren seine Freundinnen und Freunde, dass das > Reich Gottes, Gottes Gegenwart in der Welt, ganz nahe ist. Menschen in den > Pfarrgemeinden zeigen durch die Art, wie sie leben, sprechen und miteinander umgehen, dass das Reich Gottes auch in unseren Gemeinden angebrochen ist. Auch heute sind Christinnen und Christen dazu berufen, die Hoffnung, die sie bewegt, gegenüber anderen glaubhaft zu machen. Sie tun dies immer dort, wo sie selbst im Leben stehen, wo sie wohnen und arbeiten. Dabei verdeutlichen sie, was die Quellen ihres Lebens sind und welche Kräfte sie für sich und für andere aus diesen Quellen gewinnen können.

Kirche vor Ort. Suche in deiner Pfarrkirche oder einer > katholischen Kirche deiner Wahl die vier hier abgebildeten Elemente und zeichne Bilder davon oder fotografiere sie. Vergleicht die Bilder miteinander.

Dienst am Nächsten – *diakonia*

Dass Gott sich dem Menschen zuwendet und ihn aus Not und Elend herausführt, haben die Menschen seit der Befreiung des Volkes > Israel aus > Ägypten immer wieder von Neuem erfahren. Auch Jesus stellte sich auf die Seite der Armen, Kranken und Ausgestoßenen. Christen sind deshalb dazu aufgerufen, auch dafür zu sorgen, dass den Menschen, denen es schlecht geht, geholfen wird. Die Pfarrgemeinden leisten in vielen Aktionen und durch die unterschiedlichsten Gruppen einen Beitrag dazu, dass diese Menschen wieder Hoffnung auf ein besseres Leben schöpfen können.

Innenausstattung. Die vier Bilder zeigen wichtige Elemente der Innenausstattung einer Kirche. Beschreibt euch gegenseitig diese Elemente. Worum handelt es sich dabei? Was geschieht an diesen Orten?

In Gemeinschaft leben – *koinonia*

Auch Jesus lebte in der Gemeinschaft der Jüngerinnen und Jünger. Die Pfarrgemeinde versteht sich deshalb als Gemeinschaft von Menschen, die miteinander unterwegs sind auf dem Weg zu Gott. Im gemeinsamen > Beten, Feiern und Arbeiten erfahren sie Gottes Begleitung auf diesem Weg. Weil niemand allein liebt, hofft und glaubt, brauchen Christinnen und Christen die Erfahrung der Gemeinschaft, die sie stützt und trägt. Dies gilt für unsere Pfarrgemeinde ebenso wie für die Gemeinden in aller Welt.

Gottesdienst feiern – *liturgia*

Die Gemeinde begeht ihre Feste, indem sie ihre Mitglieder einlädt, sich an die Taten Gottes in der Geschichte zu erinnern. Diese Erinnerung an das Handeln Gottes gibt den Menschen Mut und macht sie fähig, für den Nächsten einzutreten und ihr Leben unter den Schutz Gottes zu stellen. Von der Geburt bis zum Tod begleitet die Kirche mit ihren > Sakramenten die Menschen. An wichtigen Stationen des Lebens (Geburt, Eintritt ins Erwachsenenalter, Gründung einer eigenen Familie, schwere Krankheit, Tod) sind die Sakramente Zeichen der Gegenwart Gottes, der jeden Menschen auf allen seinen Wegen fürsorglich begleitet – in guten wie in schlechten Zeiten.

Bibelstellen. Mt 28,18–20; 1 Kor 11,23b–25; Apg 2,37–42 und Mt 25,40 sprechen von den vier Hauptaufgaben der Kirche und jeder einzelnen Pfarrgemeinde.

- Lest die angegebenen Stellen.
- Überlegt gemeinsam, welche Aufgaben in der jeweiligen > Bibelstelle beschrieben werden.
- Erklärt euch gegenseitig die Verbindungen zwischen den Bibeltexten und den auf den Fotos abgebildeten Elementen des > Kirchenraums.
- Vergleicht gemeinsam eure Ergebnisse mit den hier abgedruckten Sachtexten.

Das **Kreuz** ist Symbol für den Glauben der Christen. Deshalb wird der Täufling mit dem Kreuzzeichen willkommen geheißen.

Das **weiße Kleid** bringt zum Ausdruck, dass der Täufling durch die Taufe wie neu geschaffen ist. Paulus spricht zudem davon, dass wir Jesus wie ein Kleid anziehen sollen, das heißt, so leben sollen wie er.

Jesus sagt: »Ich bin das Licht der Welt.« Er macht unser Leben hell. Die **Taufkerze** kann uns deshalb auf unserem Lebensweg begleiten, wir können sie bei der Erstkommunion, bei der Firmung, bei der Hochzeit immer wieder anzünden.

In eine Gemeinschaft aufgenommen – die Taufe

Mit der Taufe werden Menschen aufgenommen in die Gemeinschaft mit Gott und in die Gemeinschaft der Kirche. Sie ist deshalb das Startzeichen der Kirche, ihr »Grundsakrament« (> Sakrament).

Die Feier der Taufe kann in unterschiedlichem Rahmen begangen werden. Ursprünglich wurde in der Osternacht getauft, in der die > Gemeinde die Auferweckung Jesu feiert. Auch der Gemeindegottesdienst am > Sonntag ist deshalb für die Tauffeier geeignet. Oft aber wird die Taufe ohne > Eucharistiefeier im Kreis der Familie oder mit mehreren Kindern verschiedener Familien gefeiert. So kann die Tauffeier ganz unterschiedlich ablaufen. Einige Elemente aber wiederholen sich stets.

Vater und Mutter bringen ihr Kind (den Täufling) zum Eingangstor der Kirche, und alle anderen Gäste begleiten sie dabei. Eigentlich beginnt die Taufe schon hier, vor der Kirchentür. Das geschieht nicht aus Unhöflichkeit, sondern es soll damit zum Ausdruck kommen, dass die Taufe den Eintritt in die Kirche als Gemeinschaft der Christen darstellt. Die Eltern stehen mit dem Kind an der Tür und der > Priester oder Diakon fragt sie, was sie für ihr Kind wollen. Die Eltern bitten dann um die Taufe ihres Kindes. Der Priester oder Diakon bezeichnet das Kind mit dem Kreuzzeichen und die Eltern tragen es dann in die Kirche hinein.

● **Die Symbole der Taufe.** Verschaffe dir einen Überblick über den Ablauf der Taufe. Führe die einzelnen Schritte in einer Tabelle auf.

- Erkläre die wichtigsten Elemente der Taufe mithilfe der kleinen Texte am Rand, trage deine Erklärungen in Stichworten in die Tabelle ein.
- In einer dritten Spalte kannst du die entsprechenden > Symbole dazuzeichnen. ··· ●

● **Die biblische Lesung.** Für die Lesung aus der > Bibel schlägt der Pfarrer bei der Taufe deiner kleinen Cousine zwei Bibelstellen vor: Mk 1,9–11 oder Mt 28,16–20.

- Schlage beide Stellen nach und wähle den Text aus, der dir am passendsten erscheint.
- Begründe deine Auswahl.
- Vielleicht findest du ja noch andere Texte (aus der Bibel oder aus anderen Büchern), die dir gefallen und passend erscheinen. Suche sie heraus und stelle sie deinen Mitschülerinnen und Mitschülern vor. ··· ●

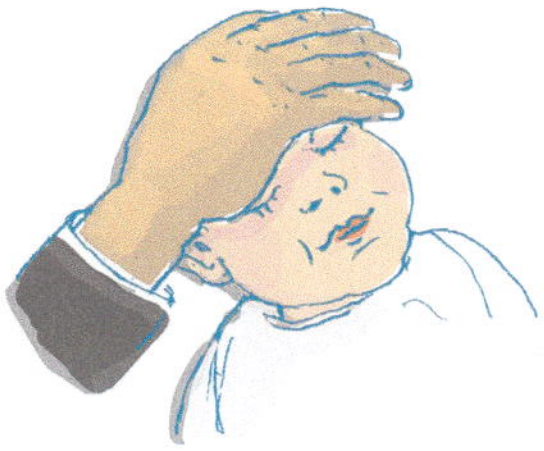

»Effata« ist > griechisch und heißt übersetzt »öffne dich«. Das Kind soll Augen und Ohren offen halten für Gott und die Schönheit der Welt.

Wasser ist ein ganz eindrückliches Zeichen für Reinheit und damit auch ein Symbol für die Auferstehung zum Leben. Der Mensch ist von allem befreit, was ihn von Gott trennt. Das lebendige Wasser als Ursprung allen Lebens ist außerdem ein Zeichen für Gott selbst.

Nachdem sich alle versammelt haben, liest der Priester oder Diakon eine Bibelstelle vor und hält eine kurze Ansprache. Dann kommt die eigentliche Taufe. Alle versammeln sich um das Taufbecken. Der Taufspender, also der Priester oder der Diakon, spricht ein Lobgebet über das Wasser, mit dem das Kind getauft werden soll. Nachdem die Eltern und Paten für das Kind das Glaubensbekenntnis gesprochen haben (das Kind kann es ja meist noch nicht selbst), gießt der Taufspender drei Mal das Taufwasser über den Kopf des Kindes. Er spricht das Kind mit seinem Namen an und sagt: »Ich taufe dich im Namen des Vaters und des Sohnes und des Heiligen Geistes.« Damit ist die Taufe bereits vollzogen, das Kind ist jetzt Teil der Gemeinschaft mit Gott und den Menschen in der Kirche.

Nun folgen besondere Zeichenhandlungen, die allen verdeutlichen sollen, was da gerade geschehen ist. Der Taufspender salbt zunächst das Kind mit Chrisam, dann bekommt es ein weißes Kleid angezogen und die Eltern oder Paten entzünden die Taufkerze an der Osterkerze. Manchmal öffnet der Taufspender dem Kind in einer symbolischen Handlung noch Augen und Ohren.

Mit dem Vaterunser und dem > Segen geht die Tauffeier dann zu Ende.

Chrisam ist eine Art Salbe aus Olivenöl und duftenden Kräutern. In früheren Zeiten wurden nur Propheten und Könige mit Öl gesalbt. Heute werden alle Menschen, die sich taufen lassen, gesalbt. Damit kommt zum Ausdruck, dass wir in den Augen Gottes alle Könige und Prophetinnen sind. Außerdem gehören wir durch die Taufe zu Jesus Christus, das heißt zu »Jesus, dem Gesalbten«.

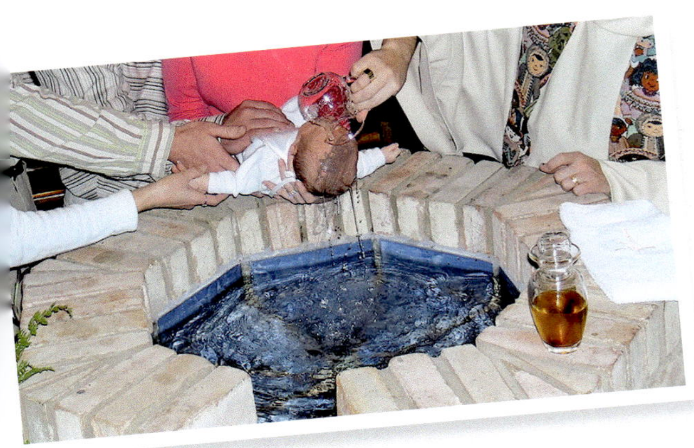

● **Taufbild.** Betrachtet das Bild in aller Ruhe. Benennt die Elemente der Taufe, die ihr auf diesem Bild entdecken könnt.

Christ wird man durch die Taufe – aber Christ wird man nicht über Nacht

Interview mit Janine W. (geb. 1970 in Frankfurt/Oder, damalige DDR)

Was hat dich dazu bewogen, dich taufen zu lassen?
Janine W.: In Ostdeutschland aufgewachsen, hatte ich während meiner Kindheit keinerlei Berührungspunkte zu Kirche, Religion und Glauben an Gott. Zum Christentum bin ich durch die Familie meines Mannes gekommen. Überzeugt hat mich ihr Vorbild, Christ nicht nur dem Papier nach zu sein, sondern tatsächlich auch als ein Christ zu handeln. Als Mutter von drei Kindern habe ich mir ihre kindliche Neugier zunehmend zu eigen gemacht. Ich habe gelernt, Fragen zu stellen, und betrachte heute viele Dinge auf andere Art und Weise.

Wie hast du dich auf die Taufe vorbereitet?
J. W.: Den Stein ins Rollen gebracht hat eine gläubige Freundin aus der Schweiz. Auf ihren Rat hin begann ich zunächst mit »Exerzitien im Alltag«. Ich war überrascht, wie viele unterschiedliche Arten des Betens es gibt, und auch erleichtert darüber, einen Weg gefunden zu haben, mich als noch ungläubiger Mensch dem Thema Gott nähern und allmählich meine Scheu, Angst und Zweifel ablegen zu können.
Anschließend nahm ich 2013 an einem Vorbereitungskurs zu Taufe, Firmung und Erstkommunion teil.
Besonders ermutigend auf diesem Vorbereitungsweg fand ich auch die offene und sehr lebensnahe Art meiner Begleitpersonen sowie die der zuständigen Pfarrer.

Wie hast du die Tauffeier erlebt?
J. W.: Für die Taufe in der Osternacht kam die gesamte Familie zu Besuch. Das bedeutete mir sehr viel. Nach den Feierlichkeiten in der Kirche war ich überrascht und überwältigt von der Anteilnahme und Freude meiner Familie. Erst dadurch wurde mir bewusst, dass diese Nacht eine besondere war.

Während der Vorbereitungsphase stieß ich auf den Satz: »Christ wird man durch die Taufe – aber Christ wird man nicht über Nacht.« Dieser Ausspruch hat mich sehr berührt und ebenso beruhigt. Mir wurde damit klar, dass meine Taufe erst der Beginn eines Prozesses war, der lange noch nicht abgeschlossen sein würde. Aus diesem Grunde hatte ich mir den folgenden Taufspruch ausgewählt: »Gott, dich suche ich!«

Wie zeigt sich die Tatsache, dass du getauft bist, in deinem Leben? Wo zeigt sich das in deinem Alltag?
J. W.: Zuallererst habe ich Anschluss an eine neue Gruppe von gleichgesinnten Menschen gefunden. Aber auch bereits vorhandene Freundschaften haben sich dadurch intensiviert. Neben der Natur habe ich über die Musik eine Möglichkeit gefunden, mich Gott zu nähern. So sitze ich gern bei uns am Klavier und singe dazu Lieder, die mich im Gottesdienst angesprochen haben.

Ein Interview. Janine W. ließ sich als Erwachsene taufen.
- Lies das Interview sorgfältig durch und schreibe einen Bericht für deine Schülerzeitung über Janine W. Was ist dir an ihren Schilderungen besonders wichtig?
- Überlege dir auch, was du sie noch gerne fragen würdest.

Taufe – einmal anders. Auf dem Bild ist eine Taufe in der katholischen Kirche St. Maria Magdalena in Höntrop dargestellt.
- Sprecht in eurer Lerngruppe darüber: Welche Unterschiede zu der Tauffeier, von der ihr gelesen habt, fallen euch auf? Vergleicht dazu auch das Bild auf dieser Seite mit dem Taufbild auf S. 121.
- Sammelt gemeinsam Argumente für die Taufe von Kindern und für die Taufe von Erwachsenen. Nehmt Stellung: Was haltet ihr für sinnvoller?

In der Gemeinschaft leben

Wenn ein Kind zur Welt kommt, ist es zunächst hilflos und auf den Schutz seiner Familie, seiner Eltern angewiesen. Es braucht Menschen, die sich kümmern, für es sorgen. In dieser Lebenszeit ist der Mensch besonders auf Gemeinschaft angewiesen und darauf, dass diese Gemeinschaft ihn aufnimmt.

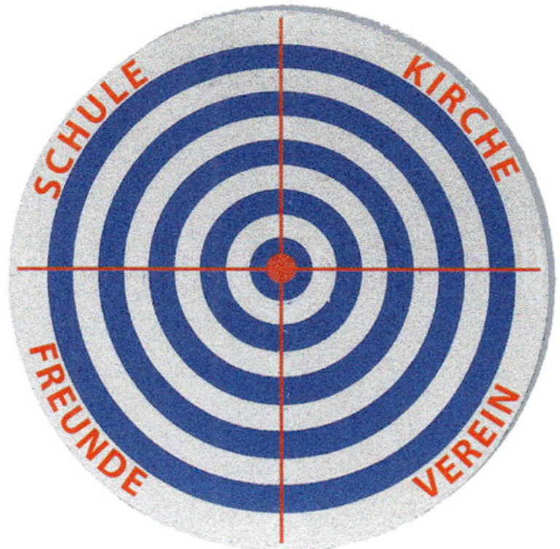

Auch die Eltern und Geschwister eines neugeborenen Kindes leben nicht für sich allein. Sie gehören zu größeren Gemeinschaften. Eine dieser Gemeinschaften ist die Kirche.

Bringen die Eltern ihr Kind zur Taufe, so wollen sie zunächst einmal, dass der > Segen Gottes dieses Kind auf seinem Lebensweg begleitet und es schützt, wo die Eltern selbst nicht mehr dazu in der Lage sind. Mit der Taufe geben sie ihr Kind aber ebenso in eine Gemeinschaft, die glaubt, dass Gottes Liebe größer ist als alles Leid, das dem Kind in seinem Leben begegnen kann. Die Taufe ist der Beginn des Lebens in einer Gemeinschaft. Daher fragt der > Priester oder Diakon auch die Eltern, was sie von der Kirche wollen. Auf die Antwort der Eltern, dass sie die Taufe für ihr Kind wünschen, sagt der Priester bzw. Diakon dann zu dem Kind: »Liebe/Lieber …, mit Freude nimmt dich die Gemeinde auf.« So ist die Taufe die erste Station eines Weges. Weitere Stationen folgen: die Erstkommunion, die Firmung und, wenn das Kind erwachsen ist, vielleicht einmal die Hochzeit. Alle Stationen dieses Weges sind ein Teil des Lebens in einer > Pfarrgemeinde und werden mit ihr gemeinsam gefeiert.

● **In vielen Gemeinschaften.** Prüft, in welchen Gemeinschaften ihr lebt.

- Malt dazu das abgebildete Zielfeld groß auf ein Plakat. Jeder und jede von euch kann dann in jedes Viertel des Kreises einen Punkt malen. Je öfter du in dieser Gemeinschaft bist, desto näher zur Mitte kommt dein Punkt, je seltener du dich in dieser Gemeinschaft befindest, desto weiter nach außen setzt du den Punkt.
- Am Ende ergibt sich ein Bild, das ihr interpretieren könnt: Wie oft seid ihr in einer bestimmten Gruppe? Seid ihr freiwillig dort? Gibt es vielleicht sogar Überschneidungen zwischen den Feldern? Was bedeutet das für diese Gemeinschaft? Ist die Verteilung so in Ordnung oder sollte sie sich verändern?
- Bestimmt fallen euch noch weitere Fragen ein.

● **Nachgefragt.** Kennst du Menschen, die sich in der Kirche engagieren?

- Frage sie doch einmal, warum sie es tun, was ihnen dabei wichtig ist, und schreibe die Antworten auf.
- Erstelle eine Liste der Gründe, aus denen Menschen in der Kirche mitarbeiten.
- Diskutiert in der Lerngruppe, welche Gründe euch sehr wichtig erscheinen. Den drei wichtigsten Gründen gebt ihr einen roten Punkt.

● **Ich – du – wir.** In seinem Brief an die Christengemeinde von Rom beschreibt der Apostel Paulus, wie in einer Gemeinschaft die Aufgaben verteilt werden sollten. Lies Röm 12,3–8 und schreibe einen Text, in dem du den Vergleich des Paulus auf die heutige Situation überträgst: Wer kann welche Fähigkeiten in die > Pfarrgemeinde einbringen, und wo helfen sich die Menschen untereinander?

Eröffnung

Alexa ist zwölf Jahre alt und Ministrantin in ihrer > Pfarrgemeinde in Mannheim. Als echte Expertin berichtet sie ihren Mitschülerinnen und Mitschülern von dem Sonntagsgottesdienst in ihrer Kirche.

Jeden > Sonntag wird in der heiligen Messe daran erinnert, dass Jesus Christus unter uns ist. Er ist in Wort und > Sakrament anwesend, wie er es seinen Jüngerinnen und Jüngern zugesagt hat: »Denn wo zwei oder drei in meinem Namen versammelt sind, da bin ich mitten unter ihnen« (Mt 18,20).
Schon vor Beginn des Gottesdienstes wird die Einladung dazu ganz laut verkündet – mit dem Läuten der Glocken. Zum eigentlichen Gottesdienstbeginn zieht der > Priester dann mit uns Ministranten feierlich in die Kirche ein und begrüßt die Gottesdienst feiernden Menschen. So, wie wir uns auf ein Fest vorbereiten und uns »fein rausputzen«, so bereiten wir uns auch auf die Gottesdienstfeier vor. Dies tun wir, indem wir uns im Schuldbekenntnis gegenseitig gestehen, dass manches falsch gelaufen ist, und uns sagen lassen, dass Gott uns vergibt. Dann begrüßen wir im sogenannten »Kyrie« Jesus als den Herrn mitten unter uns und bringen im »Gloria«, einem fröhlichen > Lied, unsere Freude darüber zum Ausdruck. Dann spricht der Priester ein erstes > Gebet, das »Tagesgebet« – damit ist die Eröffnung des Gottesdienstes vorbei und es folgt der zweite Teil, der Wortgottesdienst.

Vom > Ambo aus werden zunächst ein oder zwei Lesungen aus dem > Alten Testament oder aus den Briefen oder der Apostelgeschichte des Neuen Testaments vorgelesen. In der Mitte des Wortgottesdienstes steht das Wort von Jesus, das > Evangelium. In ihm kommt in besonderer Weise die Liebe Gottes zu allen Menschen zum Ausdruck. Durch die Art und Weise, wie Jesus geredet und gehandelt hat, erlebten seine Jüngerinnen und Jünger, dass Gott nicht irgendwo weit weg und unerreichbar ist, sondern gegenwärtig in diesem Jesus von Nazaret – und das bis zum heutigen Tag. Durch seine Auferstehung hat Jesus auch den Tod überwunden. Er hat zu seinen Freunden gesagt: »Seid gewiss: Ich bin bei euch alle Tage bis zum Ende der Welt« (Mt 28,20). Und weil dies eine wirklich frohe Botschaft ist, wird das Evangelium auch mit einem freudigen Halleluja-Ruf begrüßt.

Abschluss

Altar und Ambo. Auf dieser Doppelseite stehen die Bilder des Ambos und des Altares an den entgegengesetzten Punkten der Ellipse. Erkläre, was damit gemeint sein könnte.

Nach der Lesung des Evangeliums legt der Priester in der Predigt die Worte der Bibel aus. Wir alle antworten darauf, indem wir gemeinsam das Glaubensbekenntnis sprechen. Zum Ende des Wortgottesdienstes beten wir für andere Menschen, das sind die Fürbitten.

Als sichtbares Zeichen dafür, dass Jesus immer noch unter uns ist, hat er selbst das › Abendmahl mit den Worten: »Tut dies zu meinem Gedächtnis« (1 Kor 11,24) eingesetzt. Die Mahlfeier wird auch als »Eucharistie« bezeichnet. Das ist ein › griechisches Wort und heißt übersetzt »Danksagung«. So wie Jesus bei seinem letzten Abendmahl Gott gedankt hat, danken wir Gott dafür, dass Jesus nun bei uns ist. Deswegen heißt dieser Teil des Gottesdienstes auch »Eucharistiefeier«. Diese beginnt mit einer doppelten Gabenbereitung: Während zwei von uns Ministranten und Ministrantinnen Brot und Wein zum › Altar bringen, sammeln andere »Minis« in der Gemeinde die Kollekte ein, das heißt, alle haben Gelegenheit, ihre Gaben für andere zu geben. Auch diese werden an den Altar gebracht. Im Hochgebet spricht der Priester den › Segen über Brot und Wein. Dann werden die sogenannten Einsetzungsworte, mit denen Jesus selbst Brot und Wein beim letzten Mahl an seine Freunde austeilte, in seinem Auftrag wiederholt. So wird in Brot und Wein spürbar, dass er mitten unter uns ist. Jetzt sind alle, die mitfeiern, ganz mit Gott und untereinander verbunden. Deshalb können wir alle gemeinsam das Vaterunser sprechen, uns den Friedensgruß geben und dann zur Kommunion gehen, das heißt das Brot empfangen, in dem uns Jesus ganz nahe kommt.

Nach dem Dankgebet folgt der Abschluss der Feier: Der Priester erteilt den Segen, entlässt die Feiernden und zieht mit uns Ministranten aus der Kirche aus.

Wortgottes-dienst

Eucharistiefeier

Die Feier der Eucharistie. Der Sachtext und die Abbildungen am Rand dieser Seite geben einen Überblick über den Ablauf der Eucharistiefeier.

- Übertrage die Ellipse mit den Bildsymbolen für die vier großen Teile der heiligen Messe und die dazugehörigen Zeichnungen in dein Heft.
- Arbeite aus dem Sachtext heraus, aus welchen Einzelelementen jeder Teil der Feier besteht, und trage diese an der richtigen Stelle der Ellipse ein.
- Überlege dir auch für diese Elemente der Feier kleine Bild-Symbole und male diese zu den jeweiligen Stichworten.
- Tauscht euch über die Erfahrungen aus, die ihr mit Gottesdiensten gemacht habt.
- Prüft, welche Elemente des Gottesdienstes für euch selbst besonders wichtig sind.

YouGo! »Von Wetterprognosen, Zusagen und Vertragsbrüchen«

Vertreterinnen und Vertreter der Jugendkirche Samuel in Mannheim berichten von einem ihrer Gottesdienste, die sie »YouGo!« nennen:

Eine interessante Wetterprognose zu Beginn des YouGo!'s? Komische Art, einen Gottesdienst zu beginnen, aber gut. Mal was anderes und schließlich ging es ja auch um die Arche Noah, die so einige Wettervariationen aushalten musste.

Gott hat mit Noah – stellvertretend für alle Menschen – einen > Bund geschlossen. Da stellte sich uns die Frage, ob wir überhaupt an diesen Vertrag gebunden sind. Schließlich wurden wir nie persönlich gefragt und unterschrieben haben wir auch nix. In Gesprächen mit unseren Nachbarn konnten wir herausfinden, dass es sich um ein Angebot Gottes an uns handelt und jeder selbst eine Zustimmung oder Ablehnung aussprechen kann. Wir durften auch unsere eigene Regenwolke als Fürbitte abgeben, unser Taufversprechen erneuern und uns ganz persönlich Gott anvertrauen, indem wir unsere Namen in den Tabernakel gelegt haben. Die Band »Queens of Zion« aus Christkönig Wallstadt hat mit wundervoller Musik zum Gelingen dieses YouGo!'s beigetragen. Herzlichen Dank!

Jugendkirche Samuel

Aktiv werden statt wegsehen – Schulgottesdienst zum Thema Zivilcourage

Erarbeitet wurde dieser Schulgottesdienst im Rahmen des Religionsunterrichts. Über mehrere Wochen hinweg beschäftigten sich die angehenden Erzieher/-innen und ihr Religionslehrer Herr Bischoff mit der Planung, Gestaltung und Durchführung. Kleingruppen entwickelten die einzelnen Teile des Gottesdienstes und befassten sich mit dem Thema aus verschiedensten Perspektiven.
Angefangen mit einer selbst verfassten Begrüßungsrede folgten eine kommentierte Bibelgeschichte, ein kleiner Film und verschiedene Rollenspiele, die die Notwendigkeit von Zivilcourage zum Ausdruck brachten. Zunächst stand die Frage im Raum, aus welchen Gründen Menschen häufig wegschauen, anstatt bei gesehener Gewalt aktiv zu werden. Das Vorbereitungsteam war sich einig: Zivilcourage muss jede und jeder zeigen.
Eine Gruppe gab entsprechende Tipps, beispielsweise in Bedrohungssituationen gezielt Personen um Hilfe anzusprechen, eine Menschengruppe zu bilden, um Protest und Stärke zu zeigen, oder zumindest die Polizei zu alarmieren.

Mit der Rede »Ich habe einen Traum« vom Bürgerrechtler Martin Luther King befasste sich eine weitere Kleingruppe und formulierte daran anknüpfend persönliche Wünsche für ein besseres Zusammenleben. Außerdem wurde der Opfer von Gewalttaten, aber auch der mutigen Helfer durch das Anzünden von Kerzen gedacht.
Die Andacht endete mit einem Friedensgebet und Segenswünschen. Zwei Schülerinnen aus dem Beruflichen Gymnasium übernahmen die musikalische Gestaltung.

Franziska Well und Melanie Ellhoff,
Berufsbildende Schule Peine

Andere Formen. Schaut euch die Berichte von dem »YouGo« aus der Mannheimer Jugendkirche Samuel und dem Schulgottesdienst der Berufsbildenden Schule Peine genau an.

- Beschreibe anhand der Berichte und der Bilder die jeweiligen Abläufe der Gottesdienste.
- Vergleicht in der Lerngruppe diese Abläufe mit der sonntäglichen > Eucharistiefeier, wie sie auf S. 124 und 125 beschrieben wird. Wo seht ihr Unterschiede, wo Gemeinsamkeiten?
- Erklärt einander, was euch an den Gottesdiensten auf dieser Seite besonders gut gefällt.

Ein eigener Gottesdienst. Stellt euch vor, ihr wollt einen eigenen Klassengottestdienst gestalten. Überlegt, welches Thema, welches Anliegen ihr gerne vor Gott tragen wollt. Überprüft, welche der Elemente, die ihr auf dieser Seite kennengelernt habt, euch passend erscheinen.

Sieger Köder, o. J.

Vom Ambo aus. Vom > Ambo aus wird in der Kirche das Wort Gottes verkündet. Zur Verkündigung gehört auch der Auftrag, die frohe Botschaft zu bezeugen: durch die Art, wie wir als Christen leben, sprechen und für die Welt Verantwortung übernehmen. Sammelt gemeinsam Beispiele dafür.

Wir können unmöglich
schweigen über das,
was wir gesehen
und gehört haben.

Apg 4,20

Denn wovon das Herz
voll ist, davon spricht
der Mund.

Mt 12,34b

Darum geht zu allen
Völkern und macht
alle Menschen
zu meinen Jüngern.

Mt 28,19a

Ein Bild voller Symbole. Die Zeichnung von Sieger Köder entwickelt sich in vier Teilen von oben nach unten. Verschiedene Gegenstände spielen dabei eine große Rolle. Benenne die Gegenstände, die du entdeckst, und erkläre, was sie bedeuten.

Schlusssätze. Wähle einen der drei Sätze aus und schreibe eine Geschichte dazu. Lass deine Geschichte mit diesem Satz enden.

Was tun?

Die Vorsitzende des Arbeitskreises »Netzwerk Asyl« hat am Ende des Gottesdienstes vom Ambo aus von der Situation der Flüchtlinge im Übergangsheim berichtet und erzählt, dass dort auch die Kinder sehr leiden würden. Sie hätten große Probleme mit der Sprache, würden sich langweilen und hätten überdies wenige Möglichkeiten zum Spielen. Die Ministrantengruppe steht nach dem Gottesdienst noch vor der Kirche und ist betroffen. »Reden allein hilft einfach nicht«, sagt Lena. »Wir müssen auch was tun.«

● **Ideenbörse.** Was könnte die Ministrantengruppe tun? Sammle verschiedene Möglichkeiten, wie man den Flüchtlingen helfen könnte.

● **Opferstock.** Im Opferstock sammelt die > Pfarrgemeinde Woche für Woche Geld für Bedürftige. Untersuche, wofür in letzter Zeit in deiner Gemeinde gesammelt wurde.

Wenn das Brot, das wir teilen

T: Claus-Peter März / M: Kurt Grahl, © 1981 bei den Urhebern

● **Ein Vergleich.** Lies den Text des Liedes genau durch und betrachte das Bild. Du wirst vieles entdecken, das im Lied und dem Bild ähnlich oder sogar gleich ist.

- Tausche deine Beobachtungen mit deinen Mitschülerinnen und Mitschülern aus.
- Zeige auf, wie das Bild und das Lied die Aufgaben der Kirche zum Ausdruck bringen.

● **Grundaufgaben.** Beschreibe in deinem Lerntagebuch die vier Grundaufgaben der Kirche. Erkläre ihre Bedeutung. Führe jeweils ein Beispiel an und erläutere es.

Die Kirche in Deutschland ist gespalten

Als sich > Martin Luther 1517 gegen den damaligen Ablasshandel und das Papsttum gewehrt hat, spaltete sich die Kirche in Deutschland in zwei verschiedene Bekenntnisse (lat. *confessiones*). Die einen bekannten sich zum Papst und zu seiner Autorität in Glaubensfragen. Sie meinten, sie seien nach wie vor die allumfassende Kirche (griech. *katholos*). Daher nennt man sie Katholiken. Die Anhänger Martin Luthers forderten dagegen, dass die > Bibel und das > Evangelium alleinige Richtschnur des Glaubens sein sollten. Man nennt sie daher »Evangelische«. Weil sie gegen ihre Unterdrückung und Verfolgung protestierten, nennt man sie bis heute auch »Protestanten«. War in den letzten Jahrhunderten das Verhältnis der beiden großen christlichen > Konfessionen von Gegnerschaft und zum Teil sogar Feindschaft geprägt, so ist es heute partnerschaftlich und oft sogar sehr herzlich.

● **Typisch evangelisch – typisch katholisch.** Betrachte beide Bilder.

- Erstelle eine Tabelle, in der du unter den Überschriften »evangelisch« bzw. »katholisch« einträgst, was für den jeweiligen Kirchenraum wichtig ist.
- Kennzeichne in der Tabelle mit unterschiedlichen Farben, was typisch > evangelisch bzw. typisch > katholisch ist und welche Elemente für beide Konfessionen gelten.

Kirchliche Einrichtungen vor Ort. Sowohl die katholische als auch die evangelische Kirche unterhält auch in deiner Stadt oder deinem Ort (Kreis) viele Einrichtungen.

- Recherchiere, welche Einrichtungen es gibt.
- Kennzeichne die Einrichtungen auf einem Stadtplan oder einer Landkarte deines Heimatkreises mit verschiedenfarbigen Stecknadeln, z. B. gelb für katholisch und lila für evangelisch. Gibt es auch gemeinsame Einrichtungen?
- Betrachte einmal die Verteilung der Stecknadeln. Was fällt dir auf?

Ein Besuch bei den Evangelischen. Überlegt euch in Kleingruppen, was ihr immer schon über die evangelische Kirche wissen wolltet, und erstellt eine Liste. Vereinbart mit den evangelischen Mitschülerinnen und Mitschülern einen Besuch, bei dem ihr eure Fragen stellt, und ladet sie zu einem Gegenbesuch ein.

Gemeinsam geht vieles besser

Jeder von uns ist durch seine >Konfession, d.h. durch seine Zugehörigkeit zu einer bestimmten Kirche, von Kindesbeinen an geprägt: Unterschiedliche Feste und Bräuche im >Jahreskreis, aber auch die unterschiedliche Feier der >Sakramente beeinflussen unsere Wahrnehmung und führen dazu, dass wir uns in unserer eigenen Konfession beheimatet fühlen. Manchmal trennen uns diese Erfahrungen aber von den Christen anderer Konfessionen.

Jesus lehrte seine Jünger: »Alle sollen eins sein: Wie du, Vater, in mir bist und ich in dir bin, sollen auch sie in uns sein« (Joh 17,21).Was würde Jesus wohl dazu sagen, wenn er sieht, dass sich die christlichen Kirchen getrennt haben? Auch Nichtchristen schauen verwundert auf das getrennte Christentum. Wie kann das Christentum glaubwürdig für alle Menschen sein, wenn sich die Christen gegenseitig nicht vertrauen? Solche und viele andere Fragen stellen sich die Menschen in der >evangelischen und der >katholischen Kirche.

Doch die Kirchen sind auf einem guten Weg der Verständigung. Wenn die verschiedenen Konfessionen gemeinsame Aktionen unternehmen, bezeichnet man diese als »ökumenisch«. Das Wort >Ökumene kommt aus dem >Griechischen und ist ein sehr alter Begriff. Ursprünglich meinte man damit den ganzen bewohnten Erdkreis. Heute bezeichnet »Ökumene« das Streben der verschiedenen christlichen Kirchen nach Einheit in der Verkündigung des >Evangeliums und im Dienst am Menschen.

Ein beliebtes >Symbol für die Ökumene ist das Logo des in Genf tagenden »Ökumenischen Rates der Kirchen«.

oikoumene

Der Kreis ist ein Symbol für die Erde.

Der Mast sieht aus wie ein Kreuz und erinnert an den Grund des Glaubens: Jesus Christus.

Die Wellen sind ein Symbol für das bewegte, unruhige Leben.
Das Schiff ist ein Symbol für die Gemeinde.

Symbole der Einheit. Der Ökumenische Rat der Kirchen hat versucht, den Gedanken der Einheit aller Christen in ein Zeichen zu fassen. Sicher fallen euch noch andere Möglichkeiten ein.

- Gestaltet zu zweit oder in Kleingruppen euer eigenes »Ökumene-Symbol« und stellt es den anderen vor.
- Ihr könnt auch ein Plakat für den nächsten ökumenischen Schulgottesdienst gestalten.

Andere Konfessionen. Neben Katholiken und Protestanten gibt es viele Christen, die einer anderen Konfession angehören.

- Tragt in eurer Religionsgruppe zusammen, welche Konfessionen ihr kennt, und berichtet, was ihr über diese wisst.
- Im »Ökumenischen Rat der Kirchen« sind 340 Kirchen, Denominationen und kirchliche Gemeinschaften aus über 100 Ländern organisiert. Auf der Webseite *www.oikoumene.org/de* findet ihr viele Informationen zu den Konfessionen und zum Thema Ökumene. Überlegt euch gemeinsam Themen, zu denen ihr Informationen recherchieren wollt.

● **Aktionen der Einheit.** Auf dieser Seite findest du eine ganze Reihe von Beispielen gemeinsamer Aktionen und Erklärungen der beiden Konfessionen in Deutschland.

- Manche von euch haben in der Grundschule schon Erfahrungen mit dem konfessionell-kooperativen Religionsunterricht gemacht, vielleicht habt ihr selbst jetzt Religionsunterricht in einer konfessionell gemischten Gruppe. Tauscht euch über diese Erfahrungen aus.
- Stelle zusammen, in welchen Bereichen Christinnen und Christen bereits zusammenarbeiten.
- Zu welchen Themen könntet ihr mit euren evangelischen Mitschülerinnen und Mitschülern gemeinsame Religionsstunden vorbereiten?

● **Ökumene-Projekte.** Erkundige dich an deinem Wohnort über Ökumene-Projekte. Stelle in deinem Lerntagebuch drei Beispiele vor, indem du sie genau beschreibst.

Der BDKJ in der Diözese Rottenburg-Stuttgart

Der Bund der Deutschen Katholischen Jugend (BDKJ) in der Diözese Rottenburg-Stuttgart ist der Zusammenschluss von sieben Mitgliedsverbänden und mehreren regionalen Gruppierungen. In ihnen organisieren sich rund 25 000 Kinder, Jugendliche und junge Erwachsene, weitere 15 000 nehmen jährlich an Veranstaltungen teil.
Die Aufgaben des BDKJ:

- Jugendpolitik
- Kirchenpolitik
- Öffentlichkeitsarbeit
- ideelle und finanzielle Absicherung
- Weiterentwicklung der theoretischen Grundlagen der katholischen Jugendverbandsarbeit
- Auseinandersetzung mit Fragen, die sich aus der Praxis der Jugendverbände ergeben

www.bdkj.info, www.72stunden.de

Die Sternsinger stellen sich vor

Wer wir sind ...
Seit 56 Jahren ist das Kindermissionswerk das Hilfswerk der Sternsinger, seit 1998 trägt es »Die Sternsinger« im Namen.
Die Sternsinger – das sind über 300 000 Mädchen und Jungen, die sich rund um den Dreikönigstag bei Schnee und Kälte in königlichen Gewändern auf den Weg machen, Gottes Segen zu den Menschen zu bringen und Geld für Kinder in Not zu sammeln.
Die Sternsinger – das ist auch das Hilfswerk hinter der Aktion, das dafür Sorge trägt, dass die den Sternsingern anvertrauten Spenden über fachkundig begleitete Hilfsprojekte bedürftigen Kindern in der Welt zugutekommen. Durch die Vermittlung von Projektpartnerschaften und die Unterstützung von Sponsoren und Spendern stellt es darüber hinaus eine nachhaltige Förderung dieser Projekte sicher.
Die Sternsinger – das sind viele Tausend Kinder und Erwachsene, die das ganze Jahr über mit ihrem Einsatz in die weltkirchliche Arbeit in Deutschland hineinwirken und sich für Frieden und Gerechtigkeit für Kinder in der Welt einsetzen.

www.sternsinger.de

Was machen Ministranten?

Treffen mit anderen Minis

Dienen

Ministrantenwallfahrt

Spielenachmittage

www.mehr-als-messdiener.de

Die Deutsche Pfadfinderschaft Sankt Georg (DPSG)

Als katholischer Verband leiten wir unsere Grundsätze auch aus der Botschaft Jesu Christi ab. In Kirche bringen wir uns aktiv ein und leben unseren Glauben im Pfadfinden. Mitglied in der DPSG kann jede und jeder unabhängig von der Konfession werden.
Die Kirche, die wir als Pfadfinderinnen und Pfadfinder in der DPSG sein wollen, gleicht einer Gemeinschaft am Lagerfeuer. Wie Feuer Wärme und Licht spendet, so erfahren wir das Feuer Gottes immer wieder als eine Kraftquelle für unser Leben und unseren Glauben. Unser Kirchenbild gleicht aber auch einer Gruppe auf dem Hike. Wir sind gemeinsam auf dem Weg und helfen und unterstützen uns auch auf schwierigen Abschnitten gegenseitig. Jede und jeder bringt sich mit ihren oder seinen Fähigkeiten ein. Wie die Kompassnadel zuverlässig nach Norden zeigt, so gibt Jesus Christus sein Leben und seine frohe Botschaft unserer Gemeinschaft als Kirche Orientierung auf ihrem Weg.
Und schließlich zeigt sich unser Glaube in der Tat. Wir wollen Bauleute sein, die eine lebenswerte Stadt gestalten und entwickeln. Wir als DPSG wollen die Welt im Sinne Jesu Christi gestalten und sie ein wenig besser zurücklassen, als wir sie vorgefunden haben. Als Mitglieder der DPSG halten wir fest an den Grundsätzen des christlichen Glaubens. Das Wirken Jesu Christi ist Vorbild für unser Leben. Wir handeln aus der Verantwortung, die sich aus der Zugehörigkeit des Verbandes zur katholischen Kirche und unserem Glauben an Gott ergibt.

www.dpsg.de

Vernetzt. In den > Pfarrgemeinden und auch über sie hinaus gibt es viele Gruppen, die Kinder und Jugendliche zum Mitmachen einladen. Die meisten stellen sich und ihre Angebote im Internet vor.

- Untersucht in Kleingruppen arbeitsteilig die auf dieser Seite angegebenen Internetauftritte.
- Arbeitet heraus, worin das Besondere der jeweiligen Gruppierung besteht.
- Überprüft, welche der vier Grundaufgaben der Kirche in der jeweiligen Gruppe besonders berücksichtigt sind.
- Diskutiert, welche dieser Gruppen für euch am interessantesten erscheint. Wo würdet ihr selbst gerne mitmachen?
- Begründet eure Wahl und findet mehr über diese Gruppe(n) heraus.

Die eigene Gemeinde im Netz. Schau nach, ob deine Pfarrgemeinde auch eine Homepage hat. Untersuche, welche Angebote es in deiner Gemeinde für Kinder und Jugendliche gibt. Du kannst auch Pfarrblätter oder die Hinweise in der Tageszeitung hinzuziehen.

Erfahrungen mit Gott – die Bibel

Auf dieser Seite seht ihr zwei Bücher, die ihr sicher bereits kennt: einen Jugendroman und eine Bibel.
Jedes Buch hat seine eigene Geschichte. Kein Buch wurde ohne einen bestimmten Anlass geschrieben. Meist haben die Autoren und Autorinnen von Büchern ihre Gründe, warum sie ein Buch geschrieben haben.
Kann man ein Buch erst einmal in der Buchhandlung kaufen oder in der Bibliothek leihen, so beginnt eine neue Geschichte, nämlich die des Buches selbst. Oft ist die Geschichte der Autoren und Autorinnen ebenso spannend wie die Geschichte, die das Buch erzählt.

»Mr. und Mrs. Dursley im Ligusterweg Nummer 4 waren stolz darauf, ganz und gar normal zu sein, sehr stolz sogar. Niemand wäre auf die Idee gekommen, sie könnten sich in eine merkwürdige und geheimnisvolle Geschichte verstricken, denn mit solchem Unsinn wollten sie nichts zu tun haben.«

● **Harry Potter.** Das linke Plakat zeigt dir ein Buch, das du vielleicht schon gelesen hast. Kannst du etwas über das Buch erzählen?

- Schreibe auf, was dir zu den Stichwörtern des Plakates einfällt.
- Kennst du auch merkwürdige und geheimnisvolle Erzählungen aus der Bibel? Vergleiche die Erzählungen aus der Bibel mit »Harry Potter«.
- Was ist spannend an solchen Geschichten? Warum erzählen sich Menschen überhaupt Geschichten? Besprich dich mit deinem Nachbarn oder deiner Nachbarin und schreibe eure Antworten in dein Heft.

»Im Anfang erschuf Gott Himmel und Erde. Die Erde war wüst und wirr und Finsternis lag über der Urflut und Gottes Geist schwebte über dem Wasser.«

● **Buchausstellung.** Bring dein Lieblingsbuch mit in den Unterricht.

- Fertige mithilfe von Textkarten ein Plakat zu deinem Buch an.
- Finde heraus, wer das Buch geschrieben hat, wann und wo – in welchem Verlag, in welcher Stadt – es erschienen ist.
- Bildet Gruppen und unterscheidet Sachbücher von Erzählungen.
  Ergänze anschließend in deinem Heft diese Sätze: Ein Sachbuch lese ich, wenn ... Wenn ich eine Erzählung lese, dann ...

● **Bibelplakat.**

- Was könntest du auf einem Plakat über die Bibel schreiben? Findest du auf alle Fragen eine Antwort? Bleiben noch Fragen offen? Überlege, zu welcher Art von Büchern die Bibel gehört.
- Legt gemeinsam ein großes Plakat für die Bibel an, das euch in den nächsten Stunden begleiten wird. Immer wenn ihr Neues über die Bibel erfahren habt, könnt ihr eure Entdeckungen auf diesem Plakat eintragen.

Die Geschichte einer jungen Inderin

Eine deutsche Lehrerin berichtet von einer ihrer Reisen in fremde Länder:

Als ich vor vielen Jahren eine Reise nach Indien unternommen habe, traf ich in einem Missionszentrum auf eine junge Frau, die mich auf Anhieb sehr beeindruckte. Sie wirkte sehr selbstbewusst und sehr offen, sodass ich mit ihr ins Gespräch kam. Sie erzählte mir von ihrem Leben und wie sie zu den Ordensschwestern auf die Missionsstation gekommen war. In Indien ist es sehr ungewöhnlich, dass junge Frauen einen eigenen Weg gehen. Sie werden normalerweise früh mit einem Mann verheiratet, den ihre Familie für sie aussucht. Die junge Frau erzählte mir mit großer Ruhe, wie sie es geschafft hatte, sich gegen den in ihrem Dorf üblichen Weg zu wehren, wie sie lernen wollte, es schließlich geschafft hat, eine Schule zu besuchen, und am Ende ihrer Ausbildung sogar Lehrerin geworden ist. Sie erzählte all das mit so großer Gelassenheit, dass ich mein Erstaunen über so viel Klarheit nicht verbergen konnte. Ich wusste sehr wohl, wie ungewöhnlich so ein Weg für indische Mädchen eigentlich ist. Die wenigsten kommen überhaupt auf die Idee, sich den vorgegebenen Regeln zu widersetzen. Manche, denen es schwerfällt, den für sie ausgesuchten Bräutigam zu akzeptieren, fügen sich nach Wochen voller Tränen in ihr unabänderliches Schicksal.

Schließlich wollte ich wissen, woher meine Gesprächspartnerin die Kraft genommen und wie sie es geschafft hat, sich dem für sie vorgezeichneten Weg zu entziehen. Sie erhob sich lächelnd, ging in ihr kleines Zimmer in einem Anbau neben der Schule und kehrte mit einem in feines Tuch eingebundenen Buch zurück. Sie öffnete das Tuch und zeigte mir ihre Bibel. Ihre Augen leuchteten und es waren keine Worte mehr nötig, um mir zu sagen, was sie meinte.

● **Wertvolle Bibel.** Folge dem Beispiel der jungen Inderin: Bastle für deine Bibel einen eigenen Schutzumschlag, den du so gestaltest, wie du möchtest. ···●

● **Deine Meinung.** Misch dich in das Gespräch der beiden Jugendlichen ein. Was würdest du ihnen antworten? Wie geht es dir mit der Bibel?

- Formuliere deine eigene Antwort.
- Trage deine Antwort als Sprechblase in dein Heft ein.
- Begründe deinen Standpunkt vor der Klasse. ···●

Gottes Wort begleitet Juden und Christen

Seit ungefähr dreitausend Jahren schreiben Menschen ihre Erfahrungen auf, die sie mit Gott in ihrem Leben machen. So wie die junge Inderin kommen sie dabei immer wieder auf eine erstaunliche Erkenntnis: Wir Menschen sind im Leben von einer großen und unsichtbaren Macht begleitet. Gott will bei den Menschen sein und wird so zu einem Teil ihrer Geschichte. Diese Geschichte Gottes mit den Menschen hat ihre Höhen und Tiefen. Manchmal spürt man die Nähe Gottes mehr, manchmal weniger oder gar nicht. Die Bibel erzählt von diesen Erfahrungen zu ganz unterschiedlichen Zeiten und auf ganz unterschiedliche Weisen. Immer geht es aber um das Ringen Gottes um die Menschen, die er bedingungslos liebt, die seine Liebe jedoch oft zurückweisen.

● **Stationen.** Auf den folgenden Doppelseiten findest du Stationen auf dem Weg Gottes mit den Menschen, je eine Station pro Doppelseite. Du kannst entweder dem Weg einfach folgen und ihn Station für Station kennenlernen. Gemeinsam könnt ihr aber auch die einzelnen Stationen an Gruppen verteilen.

- Auf dieser Seite findet ihr sechs Bilder. Jede Gruppe sucht sich eines davon aus und bearbeitet die Doppelseite mit diesem Bild.
- Sucht für jede Station Antworten auf folgende Fragen: In welcher Zeit spielen die Geschichten? Welche Personen kommen vor? Welche Erfahrungen mit Gott haben sie gemacht? Was ist euch sonst noch aufgefallen?
- Stellt anschließend eure Ergebnisse auf einem Lernplakat dar und verziert es mit dem jeweiligen Symbol.
- Wenn ihr die Bilder in der richtigen Reihenfolge aufhängt, erhaltet ihr einen Fries zur Geschichte der Menschen mit Gott. ··· ●

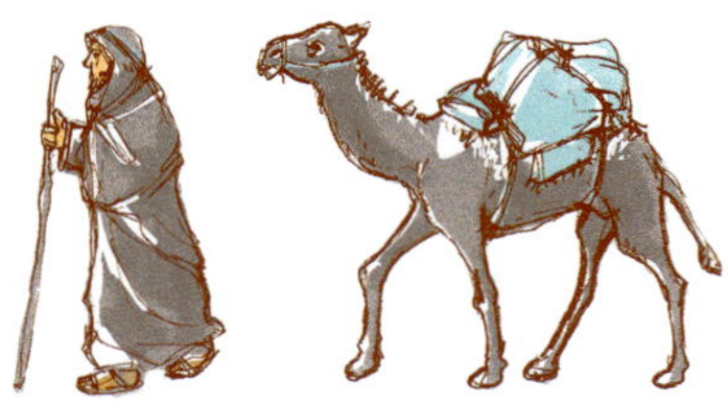

● **Den Umgang mit der Bibel üben.** Bestimmt hast du schon festgestellt, dass es eine große Anzahl verschiedener Bibelausgaben mit unterschiedlichen Seitenzahlen gibt. Deshalb werden biblische Texte immer mit der Abkürzung für das entsprechende Buch, der Kapitelzahl und der Verszahl angegeben. Die Abkürzungen für die biblischen Bücher findest du im Abkürzungsverzeichnis in deiner Bibel (meist am Anfang des »Anhangs« einer Bibel). Ein Beispiel dafür findest du im Lexikon am Ende des Buches unter dem Stichwort »Bibel«.
Folgende Bibelstellen passen zu den jeweiligen Doppelseiten. Schlage die Stellen nach und ordne sie je einer Doppelseite zu: Gen 12,8; Ex 14,16; 2 Sam 5,4; Ps 137,1; Lk 23,33; Apg 21,2. ··· ●

Gott begleitet Abraham

Die Geschichte des Volkes > Israel mit seinem Gott beginnt mit Abraham. Abraham war ein Nomade aus Ur, der sich in Haran niedergelassen hatte. Auf der Suche nach Wasser und Weideplätzen zog er mit seiner Familie und seiner Herde am Rande der Steppe im fruchtbaren Gebiet umher und lebte in Zelten.

Eines Tages, so berichtet die Bibel, erging das Wort Gottes an Abraham: »Zieh weg aus deinem Land, von deiner Verwandtschaft und aus deinem Vaterhaus in das Land, das ich dir zeigen werde. Ich werde dich zu einem großen Volk machen, dich segnen und deinen Namen groß machen. Ein Segen sollst du sein (…) Durch dich sollen alle Geschlechter der Erde Segen erlangen« (Gen 12,1–3).

Und Abraham zog fort, so, wie es ihm Gott gesagt hatte. Mit ihm gingen seine Frau Sarai, sein Neffe Lot und alle Mägde und Knechte. Sie nahmen ihr ganzes Hab und Gut mit. Die Wanderung führte Abraham und alle, die mit ihm ihre Heimat verließen, nach > Kanaan.

● **Bleiben oder gehen.** Für einen > Nomaden ist es nicht ungefährlich, seine bekannten Gefilde zu verlassen. Entwerft in Partnerarbeit ein Streitgespräch zwischen einem Hirten Abrahams, der lieber bleiben will, und Abraham, der dem Wort Gottes folgen möchte.

● **Geschichten um Abraham.** Vielleicht kennst du noch andere Geschichten von Abraham, z. B. von seiner Gastfreundschaft, seinem > Bund mit Gott oder von seinem Sohn.

- Schlage in der Bibel bei Gen 15, Gen 18, Gen 22 nach. Erzähle deinen Mitschülerinnen und Mitschülern die Geschichten in eigenen Worten.
- Überlege, inwiefern sich in den Geschichten zeigt, dass Abraham von Gott begleitet wird.

Thomas

Thomas hatte vor einiger Zeit im Religionsunterricht eine lange Debatte mit seiner Lehrerin, als die Abraham-Geschichte besprochen wurde. »Gott kann man nicht hören«, hatte er behauptet. Er kenne keinen, der je Gott gehört hat. Zu Gott sprechen, beten, das ginge ja noch. Aber dass Gott zu einem spreche – unmöglich!

Thomas hat immer viel zu tun: Nachmittagsunterricht, Sportverein, Pfadfinder und Posaune üben, da ist die Woche schnell verplant. Neulich sprach ihn Nadine aus der SMV an und fragte, ob er nicht mit seiner Posaune bei der Charity-Group mitspielen könnte. Sie bräuchten dringend Verstärkung. Und es wäre ja nur einmal im Monat am Freitagnachmittag im Altenheim zu spielen. Nein, hat Thomas gesagt, dafür habe er keine Zeit.

In der letzten Reli-Stunde diskutierte die Klasse wieder darüber, ob man Gott hören könne. Thomas war ganz still und sah sehr nachdenklich aus.

● **Zeichen des Bundes.** Für den Bund, den Gott mit Abraham geschlossen hat, gibt es im Judentum ein besonderes Zeichen. Mehr darüber erfährst du auf S. 162 in dem Text »Aufgenommen in den Bund mit Gott«. Lies die dort genannte Bibelstelle und erzähle ihren Inhalt deinem Nachbarn/deiner Nachbarin (oder lass sie dir erzählen).

● **Gottes Wort wird nicht gehört.** Schreibe einen inneren Monolog in dein Lerntagebuch: Worüber hat Thomas nachgedacht, als er so still wurde?
Siehst du Verbindungen zwischen Thomas und Abraham? Diskutiert auch ihr in eurer Religionsgruppe, ob und wie man Gott hören kann.

Abrahams Glaube

Die Geschichte der Begegnung Gottes mit Abraham erzählt mit wenigen Worten viel über das Verhältnis zwischen Gott und den Menschen. Dabei ist das Vertrauen Abrahams auf Gott ganz entscheidend. Solches Vertrauen nennt die Bibel »Glauben«. Wer glaubt, verlässt sich auf das, was er hört, auf das Wort eines anderen. Das fällt oft nicht leicht.

● **»Ganz Ohr« sein.** »Ganz Ohr« werden kann man üben. Zum Beispiel:

- Schließe die Augen. Lausche wie die Jugendliche auf dem Bild ganz aufmerksam auf die Geräusche, die dich umgeben, die Schritte am Boden, die Geräusche aus der Nachbarklasse, das Vogelgezwitscher, das Gluckern der Heizung usw.
- Erzähle deinem Nachbarn oder deiner Nachbarin, was du gehört hast.
- Sicherlich fallen dir noch andere »Ganz-Ohr«-Übungen ein. Probiert sie gemeinsam aus.

● **Die Hörende.** Betrachte das Bild genau.

- Beschreibe Gesichtsausdruck und Haltung der Person.
- Überlege dir Situationen, in denen Menschen eine solche Haltung einnehmen. Hast du schon einmal selbst eine solche Haltung eingenommen?
- Nimm dir zwei Minuten Zeit und probiere diese Haltung aus. Wie fühlst du dich dabei?
- Tauscht euch untereinander darüber aus.

LERNGANG Hören: Ruhe und Stille

Abraham war »ganz Ohr«, und nur so konnte er Gottes Wort hören. Auch ihr könnt »ganz Ohr« werden. Dazu müsst ihr euch »innerlich sammeln«. Wie das geht? Zunächst ist Stille wichtig. Stille heißt mehr, als nur den Mund zu halten. Stille entsteht immer dann, wenn jeder für sich selbst und alle zusammen eine innere Haltung eingenommen haben: Alles Störende wird beiseitegeschoben, Aufmerksamkeit hält Einzug, Gelassenheit kommt auf.
Stille ist das Gegenteil von Eindrücken und Reizen, die uns oft überfluten. Stille ist Sammlung nach innen, ein Atemholen der Seele. Und in dieser Stille werde ich »ganz Ohr«, d. h. ich nehme das, was zu mir gesprochen wird, mit all meinen Kräften ganz ernst – so wie Abraham.

Exodus – der Auszug aus Ägypten

Die Bibel erzählt davon, dass die Vorfahren der > Israeliten nach > Ägypten einwanderten, weil in > Kanaan eine Hungersnot ausgebrochen war. Zunächst wurden sie in Ägypten freundlich aufgenommen. Doch einige Generationen später, als die Nachkommen der Einwanderer zu einem stattlichen Volk herangewachsen waren, begann der > Pharao damit, sie mehr und mehr auszubeuten. Sie wurden wie Sklaven behandelt. Unter der Führung des > Mose gelang es den Israeliten schließlich, aus Ägypten zu fliehen, obwohl sie von der ägyptischen Streitmacht verfolgt wurden.

Diese Geschichte haben die Israeliten von Generation zu Generation weitererzählt und schließlich im Buch Exodus aufgeschrieben. Sie waren davon überzeugt, dass sich Gott für sie eingesetzt hatte. Gott hatte sich in die Geschichte eingemischt und Israel zur Flucht in die Freiheit verholfen.

Die Erfahrung, dass Gott Freiheit schenkt, wurde sehr wichtig für den Glauben der Israeliten. Bis heute machen Juden und Christen diese Erfahrung.

Go down Moses

T/M: traditionell

2. Thus spoke the Lord, bold Moses said, let my people go,
if not, I'll smite your first born dead, let my people go.
Go down Moses ...

3. No more shall they in bondage toil, let my people go,
let them come out with Egypt's spoil, let my people go.
Go down, Moses ...

4. The Lord told Moses what to do, let my people go,
to lead the children of Israel through, let my people go.
Go down, Moses ...

● Das wichtigste Fest der Juden.
Die Feier des Auszugs aus Ägypten ist für die Israeliten heute immer noch eines der wichtigsten Feste.

- Schlage in der Lernlandschaft »Religionen begegnen« (S. 163) nach und finde heraus, um welches Fest es sich handelt.
- Beschreibe, wie es gefeiert wird. ···

● Das Buch Exodus. Übersetze mit Hilfe eines Wörterbuches die Strophen des > Liedes.
Vergleiche die Strophen des Liedes mit folgenden Bibelstellen: Ex 3,1–17; Ex 5,1–19; Ex 7,1–11,10; Ex 13,17–22. Erstelle eine Tabelle mit zwei Spalten. Beschreibe in der ersten Spalte, wovon die einzelnen Strophen handeln. Ordne dann jeder Strophe die passende Bibelstelle zu und schreibe sie in die zweite Spalte. ···

Gott befreit – das erfahren Sklaven in Amerika

Vor ungefähr 200 Jahren gab es in den Vereinigten Staaten von Amerika noch Sklaven. In den Südstaaten wurden auf riesigen Plantagen Baumwolle und Zuckerrohr angebaut. Die Plantagenbesitzer kauften Arbeitskräfte von Sklavenhändlern: Menschen aus Afrika, Männer und Frauen, Kinder und Jugendliche. Familien wurden auseinandergerissen, Mütter von ihren Kindern getrennt. Zusammengezwungen aus vielen Kulturen Afrikas, fanden sie sich in Amerika wieder, auf den Baumwollfeldern wie Arbeitstiere behandelt und mit Peitschenhieben misshandelt.

Irgendwann kamen sie mit der Bibel in Kontakt. Sie hörten Geschichten von anderen Sklaven und von Gott, der zu diesen Sklaven sprach: »Ich habe das Elend meines Volkes in Ägypten gesehen und ihre laute Klage über ihre Antreiber habe ich gehört. Ich kenne ihr Leid.« Und weiter: »Ich bin herabgestiegen, um sie der Hand der Ägypter zu entreißen und aus jenem Land hinaufzuführen in ein schönes, weites Land, in ein Land, in dem Milch und Honig fließen.«

Sie fragten sich: »Könnte es sein, dass *wir* damit gemeint sind?« Die Exodus-Geschichte erinnerte sie an die Freiheit und daran, dass sie Menschen waren. Die Geschichte von Gott half den Sklaven, sich zu finden. Sie waren nicht mehr nur Verschleppte einzelner afrikanischer Völker, sie waren alle gemeinsam Schwarze, in derselben Situation. Das hat sie zu etwas Neuem gemacht, zu einem neuen Volk. So entstand das Lied »Go down, Moses«.

● Unterdrückung heute
Sucht in Zeitschriften nach Bildern von heute unterdrückten Menschen. Gestaltet eine Collage zum Thema »Unterdrückung heute« und präsentiert sie der Gruppe.

Annegert Fuchshuber, 1992

● Unterdrückung und Befreiung. Das Lied und die Geschichte von der Befreiung verbreiteten sich schnell unter den Sklaven der Plantagen in Nordamerika.
- Arbeite aus dem Text die Gründe dafür heraus und schreibe dazu Stichwörter in dein Heft. Formuliere eine passende Überschrift.
- Das Lied ist auch für die Nachkommen der afrikanischen Sklaven heute noch sehr wichtig. Stell dir vor, du triffst einen jungen US-Amerikaner afrikanischer Herkunft. Welches Gespräch entwickelt sich? Formuliere einen Dialog.

◎ Ein Weg, den keiner für möglich hielt. Die Künstlerin Annegert Fuchshuber hat die Geschichte des Durchzugs durch das Schilfmeer nach Ex 13,17–14,31 gemalt.
- Überlege, was sie mit den Farben (vgl. S. 111), den Figuren, der ganzen Anordnung ausdrücken möchte. Wie wäre es für dich, hier mittendurch zu gehen?
- Suche für die verschiedenen Tiere »Namen«, die deutlich machen, welche Stimmung und welche Gefühle sie bei dir hervorrufen.
- Zeichne ein entsprechendes Bild als beschriftete Strichzeichnung in dein Heft. Setze eine heutige Gruppe von Menschen in die Mitte.

Könige in Israel

Im 12. Jahrhundert v. Chr. besiedeln die > Israeliten das Land > Kanaan. Dort gibt es mächtige Stadtstaaten, die ihnen den Zutritt verwehren wollen. Dass den Israeliten die Eroberung gelingt, ist ihrer Meinung nach allein > Jahwe, ihrem Gott, dem einzigen wirklich existierenden Gott, zuzuschreiben. Er hat den Israeliten bei der Eroberung geholfen. Er allein ist ihr König und Herrscher. Von Menschen wollen sie sich nicht beherrschen lassen, weshalb sie selbst keinen König haben.

Ungefähr 100 Jahre später kommen die israelitischen Stämme in eine gefährliche Situation: Die Philister, ein kriegerisches Volk von der Küste, wollen Israel vernichten. In dieser Gefahr wählen die Stämme nun doch einen König – obwohl viele Menschen das Volk davor warnen, einen anderen als Jahwe allein zum König zu machen.

Nach einer schlimmen Niederlage ihres ersten Königs Saul wählen die Israeliten > David zum König. Tatsächlich schafft er es, die Philister zu besiegen. (Du kennst sicherlich die Geschichte von David, wie er den Philister Goliat besiegt hat.) Er erobert sich aber auch eine Hauptstadt, die zugleich die Wohnung Gottes unter den Israeliten sein soll: > Jerusalem. Es ist die Zeit der größten Macht des Volkes Israel – gleichzeitig aber auch eine Zeit, in der das Volk immer abhängiger von seinem König wird.

Um die Königsherrschaft zu rechtfertigen, wurden in dieser Zeit Schreiber beauftragt, die bisher nur mündlich überlieferten Geschichten des Volkes Israel zu sammeln und aufzuschreiben. Auch die Geschichte der Könige selbst entstand in dieser Zeit. Die Schreiber zeichneten aber nicht nur das auf, was den Königen gefiel, sondern auch das, was Gott gefiel – selbst wenn sie damit die Mächtigen kritisierten. Eine solche Geschichte erzählt der Text, der links in der Schriftrolle auf dieser Seite steht.

Darum schickte der Herr den Natan zu David; dieser ging zu David und sagte zu ihm: In einer Stadt lebten einst zwei Männer; der eine war reich, der andere arm. Der Reiche besaß sehr viele Schafe und Rinder, der Arme aber besaß nichts außer einem einzigen kleinen Lamm, das er gekauft hatte. Er zog es auf und es wurde bei ihm zusammen mit seinen Kindern groß. Es aß von seinem Stück Brot und es trank aus seinem Becher, in seinem Schoß lag es und war für ihn wie eine Tochter. Da kam ein Besucher zu dem reichen Mann und er brachte es nicht über sich, eines von seinen Schafen oder Rindern zu nehmen, um es für den zuzubereiten, der zu ihm gekommen war. Darum nahm er dem Armen das Lamm weg und bereitete es für den Mann zu, der zu ihm gekommen war.

2 Sam 12,1–4

● **Zu Gericht.** Wie mag David deiner Meinung nach auf die Geschichte reagiert haben?
- Spielt mit verteilten Rollen eine Gerichtsverhandlung nach: David als Richter, der Reiche als Beschuldigter, der arme Mann und andere als Zeugen.
- Schreibe das Urteil Davids mit einer Begründung auf.

● **Ein Gleichnis.** Natan erzählt David keinen echten Streitfall, sondern eine Geschichte, die David zur Einsicht bringen soll. Eine solche Geschichte nennt man > »Gleichnis« (siehe dazu S. 148).
- Wenn du wissen willst, welche Begebenheit dem Gleichnis Natans zugrunde liegt, musst du die Geschichte rechts auf der Schriftrolle lesen. Jetzt wird klar, was Natan mit den Bildern vom reichen und vom armen Mann und dem Schaf meinte.
- Lege eine Tabelle an, in der du jedem der Bilder die Personen aus der Batseba-Geschichte zuordnest.

Eines Tages ging David auf dem flachen Dach seines Palastes spazieren. Da sah er im Hof des Nachbarhauses eine Frau, die gerade badete. Sie gefiel ihm sehr und er erkundigte sich, wer sie war. »Das ist Batseba, die Frau deines Hauptmanns Urija.« David ließ Batseba in den Palast holen und schlief mit ihr. Einige Zeit später ließ Batseba David mitteilen: »Ich bin schwanger.« David befahl daraufhin, Urija für einige Tage nach Hause zu schicken, damit es so aussähe, als sei das Kind von Urija. Dann musste Urija wieder in den Krieg. David aber hatte dem Feldherrn Joab ein Schreiben mitgegeben, in dem er befahl: »Stellt Urija nach vorn, wo der Kampf am heftigsten ist, dann zieht euch von ihm zurück, sodass er getroffen wird und den Tod findet.« So geschah es und Urija fiel im Kampf. Als Batseba von dem Tod erfuhr, beklagte sie ihn. Als aber die Trauerzeit vorüber war, ließ David sie in den Palast holen, wo sie ihm einen Sohn gebar.

Nach 2 Sam 11

Biblisches Schreiben

Schreiber waren früher hoch geschätzte Leute. Die meisten Menschen konnten nicht schreiben. Sie mussten sich an einen Schreiber wenden, wenn sie Briefe, Verträge oder andere Schriftstücke aufsetzen wollten. Das gebräuchlichste Schreibmaterial war > Papyrus.

Seit der Zeit des Königs David (also seit ungefähr 1000 v. Chr.) gab es am Hof der Könige Israels fest angestellte Schreiber, die die wichtigsten Ereignisse in der Geschichte des Landes festhielten. Dabei schrieben sie – wie im ganzen > Orient üblich – von rechts nach links. Sie schrieben im Auftrag des Königs, der sie auch bezahlte. Es ist deshalb sehr verwunderlich, dass David in diesen Schriften auch hart kritisiert wird.

● **Antworten.** Natan sagt zu David: »Der reiche Mann im Gleichnis, das bist du!« Da erkennt David, was er getan hat, und spricht über sich selbst das Urteil: »Ich habe böse gehandelt. Ich bin wirklich schuldig.« Natan kündigt ihm an, dass Unheil über David und sein Haus kommen wird, weil Gott erzürnt über ihn ist.
- Überlege, welche Möglichkeiten David nun bleiben, Gottes Zorn zu besänftigen.
- Schreibe dazu drei Möglichkeiten in dein Heft. ··· ●

Psalm 51. Psalm 51 handelt von der Reue Davids, nachdem Natan ihn zur Rechenschaft gezogen hat. Der > Psalm wird, wie viele Psalmen, David zugeschrieben, doch ist er wahrscheinlich erst später entstanden. Ein Psalm ist eigentlich ein gesungenes > Gebet, dessen Melodie wir aber nicht mehr kennen.
- Teilt euch in Gruppen von ca. vier bis fünf Schülern auf. Lest in der Gruppe den Psalm gemeinsam und überlegt euch, wie ihr ihn passend zum Inhalt vertonen könnt. Welche Melodien und Geräusche sind für den Psalm 51 angemessen? Präsentiert euch eure Ergebnisse gegenseitig.
- Alternativ dazu könnt ihr den Psalm mit Farben darstellen. Dabei könnt ihr gegenständlich malen oder ungegenständlich einfach die Ausdruckskraft der Farben sprechen lassen. ··· ●

Gott lässt sein Volk nicht im Stich

Nach dem Tod König > Davids wurde sein Sohn Salomo Nachfolger auf dem Thron > Israels. Die Bibel erzählt, dass die Herrschaft des Königs Salomo Frieden und Wohlstand brachte. In Jerusalem ließ er den ersten > Tempel für den Gott Israels, für > Jahwe, erbauen. Doch nach seinem Tod kam es zum Streit unter seinen Nachfolgern und Israel zerfiel in zwei Teile: das Nordreich Israel (mit der Hauptstadt Samaria) und das Südreich > Juda (mit der Hauptstadt > Jerusalem).

Wie so oft in Israels Geschichte traten auch jetzt Propheten auf. Das waren Menschen, die das Volk Israel an seinen > Bund mit Gott erinnerten. Sie forderten die Menschen dazu auf, den Glauben an Gott ernst zu nehmen. Die Propheten ahnten, dass auf Israel schwierige Zeiten zukommen. Deswegen ermahnten sie die Menschen, die Gebote Gottes einzuhalten.

Die beiden kleinen Königreiche Israel und Juda hatten auf Dauer keine Chance gegen die Großmächte in der Nachbarschaft – die Assyrer, die Babylonier und die Ägypter. 722 v. Chr. wurde das Nordreich Israel von den Assyrern erobert. 586 v. Chr. eroberte der babylonische König Nebukadnezar das Südreich mit der Hauptstadt Jerusalem. Der Tempel wurde zerstört, und die Anführer des Volkes Israel wurden nach Babylon verschleppt – »ins Exil«. Deswegen wird diese Zeit »Babylonisches Exil« genannt. Viele Israeliten fragten sich, ob Jahwe, ihr Gott, sie verlassen hätte. Manche wandten sich dem Götterglauben der Eroberer zu. Aber die Propheten ermahnten die Menschen und machten ihnen Mut. Sie gaben ihnen die Hoffnung, dass Gott sie nicht im Stich lassen werde. Gott würde alles wieder zum Guten wenden.

● **Gott mehr gehorchen.** In der Bibel finden sich viele Geschichten von Menschen, die den Mut gehabt haben, Gott mehr zu gehorchen als den Menschen (z. B. 1 Kön 21,1–29; Dan 6,2–29; Jona 1,1–2,11; Apg 5,12–6,33). Verteilt die verschiedenen Geschichten untereinander. Verfasse eine Kurzfassung deiner Geschichte und zeichne dazu ein passendes Bild. Hängt eure Geschichten und Bilder im Klassenzimmer auf, sodass sie einen Fries bilden.

Das Wort Gottes macht Mut

Die Bücher der Propheten berichten von Menschen, die in schwierigen Zeiten das Wort Gottes verkündeten. Oft haben sie unbequeme Wahrheiten ausgesprochen und mussten diese auch noch den Mächtigen ins Gesicht sagen. Das brauchte Mut, der von Gott kam.

Auch heute macht die Bibel Menschen Mut, sich gegen Ungerechtigkeit und menschenverachtende Politik zu wehren und etwas zum Guten zu verändern in der Welt. Immer wieder treten Menschen mit der Bibel in der Hand und im Vertrauen auf Gott den Mächtigen gegenüber und verlangen von ihnen Gerechtigkeit für alle Menschen. Manche kostet das ihr Leben. Menschen, die für das Wort Gottes und ihren Glauben ihr Leben gelassen haben, nennt man > »Märtyrer« (deutsch: »Zeugen«).

Die Lebensgeschichten der Propheten und ihre Worte sind in den Prophetenbüchern und in den Geschichtsbüchern aufgeschrieben. Die bekanntesten unter den Propheten sind Elija und Elischa aus der Zeit vor dem Babylonischen Exil sowie Jesaja und Jeremia, die in der Zeit der Bedrohung durch Babylon und während des Babylonischen Exils selbst gewirkt haben.

● **Unbequeme Mahner.** In der Geschichte des Christentums gab es viele Menschen, die wie die Propheten als unbequeme Mahnerinnen und Mahner auftraten. Einer von ihnen war Dietrich Bonhoeffer. Er selbst hat sein Verhalten mit den Worten umschrieben: »dem Rad in die Speichen fallen«. Überlege, was er damit wohl sagen wollte. Erkläre der Religionsgruppe, warum Dietrich Bonhoeffer im Kapitel »Gottes Wort gibt Hoffnung« vorkommt.

Ein Hoffnungslied

Die Wüste und das trockene Land sollen sich freuen,
die Steppe soll jubeln und blühen.
Sie soll prächtig blühen wie eine Lilie,
jubeln soll sie, jubeln und jauchzen.
Sagt den Verzagten: Habt Mut, fürchtet euch nicht!
Seht, hier ist euer Gott!
Die Rache Gottes wird kommen und seine Vergeltung;
er selbst wird kommen und euch erretten.
Dann werden die Augen der Blinden geöffnet,
auch die Ohren der Tauben sind wieder offen.
Dann springt der Lahme wie ein Hirsch,
die Zunge des Stummen jauchzt.

In der Wüste brechen Quellen hervor,
und Bäche fließen in der Steppe.
Der glühende Sand wird zum Teich
und das durstige Land zu sprudelnden Quellen.
An dem Ort, wo jetzt die Schakale sich lagern,
gibt es dann Gras, Schilfrohr und Binsen.
Die vom Herrn Befreiten kehren zurück
und kommen voll Jubel nach Zion.
Ewige Freude ruht auf ihren Häuptern.
Wonne und Freude stellen sich ein,
Kummer und Seufzen entfliehen.

Jes 35,1.2.4–7.10

Hoffnung auf eine heilere Welt.
Alle Menschen hoffen auf eine glücklichere Welt. Allerdings sind ihre Vorstellungen davon recht unterschiedlich.

- Macht in einer Kleingruppe eine Umfrage zum Thema »Woher kommt das Glück für mich und andere?«. Erkundigt euch in der Parallelklasse, bei euren Lehrerinnen und Lehrern, in der Schule, zu Hause bei Eltern, Geschwistern und Verwandten.
- Entwerft ein Plakat, mit dem ihr eure Ergebnisse präsentiert.

Bildbetrachtung. Betrachte das Bild oben genau.

- Formuliere eine passende Überschrift dafür.
- Lies dir mit deinem Tischnachbarn oder deiner Tischnachbarin gegenseitig das > Lied des Jesaja laut vor. Könnt ihr Gemeinsamkeiten zwischen Text und Bild erkennen?
- Gestalte eine Bildpostkarte mithilfe von Wörtern aus dem Lied des Jesaja, die jemanden aufmuntert, der sich nach Glück sehnt.

Jesus verkündet das Reich Gottes

Im Jahr 538 v. Chr. erobern die Perser das für unbesiegbar gehaltene Babylonische Reich. Die > Israeliten dürfen in ihre Heimat zurückkehren und den > Tempel wieder aufbauen. Aber in der Folgezeit werden sie zumeist von fremden Mächten beherrscht. Zuerst verbleibt Israel unter persischer, später unter griechischer Oberherrschaft. 63 v. Chr. erobern schließlich die > Römer den ganzen Vorderen Orient und mit ihm auch Israel. Zur Zeit Jesu haben die Römer einen eigenen Statthalter eingesetzt, der dafür sorgt, dass überall Steuern und Zölle gezahlt werden. Während es nur wenigen Menschen gut geht, leiden viele im Land an der Unterdrückung durch die Römer und dem großen Elend. Viele Menschen sehnen sich nach einer besseren Welt und erwarten die neu anbrechende > Herrschaft Gottes, das überwältigende Eingreifen > Jahwes in die Geschichte, das die Not der Menschen wenden wird.

Er sagte: Mit dem Reich Gottes ist es so, wie wenn ein Mann Samen auf seinen Acker sät; dann schläft er und steht wieder auf, es wird Nacht und wird Tag, der Samen keimt und wächst und der Mann weiß nicht, wie. Die Erde bringt von selbst ihre Frucht, zuerst den Halm, dann die Ähre, dann das volle Korn in der Ähre. Sobald aber die Frucht reif ist, legt er die Sichel an; denn die Zeit der Ernte ist da.

Mk 4,26–29

Verstanden! Sicher waren auch viele Bauern unter den Zuhörerinnen und Zuhörern Jesu, als er das Gleichnis vom säenden Bauern erzählt hat (vgl. oben). Einer von ihnen könnte sich dieses gedacht haben: »Das kenne ich gut, das mit dem Weizen. Jetzt verstehe ich, was Jesus mit dem Reich Gottes meint. Er will mir sagen, dass ich ...« Schreibe eine Fortsetzung.

In dieser Zeit tritt Jesus aus > Nazaret auf. Er sammelt Frauen und Männer um sich, zieht durch > Galiläa, er erzählt von der Liebe Gottes und heilt viele Menschen als Zeichen der nahen Gottesherrschaft. Doch die Worte, mit denen Jesus das > Reich Gottes ankündigt, verwirren viele seiner Zuhörerinnen und Zuhörer. »Das Reich Gottes ist jetzt schon angebrochen unter euch, weil ich bei euch bin.«

Gleichnisse

Für Jesus war es wichtig, dass einfache Menschen, sogar Kinder, seine Botschaft vom Reich Gottes verstehen konnten. Deshalb erfand er kleine Geschichten und Bilder, die meist aus dem Alltag seiner Zuhörerinnen und Zuhörer stammten. Sie handelten vom Leben in der Familie, vom Säen und vom Ernten, vom Pflügen und vom Backen, vom Einladen und von Geldgeschäften.
Immer aber nahmen diese kleinen Geschichten einen überraschenden, manchmal fast ärgerlichen Ausgang. Damit wollte Jesus verdeutlichen: So ist Gott, so ist das Reich Gottes, es ist ganz anders, als man denkt, unerwarteter, überraschender, größer. Wir können diese Geschichten verstehen, wenn wir uns überlegen, was die Bilder über das Reich Gottes sagen wollen.
Jesu > Gleichnisse laden aber auch dazu ein, uns selbst in seine Geschichten hineinzuversetzen: in den verlorenen Sohn und den daheim gebliebenen Bruder (Lk 15,11–32), in den säenden Bauern (Mk 4,26–29), ja, sogar in das Senfkorn und die im Baum nistenden Vögel (Mk 4,30–32). Dann können wir die Gleichnisse nicht nur mit dem Kopf verstehen, sondern auch uns selbst und Gott in ihnen entdecken.

Gleichnisse. In Mt 13 werden einige Gleichnisse Jesu erzählt. Tragt zusammen, was dort über das Reich Gottes ausgesagt wird, und informiert euch im Lexikon am Ende des Buchs zu den Themen »Gleichnis« und »Reich Gottes«. Überlegt euch für jede Aussage zum Reich Gottes ein > Symbol. Entscheidet euch für eines dieser Symbole und malt es in euer Heft.

Eine Körperreise. Entferne alles Störende vom Tisch, setze dich bequem hin und schließe deine Augen.
Stelle dir ein Feld voller reifer Ähren vor. Wenn du Lust hast, kannst du dich in eines der kleinen Getreidekörner hineinversetzen. Deine Lehrerin, dein Lehrer oder eine Mitschülerin bzw. ein Mitschüler liest nun die weiteren Sätze ganz langsam vor:
Stell dir vor, wie es ist, ein Getreidekorn zu sein. Wie fühlt es sich an, so klein zu sein? Erfühle dein Äußeres. Wie sieht es in dir aus? Was ruht in dir?
Jetzt wirst du in die Erde eingepflanzt. Es ist ganz dunkel und still um dich herum.
Halte Stille und Dunkelheit eine Weile aus. – Jetzt wirst du langsam größer und breitest dich in der Erde aus: Du wächst, durchbrichst mit deinem Keim den Boden und gelangst ans Tageslicht. Du spürst Sonne und Regen. Du spürst, wie du ganz langsam weiterwächst und immer größer wirst.
Jetzt bist du ein kleiner Halm, der sich im Wind wiegt. An deiner Spitze wachsen goldene Ähren. Du spürst die Wärme der Sonne. Körner entstehen in deinen Ähren, sie werden immer größer und voller ... Spüre dich noch einmal als Halm, Ähre und Korn.
Bleibe noch einmal einen Moment bei diesem Bild. Jetzt kehrst du langsam wieder zurück: Öffne wieder die Augen, atme tief durch und strecke dich.
Berichtet, wie es euch während der Übung ergangen ist. Wann hast du dich besonders gut gefühlt?
Wenn du möchtest, kannst du die Körperreise auch in einem Bild nachzeichnen: Beginne auf einem Blatt unten als kleines Getreidekorn in der Erde ...

Familiengleichnis. Die Geschichte zum Bild, wie Jesus sie als Gleichnis erzählt, findest du in der Bibel. Schlage Lk 15,11–32 auf und lies sie dort nach.
- Teilt euch in Gruppen auf und setzt die verschiedenen Szenen aus dem Gleichnis in Standbilder um.
- Verfasst zu den einzelnen Szenen Tagebucheinträge, in denen ihr das Geschehen aus der Sicht des jüngeren oder des älteren Bruders oder des Vaters berichtet.
- Formuliert einen Schlusssatz zu den Tagebucheinträgen, der die Aussage des Bildes auf den Punkt bringt. Der Schlusssatz soll mit folgenden Worten beginnen: »Im Reich Gottes ...«

Frank Jäger, 1998

Familienszene. Das Bild zeigt eine Szene mit einem Vater und seinen zwei Söhnen. Schreibe eine Geschichte, die mit dieser Szene endet.

Vater. Auf S. 38 findet ihr ein Bild, das sich mit derselben Szene auseinandersetzt. Dort wird der barmherzige Vater als Bild für Gott-Vater im Himmel behandelt.
- Vergleicht die Vaterfiguren auf den beiden Bildern.
- Suche zusammen mit deinem Tischnachbarn oder deiner Tischnachbarin nach Gemeinsamkeiten und Unterschieden der beiden gemalten Vaterfiguren. Legt dafür eine Tabelle an.

Gottes Wort wird weitergegeben

Als Jesus starb, war er nicht viel älter als dreißig Jahre. Er hatte in seinen letzten drei Lebensjahren, in denen er öffentlich wirkte, viele Anhänger gefunden. Nachdem diese Jüngerinnen und Jünger nach Jesu Auferstehung wieder neuen Mut geschöpft hatten, schlossen sie sich zu kleinen Gemeinschaften zusammen, in denen sie versuchten, die Erinnerungen an Jesus wachzuhalten und seine Botschaft mit Leben zu füllen. In diesen frühen christlichen Gemeinden erzählte man sich Geschichten darüber, wie Jesus gelebt hat, was er gesagt und getan hat. In solchen Zirkeln hat auch Paulus alles über Jesus erfahren, dem er selbst niemals persönlich begegnet ist. Als gläubiger Jude und erbitterter Feind der Jüngerinnen und Jünger verfolgte er zunächst die frühen Christen. In der Auseinandersetzung mit ihnen begegnete er Jesus so, wie er von seinen Anhängern als Auferstandener verkündet wurde. Diese Begegnungen waren für Paulus so eindrücklich, dass er vom Gegner zum glühenden Verfechter des christlichen Glaubens wurde. Nach seiner Bekehrung zu Christus begann Paulus damit, zahlreiche christliche Gemeinden zu gründen. Weil er viel auf Reisen war, hielt er über Briefe mit den Gemeinden Kontakt. Diese Briefe schrieb Paulus in einer Zeitspanne von ungefähr 20 Jahren bis zu seinem Tod (wahrscheinlich um 64 n. Chr. in Rom). Sie sind die ersten schriftlichen Zeugnisse über Jesus, die uns überliefert sind, und wurden von seinen Mitchristinnen und Mitchristen bald als heilige Schriften angesehen. Zusammen mit anderen Schriften sammelte man sie in einem › Neuen Testament, welches für die Anhänger Jesu fortan den zweiten Teil der Heiligen Schrift bildete. Den ersten Teil der Heiligen Schrift nannte man nun das › Alte bzw. das Erste Testament. Außer Paulus haben auch einige andere Apostel Briefe an die jungen Gemeinden geschrieben. Aber erst ab 70 n. Chr., also ca. 40 Jahre nach Jesu Tod, unternahmen es Jünger Jesu, die Geschichte Jesu systematisch aufzuschreiben. Vier dieser sogenannten › Evangelien finden sich ebenfalls im Neuen Testament. Das jüngste davon ist das Johannesevangelium, welches vermutlich um 100 n. Chr. entstanden ist.

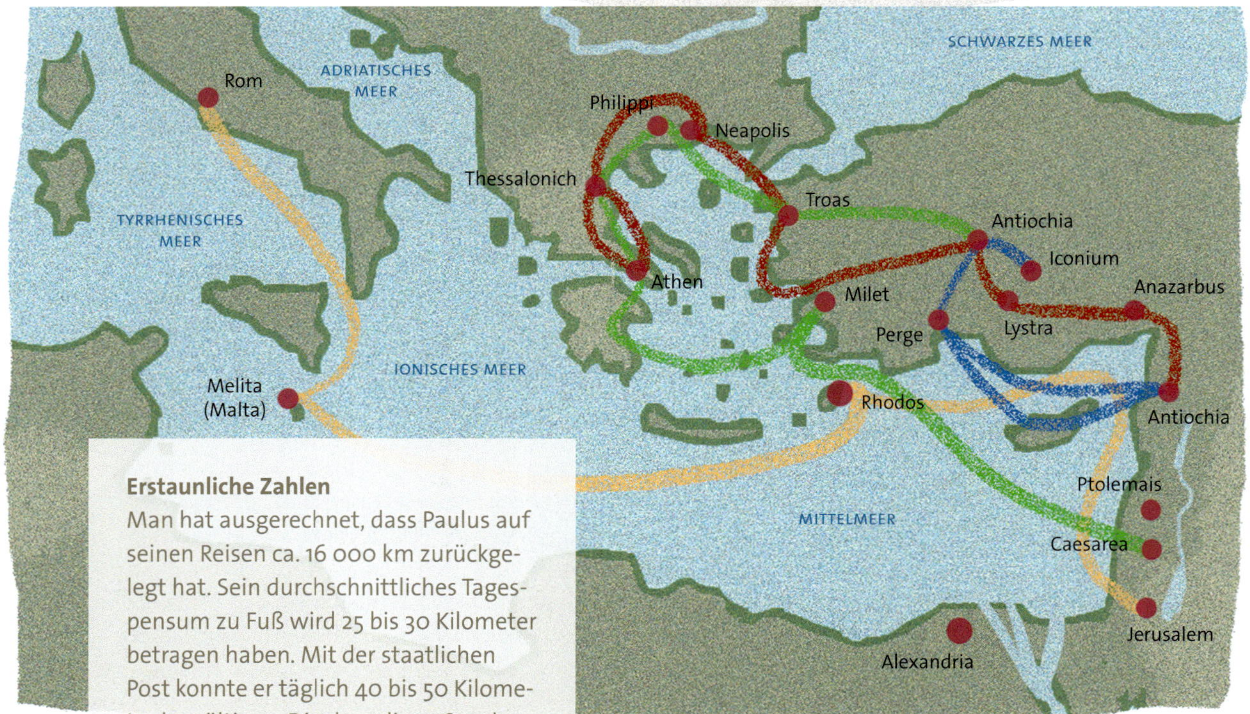

Erstaunliche Zahlen

Man hat ausgerechnet, dass Paulus auf seinen Reisen ca. 16 000 km zurückgelegt hat. Sein durchschnittliches Tagespensum zu Fuß wird 25 bis 30 Kilometer betragen haben. Mit der staatlichen Post konnte er täglich 40 bis 50 Kilometer bewältigen. Die damaligen Segelboote schafften bei gutem Wind sogar 160 Tageskilometer.

● **Brief.** Der Brief auf dieser Doppelseite versucht, die wichtigsten Punkte der Botschaft des Paulus zusammenzufassen.

- Verfasse einen Tweet mit den zentralen Aussagen. Mit einem Tweet kann man eine 140 Zeichen lange Nachricht im Internet veröffentlichen.
- Informiere dich im Lexikon über die Textgattung des > Briefes und übertrage die wichtigsten Merkmale in dein Heft.

Liebe Männer und Frauen in ...

Heute möchte ich euch von einem ganz außergewöhnlichen Menschen erzählen. Er heißt Jesus von Nazaret und ist für mich wie für alle seine Anhängerinnen und Anhänger der Christus, der Messias, Gottes Sohn.

Gott ist uns in ihm ganz nahe gekommen – er hat sozusagen ein menschliches, liebendes Gesicht bekommen. Die Menschen, denen er begegnete, hat er verändert. Er hat vom Reich Gottes erzählt, und er hat den Menschen durch sein Reden und Handeln gezeigt, wie es in diesem Reich aussieht: Blinde sehen, Lahme gehen, Ausgestoßene werden wieder in die Gesellschaft aufgenommen – mit ihm ist die Liebe Gottes ganz neu in die Welt gekommen und das Reich Gottes angebrochen.

Mit seiner Botschaft hat er bei den Mächtigen und Großen Anstoß erregt. Er starb wie ein Schwerverbrecher am Kreuz und wurde von Gott als ein Gerechter von den Toten auferweckt. Alle, die an ihn glauben und sich taufen lassen, können darauf vertrauen, dass sie sich das Himmelreich nicht durch gute Taten »verdienen« müssen, sondern durch Gottes Liebe und Barmherzigkeit unbedingt angenommen – gerechtfertigt – sind.

Bald werde ich mit meinen treuen Gefährten zu euch kommen und wir werden sicher Gelegenheit haben, über alle diese Dinge zu reden. Ich bin überzeugt, ihr lasst euch von der Frohbotschaft anstecken, so wie ich Feuer und Flamme für sie bin. Dann werdet auch ihr am Reich Gottes mitarbeiten.

Einige weite und gefährliche Reisen haben wir schon hinter uns. Mit Gottes Hilfe wurden wir aus vielen schwierigen Situationen gerettet und konnten in vielen Ländern christliche Gemeinden gründen.

Friede sei mit euch!
Paulus

● **Missionsreisen.** Verfolge auf der Karte die drei Missionsreisen des Paulus.

Informiere dich über mindestens eine Gemeinde, die er auf diesen Reisen gegründet hat (vgl. die Paulusbriefe im Neuen Testament).

Informiere dich genauer über die Gemeinde in Philippi, die erste Gemeinde in Europa und Paulus' Lieblingsgemeinde. Folgende Gesichtspunkte kannst du dabei beachten:

- die geografische Lage und historische Bedeutung der Stadt;
- die damaligen Bewohner, ihre Lebensweise, ihre Probleme;
- das Auftreten des Paulus und seiner Begleiter.
- Informationen hierzu findest du z. B. in Apg 16,11–40 und natürlich im Philipperbrief selbst.
- Wenn du möchtest, kannst du deine Kenntnisse unter *www.ekd.de/paulus* testen.

● **Überlieferung.** Zeichne einen Zeitstrahl in dein Heft, auf dem du die schriftliche Überlieferung zu Jesus einträgst. Wähle als Zeitraum die Periode von Jesu Geburt bis etwa 120 n. Chr. 1,5 cm stehen dabei für die Dauer von zehn Jahren.

Wie alles zusammenhängt

Auf den vorangehenden Doppelseiten hast du jeweils eine einzelne Station auf dem Weg Gottes mit den Menschen erarbeitet. Nimmst du die einzelnen Stationen zusammen, kannst du eine lange Geschichte erzählen, die Gott und Menschen miteinander haben – bis heute. Die Spirale auf dieser Doppelseite zeigt dies.

Gottes Wort sucht Vertrauen: Gott begleitet Abraham.

Geschichte Gottes mit den Menschen.
Erzähle die ganze Geschichte Gottes mit den Menschen nach und übertrage sie in dein Lerntagebuch.

- Schlage dafür zuerst folgende Bibelstellen nach: Gen 12,1–5; Ex 3,7–12; 2 Sam 12,1–10; Jes 40,1–11; Mk 2,13–17; Apg 17,1–4. Ordne zu: Zu welchem Abschnitt auf der Spirale gehört die jeweilige Bibelstelle?
- Schreibe dann zu jedem Abschnitt Stichworte auf Karteikarten, die dir beim Präsentieren helfen.
- Wähle für jeden Abschnitt ein passendes Symbol: Weg, Wasser, Licht, Brot oder Feuer. (Nimm dafür den Text auf der rechten Seite zu Hilfe.)
- Entscheide, welches Symbol für dich am wichtigsten ist, und verwende es als Gegenstand oder Bild beim Präsentieren vor der Religionsgruppe.
- Erzähle der Klasse deine »Geschichte Gottes mit den Menschen«.
- Klebe anschließend die Karteikarten in der richtigen Reihenfolge in dein Heft.

Gottes Wort macht frei: Mose führt Israel aus Ägypten.

Gottes Wort gibt Hoffnung: Propheten wie Jesaja machen Mut in schweren Zeiten.

Die Bibel erzählt in Symbolen und Zeichen von der Wirklichkeit

Wenn ihr im Schwimmbad ins Becken springt, ist da einfach nur Wasser, oder ist da noch mehr? Z. B. Erfrischung, Sich-wie-neugeboren-Fühlen, pure Freude am Leben? Wenn ihr dem Strahl eurer Taschenlampe durch die Dunkelheit folgt, ist das einfach nur praktisch, oder ist da noch mehr? Z. B. das Besiegen von Angst oder das Erleben eines Abenteuers? Wenn ihr durch ein Labyrinth geht, geht es nur darum, möglichst schnell zum Ziel zu kommen, oder ist auch der Weg spannend? Wenn jemand sein Pausenbrot mit dir teilt, stillt das einfach nur deinen Hunger, oder ist das auch ein Zeichen für eure Freundschaft? Wenn jemand eine Kerze anzündet, macht er das, damit es ein bisschen heller wird, oder weil das Licht der Kerze ein Symbol für etwas Besonderes ist – für deinen Geburtstag zum Beispiel, oder für Weihnachten oder Ostern?

Ein > Symbol ist etwas, das man sehen kann. Gleichzeitig wird etwas sichtbar, das normalerweise unsichtbar ist. Symbole zeigen eine verborgene Wahrheit, sie stellen etwas Hintergründiges in den Vordergrund; durch Symbole kann uns etwas Unbewusstes bewusst werden. Aus einer alltäglichen Situation kann plötzlich ein symbolischer Vorgang werden: Abraham erfährt sich auf seiner Wanderschaft als von Gott geleitet. König > David erkennt in der Kritik an seinem Verhalten einen Fingerzeig Gottes. Der Weg durch das Labyrinth kann zum Symbol für den Weg durch das Schuljahr werden. Symbole sind ähnlich wie Zeichen, aber Zeichen – zum Beispiel Verkehrszeichen – sind eindeutig. Symbole dagegen sind nie eindeutig, sondern immer vieldeutig.

Gottes Wort ist mächtiger als Könige: Propheten ermahnen und kritisieren die Könige.

Gottes Wort kommt in die Welt: Jesus verkündet das Reich Gottes.

Gottes Wort geht um die Welt: Paulus trägt Jesu Botschaft weiter.

Symbole. Setze die Symbole und die Bedeutungen auf dieser Seite so zusammen, dass sie für dich passen. (Einzelne Bedeutungen können mehreren Symbolen zugeordnet werden.)

klar sehen; Wärme erfahren; die Finsternis besiegen; die Angst überwinden

auftanken; auferweckt werden; neues Leben geschenkt bekommen; erfrischt werden

aufbrechen; Neues wagen; durchhalten; weitergehen

geborgen sein; daheim sein; mächtig sein; lieben; verliebt sein; begeistert werden

zum Leben Notwendiges haben; nehmen und geben; teilen; satt machen

Religionen begegnen

Dies ist der Plan der Stadt Mannheim. Eingezeichnet sind drei Gotteshäuser, in denen Menschen verschiedener Religionen beten und Gottesdienst feiern. Menschen wie Daniel, der am Sabbat die Synagoge besucht, Melis, die am Freitag ihre Familie in die Moschee begleitet, oder Alexa, die am Sonntag in der Kirche als Ministrantin am Gottesdienst mitwirkt. Sie alle wohnen in der Innenstadt, besuchen sogar die gleiche Schule in Mannheim. Manchmal begegnen sie sich auf der Straße, ohne aber viel voneinander und ihrer Religion zu wissen ...

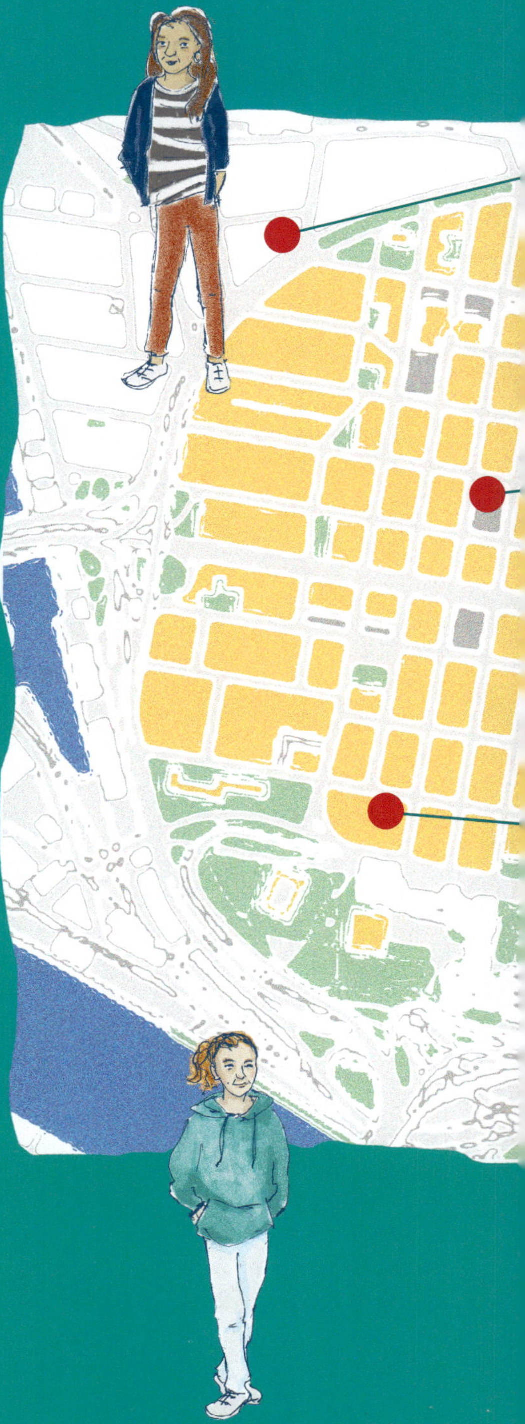

So wie das Christentum unterschiedliche Konfessionen umfasst, gibt es auch im Judentum und Islam verschiedene Glaubensrichtungen. Daniel und Melis stellen euch in dieser Lernlandschaft die gemeinsamen Besonderheiten ihrer jeweiligen Religion vor.

Gotteshäuser. Du siehst auf diesem Bild drei Gotteshäuser der Religionen Judentum, Christentum und Islam.

- Beschreibe die jeweiligen Gotteshäuser und weise sie den Religionen zu.
- Informiere dich im Internet über diese drei Gebäude: Synagoge Mannheim, Jesuitenkirche St. Ignatius und Franz Xaver sowie Yavuz-Sultan-Selim-Moschee.

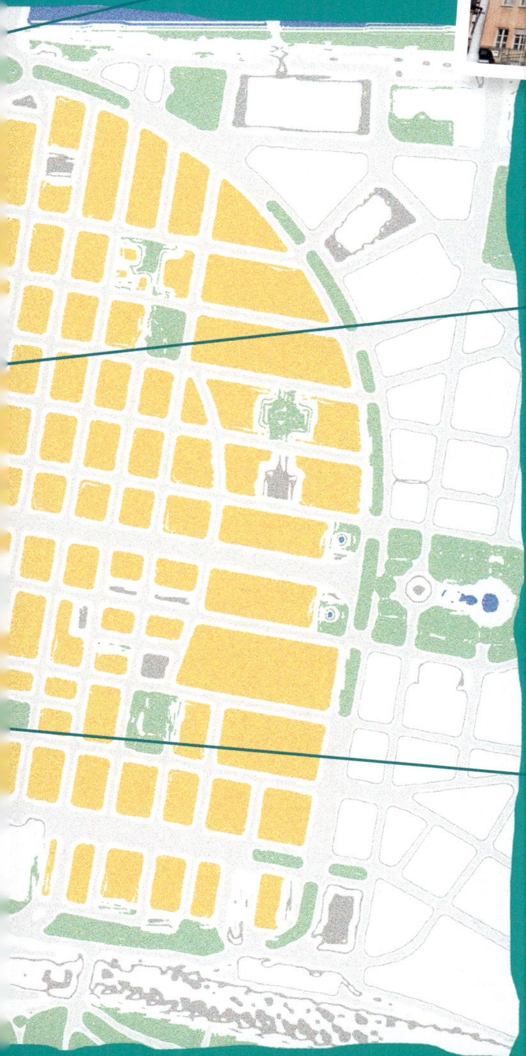

Menschen begegnen. Tauscht euch in einer kleinen Gruppe darüber aus, was ihr über diese drei Religionen wisst. Formuliert Fragen an Daniel und Melis zu ihrer Religion. Worüber würdet ihr gerne mehr wissen? Erstellt dazu eine Mindmap.

Die Figur des Abraham oder Ibrahim spielt in den drei monotheistischen Religionen Judentum, Christentum und Islam eine Rolle. Alle drei Religionen sehen in ihm eine besondere Person: Im Judentum gilt er als Ursprung des Volkes > Israel, im Christentum als Vorbild und Vater des Glaubens, der Islam begreift ihn als ersten Muslim. Auf dieser Doppelseite beschäftigst du dich mit der »Karriere« dieser Figur und gehst der Frage nach, wie es dazu kam, dass Abraham für diese drei Religionen bedeutsam ist.

Daniel erzählt von Abraham

Abraham ist der älteste unserer drei Erzväter; die anderen heißen Isaak und Jakob. Abrahams Frau heißt Sara. Mit ihr bekam er den Sohn Isaak – zuvor hatte er aber mit Saras Magd Hagar den Sohn Ismael bekommen. Mit der Erzählung von Abraham sind für uns Juden drei ganz wichtige Versprechen verbunden: die Verheißung, ein großes Volk zu werden, die Verheißung des Landes, in dem wir leben werden, und der > Bund Gottes mit Abraham. Unsere Lehrer sagen, die Welt sei um Abrahams willen erschaffen worden. Als vorbildlich gelten für uns sein Glaube und sein Vertrauen in Gott. So hat er sein Land und seine Familie verlassen, weil Gott es ihm befohlen hat. Er war sogar bereit, seinen Sohn Isaak zu opfern. Aus diesen Gründen gilt Abraham uns als Stammvater unseres Volkes.

Melis erzählt von Ibrahim

Wir nennen Abraham bei seinem arabischen Namen: Ibrahim. Er ist unser Vorbild im Glauben, wir verehren ihn im > Gebet, in guten Werken und, wenn wir erwachsen sind, mit der Wallfahrt nach Mekka. Der Islam wird im > Koran auch als »Glaube Ibrahims« bezeichnet. Im Koran ist Ibrahim der Einzige, der den Beinamen »al-Khalil« (das heißt »der Vertraute«, »der Freund Gottes«) erhält. Seine Frau Sara gebar Isaak. Aus der Verbindung mit der ägyptischen Magd Hagar ging Ismael hervor. Isaak ist der Urahn einer ganzen Reihe jüdischer Propheten bis hin zu Jesus (den wir Isa nennen). Von Ismael stammt nur ein weiterer Prophet ab; es ist der für den Islam bedeutendste: Muhammad. Mit dem Namen Ibrahim verbinden wir vor allem drei wichtige Geschichten: Er hat sich zu dem einen Gott bekehrt, er hat den heiligsten Ort des Islam, die Kaaba in Mekka, zusammen mit Ismael erneuert, und er war bereit, einen seiner Söhne zu opfern. Das Grab Ibrahims wird bis heute in Hebron verehrt.

Lucy D'Souza-Krone, o. J.

Abraham im Christentum. Stelle die Bedeutung Abrahams für das Christentum in einem kleinen Lexikonartikel dar. Informationen findest du in diesem Buch auf den Seiten 140 und 141 und im Internet, z. B. unter: *www.heiligenlexikon.de* oder unter: *http://relilex.de/abraham/*

Abraham in den heiligen Schriften. Lest die angegebenen Stellen in der Bibel und im Koran sorgfältig und erklärt, wie jede Religion Abraham in ihren Schriften beschreibt.

- Bildet dazu Dreiergruppen.
- Einige Gruppen bearbeiten Stellen aus der heiligen Schrift der Juden, die auch für uns Christen als > Erstes oder Altes Testament wichtig ist: Gen 12,1–4; Gen 13,14–18; Gen 15, 1–6; Gen 15,18; Gen 18.
- Andere Gruppen beschäftigen sich mit Stellen aus dem Neuen Testament der Christen: Mt 1,1–17; Mt 3,1–12; Joh 8,30–59; Röm 4; Gal 3,6–18; Gal 4,21–31.
- Eine dritte Gruppe liest im Koran der Muslime: Sure 2,124–136; Sure 3,64–68; Sure 21,58–69.
- Wenn ihr fertig seid, bildet ihr neue Gruppen mit je einem Vertreter der drei Religionen. Vergleicht eure Ergebnisse.

Vater des Glaubens. Arbeite aus den Erzählungen von Melis und Daniel heraus, wie die beiden Religionen die Figur des Abraham deuten. Welche Bedeutung hat er im Christentum?

Ins Gespräch kommen. Entwerft in Kleingruppen Plakate, auf denen ihr jeweils darstellt, wie Abraham im Judentum, Christentum und Islam gesehen wird. Stellt in einem Rollenspiel die Plakate eurer Lerngruppe vor und tauscht euch über die Gemeinsamkeiten und Unterschiede der verschiedenen Sichtweisen aus.

Isaak und Ismael. Beschreibt einander das Bild. Achtet dabei besonders darauf, wie das Bild aufgebaut ist und wie die Farben verteilt sind (vgl. S. 111).

- Lies zunächst für dich alleine in der > Bibel die beiden Textstellen Gen 16 und Gen 21 sorgfältig durch.
- Erklärt euch dann gegenseitig, was die Künstlerin eurer Meinung nach mit dem Bild zum Ausdruck bringen wollte.

Daniel erzählt von Mose

Die Geschichte der Propheten beginnt vor über 3000 Jahren mit > Mose, dem größten aller Propheten. Gott berief ihn zu der scheinbar unmöglichen Aufgabe, das hebräische Volk aus der Sklaverei in > Ägypten zu befreien.

Mose wuchs als Adoptivsohn der Tochter des > Pharaos außerhalb seines eigenen Volkes auf. Von den königlichen Palästen aus musste er tatenlos zusehen, wie sein Volk unter dem Joch seiner ägyptischen Unterdrücker litt. Sein Empfinden für Gerechtigkeit wurde damals unwiderruflich geweckt. Als junger Mann wurde Mose Zeuge, wie ein ägyptischer Aufseher einen hebräischen Sklaven böswillig schlug. Daraufhin tötete Mose den Ägypter und floh nach Midian, einer Gegend im Nordwesten der arabischen Halbinsel. Dort heiratete er Zippora, die Tochter des örtlichen Priesters Jethro und führte ein Leben als Hirte. Mit der Erscheinung Gottes im brennenden Dornstrauch in Midian begann das Wirken von Mose als Prophet. Er kehrte nach Ägypten zurück, um mit dem Pharao über die Freiheit seines Volkes zu verhandeln. Am Ende hatte Mose Erfolg, er führte die > Israeliten aus Ägypten heraus und dann durch das Schilfmeer hindurch. Das umherziehende Volk begann seinen langen Weg durch die Wüste zum verheißenen Land, dem heutigen Israel. Am Berg Sinai empfing er die > Zehn Gebote sowie die > Tora. Diese Gesetze gab er an das Volk weiter – sie gelten heute noch in vielen Ländern als maßgeblich für das Zusammenleben der Menschen.

Wie jeder der biblischen Propheten, die leidenschaftlich bestrebt waren, ihren göttlichen Auftrag zu erfüllen, zeigte auch Mose Fehler und Schwächen. So fiel er bei Gott in Missgunst, als er an der Sturheit des Volkes verzweifelte und zum Teil den Glauben an seinen Auftrag verlor, zu dem er berufen war. Dennoch hatte er immer eine besonders enge Beziehung zu Gott. Unsere Lehrer sagen: »Alle Propheten schauten Gott durch ein trübes Glas, Mose aber schaute durch ein klares.« Als Mittler zwischen Gott und dem Volk Israel diente er dem Volk bis zu seinem Tod. Mose starb unmittelbar vor der Grenze zum verheißenen Land als ein treuer Diener Gottes und als der Begründer von Regeln für ein gutes und richtiges Leben, die auch heute noch Geltung für uns haben.

Marc Chagall, 1962–1966

Zwei Leben. Notiere die wichtigsten Stationen im Leben des Mose und des Muhammad auf jeweils einer Zeitleiste.

- Präsentiert eure Ergebnisse in eurer Lerngruppe.
- Gestaltet zwei Wandfriese, indem ihr zu den zentralen Lebensdaten des Mose bzw. des Muhammad auch Bilder, Karten oder Texte an eine Wand in eurem Klassenzimmer klebt.
- Markiert in der Leiste wichtige Wendepunkte im Leben der beiden Männer.

Ein Bild machen. Das Bild auf dieser Seite zeigt Mose an einer wichtigen Station seines Lebens.

- Beschreibt einander das Bild.
- Untersucht gemeinsam, auf welches Ereignis im Leben des Mose sich dieses Bild bezieht.
- Schlagt die Geschichte im > Alten Testament, der hebräischen > Bibel, nach und erklärt, wie der Künstler diese Geschichte umgesetzt hat.

Melis erzählt von Muhammad

Muhammad wurde um das Jahr 570 n. Chr. in Mekka geboren. Er verlor seine Eltern sehr früh und wuchs bei Verwandten auf. Mekka war damals ein wichtiger Ort für Handelskarawanen, aber es kamen auch Menschen aus ganz Arabien hierher, um an der Kaaba zu beten (vgl. S. 165: Die Pilgerfahrt). Die Araber verehrten hier zahlreiche Gottheiten. Bald wurde Muhammad in Mekka bekannt, weil er als klug und ehrlich galt. Als ihm Khadidja, für die er arbeitete und die zwanzig Jahre älter war als er, die Ehe anbot, wurde er ein reicher und viel beschäftigter Mann. Trotzdem zog sich Muhammad immer wieder in die Einsamkeit zurück. Dann stieg er auf den Berg Hira, um zu beten. Etwa im Jahre 610 hatte er dort in einer Höhle ein Erlebnis, das sein Leben veränderte. Wir lesen im › Koran, dass der Engel Gabriel zu ihm kam und ihm die erste Offenbarung Gottes übermittelte. Dieses Erlebnis muss Muhammad sehr erschüttert und verunsichert haben. Hatte er wirklich die Offenbarung Gottes erhalten? Erst nach einigem Zögern nahm er den Auftrag an, der »Gesandte Gottes« zu sein. Nun forderte er alle dazu auf, nur noch an den einen Gott zu glauben. Außerdem sollten alle den Armen, Gefangenen, Sklaven und Fremden gegenüber barmherzig sein. Für diese Haltung verspotteten und demütigten ihn seine Feinde. Weil das immer schlimmer wurde, entschloss er sich im Jahr 622, mit seinen Anhängern nach Medina auszuwandern. Diese Auswanderung nennen wir »Hidschra«, und mit ihr beginnt unsere Zeitrechnung. In Medina gründete Muhammad die erste muslimische Gemeinschaft, die Umma, deren politisches und religiöses Oberhaupt er wurde. Seine Verfassung hatte das friedliche Zusammenleben verschiedener Stämme und Religionen zum Ziel. Doch in der Folge kam es immer wieder zu Auseinandersetzungen zwischen den Anhängern Muhammads und den Mekkanern. Muhammad zeigte, dass er auch ein überragender Heerführer war. Im Januar 630 besiegte er die Mekkaner. Er ließ alle Götterbilder an der Kaaba zerstören, verschonte aber die Einwohner. Deshalb ist Mekka heute der wichtigste Ort des Islam. Meine Eltern waren schon auf Wallfahrt dort, und wenn ich erwachsen bin, will ich unbedingt auch da hin. Zwei Jahre nach der Eroberung pilgerte Muhammad noch einmal nach Mekka. Kurz darauf starb er in Medina.

● **Kein Bild machen.** Die bildliche Darstellung auf dieser Seite stammt aus früheren Zeiten der islamischen Kunstgeschichte. Sie berücksichtigt, dass viele Muslime die Abbildung Muhammads ablehnen. Beschreibt einander das Bild und untersucht, ob ihr in der Darstellung etwas entdecken könnt, das auf die Person Muhammads, seine Geschichte und seine Bedeutung hinweist. In der Lernlandschaft »Menschen suchen Gott« findest du noch andere Möglichkeiten, sich mit Gott auseinanderzusetzen.

● **Vergleich.** Vergleicht das Leben und die Lehren Muhammads und Moses miteinander.
- Wo findet ihr Ähnlichkeiten, wo Unterschiede?
- Erklärt einander in der Religionsgruppe, warum man sagen kann, dass sie beide den »Weg Abrahams« weitergegangen sind (vgl. im Koran Sure 16,123).

● **Und du?** Melis und Daniel haben uns von den wichtigsten Menschen ihrer Religion erzählt. Was könntest du den beiden über Jesus erzählen?
- Schreibe einen ähnlichen Bericht wie die beiden. Wenn du willst, kannst du dazu auf S. 78–95 nachschlagen.
- Benenne Gemeinsamkeiten und Unterschiede zwischen den drei Personen.

Daniel berichtet von der Tora

Die Tora, das ist unser allerwichtigstes Buch! Sie ist Teil des Tanach, unserer heiligen Schrift. Die strenggläubigen Juden glauben, dass der Prophet > Mose den Text der Tora am Berg Sinai von Gott empfangen hat. Sie verehren die Heilige Schrift als Vorschrift, die direkt von Gott kommt und nach der wir für immer leben sollen. Die Anhänger anderer jüdischer Glaubensrichtungen sehen das nicht so streng: Sie verehren die Tora zwar auch als heilige Schrift, im Unterschied zu den Strengen glauben sie aber nicht, dass der Text wortwörtlich von Gott gegeben ist. Für sie ist es unwichtig, dass jedes einzelne Wort oder Gebot von Gott kommt, sondern es zählt die jeweilige Botschaft, die dahintersteht. Sie glauben, dass die Autoren der Tora von Gott »inspiriert« waren.

Unser > Rabbiner sagt, dass in der Tora die Beziehung des Menschen zu Gott, aber auch die Beziehung zu den Mitmenschen gelehrt wird. »Tora« bedeutet so viel wie »Lehre, Unterweisung, Gesetz«, sie ist das Wort Gottes an uns Menschen, und nach ihr richten wir uns, wenn wir uns fragen, was richtig und falsch ist, und überhaupt in allem, was wir tun und denken.

Wie wichtig uns die Tora ist, würdet ihr sehen, wenn ihr mal in unserem Gottesdienst dabei wäret: Dort wird sie feierlich aus dem Toraschrein gehoben. Nie wird sie mit den Händen berührt. Zum Lesen wird aus diesem Grund ein aus Silber gefertigter Stab verwendet, an dessen Ende eine Hand mit ausgestrecktem Finger dargestellt ist. So kann jeder, der die Tora liest, die Textzeilen der Torarolle entlangfahren, ohne zu verrutschen, aber auch ohne die Rolle zu berühren. Als Zeichen der Verehrung wird die Tora nach dem Lesen zusammengerollt und mit einem reich bestickten Mantel bekleidet. Häufig trägt die Torarolle auch eine Krone oder mit Glöckchen verzierte Aufsätze und einen Schild. Nach der Lesung wird sie in den Toraschrein gehoben, der das Zentrum der > Synagoge bildet. Dort bleibt die Rolle, bis sie zur nächsten Lesung wieder herausgehoben wird.
Auch heute noch werden die Torarollen aus Pergament von speziell ausgebildeten Schreibern mit Gänsekielen und Tinte beschrieben.

● **Heilige Schriften.** Christen glauben, dass sich Gott in Jesus Christus in unserer Welt gezeigt hat, so, wie es die > Evangelien erzählen; genauso ist für Muslime klar, dass Gott sich ihnen im Koran offenbart hat. Und für gläubige Juden zeigt sich Gott seinem Volk in der Tora. Deshalb sind diese Schriften für die Glaubenden heilige Schriften, mit denen sie auch in besonderer Weise umgehen.

- Beschreibt euch in eurer Religionsgruppe gegenseitig, woran man auf den Bildern auf dieser Doppelseite den besonderen Umgang der drei Religionen mit den heiligen Schriften erkennen kann.
- Ordnet die Bilder den einzelnen Religionen zu.
- Erzählt euch, was ihr von den jeweiligen Schriften wisst.

Und streitet mit den Leuten der Schrift
nur in bester Weise (...)
Und sagt:
»Wir glauben an das,
was zu uns herabgesandt worden ist
und zu euch herabgesandt worden ist;
unser Gott und euer Gott ist Einer,
und wir sind Ihm ergeben.«

Sure 29,46

● **Leute der Schrift.** Klärt, wer für Muhammad »Leute der Schrift« sind und wie er das Verhältnis dieser »Leute« zueinander bestimmt. Überlegt, welche Konsequenzen das für den Umgang der Religionen miteinander hat.

● **Überblick.** Verschaffe dir einen Überblick über die heiligen Schriften der Juden und Muslime.

- Stelle dazu zunächst die wichtigsten Informationen zum > Koran und zur > Tora in Stichworten zusammen: Wie sind sie aufgebaut? Wann und unter welchen Umständen sind sie entstanden? Welche Bedeutung haben sie für die Gläubigen? Dabei helfen dir auch die Lexikoneinträge.
- Beantworte diese Fragen auch für die christliche > Bibel. Das Kapitel »Erfahrungen mit Gott – die Bibel« (S. 136–153) kann dir dabei helfen. Vergleicht eure Ergebnisse in der Lerngruppe.

Melis erzählt vom Koran

Kein Buch der Welt ist für uns wichtiger als der Koran. Unser Imam sagt, der Koran sei von Ewigkeit her, also schon immer, bei Gott gewesen. Dort habe er vor aller Zeit als »Urkoran« existiert. Schließlich wurde er unserem Propheten Muhammad durch den Engel Gabriel über 23 Jahre hinweg offenbart und von Muhammad mündlich weitererzählt. Diese mündlichen Offenbarungen wurden dann niedergeschrieben und gesammelt. Erst in den folgenden Jahrzehnten bildete sich der Koran in der Form heraus, wie wir heute in ihm lesen. Er besteht aus 114 Suren, die aber nicht nach Ereignissen oder Themen, sondern grob ihrer Länge nach geordnet sind.

Auch unter den Muslimen gibt es unterschiedliche Glaubensrichtungen und Auffassungen vom Koran. Die große Mehrheit glaubt, dass im Koran das Wort Gottes direkt zum Buch geworden und deshalb frei von Irrtum und Widerspruch ist. Gerungen aber wird um die Frage, ob die Botschaft des Korans ganz wörtlich ausgelegt werden muss oder ob man bei der Auslegung berücksichtigen sollte, dass die Worte im 7. Jahrhundert aufgeschrieben wurden. Dann müsste man nämlich die damaligen Umstände bei der Auslegung mit berücksichtigen und fragen, was diese Worte für heute bedeuten.

Einig sind sich aber fast alle Muslime darüber, dass der Koran uns durch unser ganzes Leben begleitet. Er ist für uns wie eine »feste Richtschnur«, die zu Gott führt und auf dem richtigen Weg leitet. Im Alltag und bei besonderen Anlässen schenkt der Koran auch mir immer wieder guten Rat. Wenn ich mich freue oder traurig bin, finde ich in ihm meist die richtigen Worte. Die unvergleichbare Stellung des Korans lässt sich auch daran ablesen, wie wir mit dem Heiligen Buch umgehen: Vor der Berührung des Korans nehmen wir rituelle Waschungen vor. Das Heilige Buch wird auch nicht einfach auf den Boden gelegt, sondern auf Koranständern gelesen. Im Bücherregal steht der Koran an erhöhter, besonderer Stelle.

Jom Kippur

Rosch Haschana

Regenbogen. Der Regenbogen ist ein sichtbares Zeichen der Liebe Gottes zur gesamten Menschheit. Im Judentum ist er bis heute ein wichtiges religiöses > Symbol. Wer einen Regenbogen sieht, spricht: »Gepriesen seist du, Ewiger, unser Gott; du regierst die Welt. Du erinnerst dich an den > Bund und bleibst ihm treu. Du stehst zu deinem Wort.«

- Woher stammt das Zeichen des Regenbogens? Genaueres erfährst du in Gen 9,8–17.
- Finde auf dieser Seite weitere Zeichen und Worte, die das besondere Verhältnis des Volkes > Israel zu Gott zum Ausdruck bringen.

Aufgenommen in den Bund mit Gott

Wer als Kind einer jüdischen Mutter geboren wird, ist Jude und bleibt es sein ganzes Leben lang. Wie fast alle anderen jüdischen Jungen wurde auch ich am achten Tag nach meiner Geburt beschnitten; bei manchen erfolgt die > Beschneidung etwas später. Dabei wird ein Stück der Vorhaut des Penis abgetrennt. Das > hebräische Wort für Beschneidung heißt *berit*, übersetzt bedeutet das »Bund«. Die Beschneidung ist also das Zeichen unserer Zugehörigkeit zu Gott. Sie wird mit einem großen Familienfest gefeiert.

Am > Sabbat nach meinem 13. Geburtstag wurde ich in einer großen Feier in die Selbstverantwortung für die Religion und ihre Gebote gestellt: Ich wurde zum »Sohn der Pflicht«, hebräisch Bar Mizwa. Während der Feier in der > Synagoge durfte ich zum ersten Mal einen Abschnitt der > Tora vorlesen, selbstverständlich auf Hebräisch. Eine aufregende Sache! Von diesem Augenblick an waren nicht mehr meine Eltern vor Gott verantwortlich für das, was ich mache, sondern ich bin es selbst – ich bin jetzt »religionsmündig«.

Auch für Mädchen gibt es ein Fest, wenn sie »Tochter der Pflicht« werden, hebräisch Bat Mizwa. In der Regel wird dieses Fest bereits im zwölften Lebensjahr gefeiert. In vielen Gemeinden dürfen dann auch die Mädchen im Gottesdienst aus der Tora lesen. Bei strenggläubigen Juden ist dies jedoch ausschließlich den Jungen vorbehalten.

> Ich bin Jahwe, dein Gott, der dich aus Ägypten geführt hat, aus dem Sklavenhaus. Du sollst neben mir keine anderen Götter haben.
>
> *Ex 20,2–3*

Die christliche Taufe. Beschreibe einem jüdischen Mitschüler, wie Menschen in die christliche Gemeinschaft aufgenommen werden. Dazu kannst du dich auf Seite 120–123 informieren. Vergleiche die Taufe und die Bar Mizwa bzw. Bat Mizwa miteinander.

Schawuot

Pessach

Den Bund durch die Geschichte hindurch leben

Das Volk Israel hat Gott immer wieder als denjenigen erfahren, der in die Geschichte seines Volkes eingreift, der es begleitet und tröstet, befreit und rettet. Er ist ein Gott, der den Menschen sagt, was gut für sie ist, und ihnen vergibt, auch wenn sie seine Gebote brechen. In einer Vielzahl von Festen erinnert sich Israel an diese Erfahrungen mit Gott und erzählt sich von Jahr zu Jahr neu diese Geschichten weiter.

Eines der bedeutendsten Feste ist Pessach. Während der Sklaverei der Israeliten in > Ägypten setzte Gott mit den zehn Plagen durch, dass die Kinder Israels das Land verlassen durften. Der Name > »Pessach« stammt daher, dass Gott die jüdischen Häuser bei der zehnten Plage ausgelassen (hebräisch *passach*) hat und sie so verschont blieben. Am siebten Tag ihres Auszugs aus Ägypten durchquerten die Israeliten das Schilfmeer, das sich für sie auftat. In Erinnerung an den hastigen Aufbruch, bei dem keine Zeit blieb, das Brot für den Weg zu säuern, darf sieben Tage lang nichts »Gesäuertes«, also mit Hefe Versetztes, gegessen werden. Statt Brot wird daher an Pessach Mazze gegessen, ungesäuertes Brot.
Am ersten Abend begeht man feierlich in der Familie oder der Gemeinde den Seder (das heißt »Ordnung«, denn diesem Abend liegt eine festgelegte Reihenfolge zugrunde). Vor allem die Kinder sollen mit einbezogen und dazu ermutigt werden, Fragen zu stellen, damit die Erwachsenen vom Auszug aus Ägypten erzählen. In einem speziellen Buch, der Pessach-Haggada, steht hierfür eine festgelegte Abfolge von Erzählungen und > Liedern. Auch wann welche besonderen Speisen zu essen sind, ist hier beschrieben. Insgesamt sollen an diesem Abend vier Gläser Wein getrunken werden. Die Kinder trinken stattdessen Traubensaft.

Sukkot

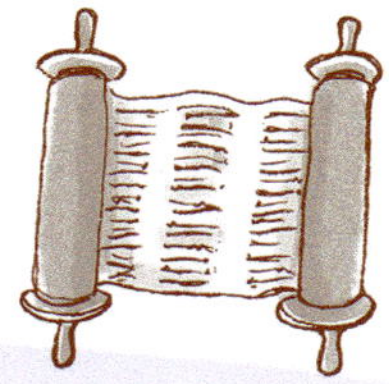
Simchat Tora

Neben drei »Mazzot« findet sich eine spezielle Seder-Platte mit symbolischen Speisen auf dem Tisch: Eine Schale mit Salzwasser erinnert an die vergossenen Tränen der israelitischen Sklaven in Ägypten. Bitterkraut lässt die bitteren Zeiten nachempfinden. Ein süßes Mus aus geriebenen Äpfeln, Nüssen und Traubensaft ähnelt dem Lehm der Ziegel, die die Sklaven brennen mussten. Ein hart gekochtes Ei wird üblicherweise damit erklärt, dass alle Nahrungsmittel durch das Kochen weicher werden – nur das Ei wird härter. Eine andere Deutung erklärt das hartgekochte Ei als Erinnerung an das Festopfer im Tempel. Ebenso wuchs das jüdische Volk während der Unterdrückung in Ägypten fester zusammen. Ein Lamm- oder Hühnerknochen auf dem Sederteller erinnert an das Schlachten der Lämmer am Abend vor dem Auszug des Volkes Israel aus Ägypten. Und schließlich gibt es Radieschen oder Petersilie, die vor dem Verzehr in das Salzwasser getunkt werden und darauf aufmerksam machen, dass wir heute frei sind und es uns leisten können – anders als damals die Sklaven –, vor dem Essen einen Salat zu genießen.

● **Für den Sederteller.** Male in dein Heft einen großen Teller und darauf die Speisen des Seder-Abends. Notiere am Rand, welche Bedeutung die einzelnen Speisen haben.

● **Ein großer Jahreskreis.** Ihr könnt die Feste auf dieser Doppelseite untereinander verteilen und für das Klassenzimmer den großen jüdischen Jahreskreis mit weiteren Informationen und Bildern gestalten. Mehr Informationen zu jüdischen Festen findet ihr zum Beispiel im Internet. Eine gute Startadresse ist *www.hagalil.com/judentum/feiertage/*.
Alle Feste des jüdischen Festkreises können in ihrem Ursprung auf biblische Texte zurückgeführt werden. Schlagt die folgenden Stellen arbeitsteilig nach und ordnet sie den einzelnen Festen zu: Ex 12; Dtn 16,13–17; Dtn 16,9–12; Lev 23,23–25; Lev 23,26–32; 1 Makk 4,36ff.; Ester 9,20–32.

Chanukka

Purim

Fünf Säulen. Die fünf religiösen Pflichten (auch fünf Säulen genannt) bilden die Grundlage des Islam. Ihre Bedeutung liegt insbesondere darin, dass sie von den Gläubigen gemeinsam und öffentlich verrichtet werden.

- Schaut euch diese fünf Pflichten (noch mehr zum > Gebet findet ihr auf S. 48 und 49) genauer an und notiert euch wichtige Stichworte zu jeder Pflicht.
- Vergleicht sie mit christlichen Pflichten, wie sie z. B. in Mt 6,1–18 beschrieben werden. Wo seht ihr Ähnlichkeiten, wo Unterschiede?

Neujahrsfest

Aschura

1 Das Glaubensbekenntnis

Es gibt keine Gottheit außer Gott und Muhammad ist sein Prophet.

2 Das Gebet

Fromme Muslime beten fünfmal am Tag. Das > Gebet besteht aus einer Abfolge von Verbeugungen, ausgeführt in Richtung Mekka. Parallel zu den Körperbewegungen werden in arabischer Sprache Koransuren und andere festgelegte Formeln gesprochen. Inhalt ist der Lobpreis Gottes.

3 Almosen geben

Wohlhabendere Muslime sind dazu verpflichtet, Armen, Bedürftigen, Verschuldeten, Gefangenen und Reisenden von ihrem Besitz etwas abzugeben. Die Höhe dieser Almosensteuer ist unterschiedlich: Sie wird jedes Jahr neu festgelegt und beträgt zwischen zweieinhalb und zehn Prozent des Einkommens. In wenigen Ländern wird die Steuer vom Staat eingezogen. In anderen Ländern erfolgt sie auf freiwilliger Grundlage. Der Islam interpretiert diese Abgabe als einen Akt der Reinigung von Habgier, Geiz und fehlendem Mitgefühl.

Interview. Befragt jeweils zu zweit muslimische Mitschülerinnen und Mitschüler, ob und wie bei ihnen zu Hause gefastet wird. Erstellt aus ihren Berichten einen genauen Ablauf des Fastenmonats und des Fastenbrechens.

4 Das Fasten

Dieses Jahr habe ich das erste Mal in meinem Leben den Ramadan gefeiert! Das ist unser Fastenmonat. In dieser Zeit verzichten alle gesunden, erwachsenen Musliminnen und Muslime von der Morgendämmerung an bis zum Sonnenuntergang auf Nahrung, Getränke und andere Genussmittel.

Das Fasten im Ramadan soll unsere Standhaftigkeit und Geduld im Glauben fördern. Dabei sollen wir uns Gott wieder neu zuwenden, aber auch unseren Mitmenschen mit Achtung begegnen. Jeden Abend findet das »Fastenbrechen« statt, bei dem wir Freunde und Verwandte zu einem leckeren Essen einladen und bis tief in die Nacht zusammensitzen.

Der Ramadan hat zwei Höhepunkte: Am 27. Ramadan wird normalerweise die »Nacht der Bestimmung« gefeiert, in der Gott sein Heiliges Buch, den > Koran, herabließ, um die Menschen zum rechten Leben anzuleiten. Der Abschluss der Fastenzeit ist der zweite Höhepunkt: das Fest des Fastenbrechens (Id al-Fitr). Im türkischen Islam wird es Zuckerfest (Seker Bayram) genannt, weil die Kinder viele Süßigkeiten erhalten.

Da sich der islamische Kalender an den Mondphasen orientiert, ist unser Jahr um einiges kürzer als das christlich geprägte Sonnenjahr. Der Ramadan und alle anderen Feste finden deshalb in jedem Jahr zu unterschiedlichen Zeiten statt.

5 Die Pilgerfahrt

Maulid an-Nabi

Lailat al-Miradsch

Die fünfte Säule und Höhepunkt im Leben einer Muslimin und eines Muslims ist schließlich die Pilgerfahrt nach Mekka, der Hadsch. Alle Gläubigen, die körperlich und finanziell in der Lage dazu sind, sollten sie einmal im Leben durchführen.

Nach der unter Umständen sehr langen und anstrengenden Reise in das saudi-arabische Mekka legt der Gläubige vor dem Betreten des heiligen Bezirks, den Nichtmuslime nicht betreten dürfen, ein spezielles Pilgergewand an: Die Männer tragen zwei weiße ungenähte Tücher und Sandalen. Reiche wie Arme, einflussreiche wie sozial weniger angesehene Menschen treten gleichberechtigt vor Gott, so wie es nach muslimischer Lehre auch beim Gericht am Jüngsten Tag sein wird.
Zu den zentralen Bestandteilen der Pilgerfahrt gehört das siebenmalige Umschreiten des wichtigsten islamischen Heiligtums, der Kaaba, des schwarzen Meteoritensteins, ein siebenmaliges Hin- und Herlaufen zwischen zwei Hügeln in Erinnerung an die Geschichte Hagars und Ismaels, ein Tag intensiven Gebets am Berg Arafat sowie die symbolische Steinigung des Teufels. Am Schluss steht ein großes Opferfest, bei dem an die Opferung des Sohnes Abrahams, die dann doch nicht notwendig wurde, erinnert wird.

Der Hadsch führt den Muslimen vor Augen, dass ihr ganzes Leben wie eine Reise ist: Man wird geboren, legt seinen Lebensweg zurück, stirbt, wird vom Tode auferweckt und tritt vor Gott, den Richter, am Gerichtstag, dann beginnt das ewige Leben im Jenseits. Die Wallfahrt nach Mekka kann dabei helfen, das eigene Leben zum Besseren zu verändern, indem man nach der Rückkehr mehr auf die Religion, das gute Handeln und die Mitmenschen achtet.

● **Noch ein Festkreis.** Ähnlich wie für das Judentum könnt ihr auch für die islamischen Feste einen großen Festkreis für das Klassenzimmer gestalten.

- Am besten befragt ihr dazu muslimische Mitschüler, aber auch hier hilft das Internet weiter (z. B. *http://islamische-feiertage.de*). Dort findet ihr ebenso die genauen Daten für alle Festtage des Judentums, des Christentums und des Islam.
- Erstellt gemeinsam oder in Kleingruppen einen »interreligiösen Festkalender«, indem ihr in einen Wandkalender die wichtigsten Feste der drei Religionen für dieses Schul- oder Kalenderjahr eintragt.

Lailat al-Quadr

Ramadan

● **Die große Wallfahrt.** Beschreibt einander im Plenum das Bild von der großen Wallfahrt nach Mekka.

- Erklärt mithilfe des Textes einzelne Bildelemente.
- Tauscht euch darüber aus, welchen Eindruck das Bild auf euch macht.

Id al-Adha

Id al-Fitr

Sich Gott zuwenden

Das Gebet »ist die seltsamste und doch verbreitetste Sprache der Menschenkinder, eine Sprache, die keinen Namen hätte, wenn es das Wort ›Gebet‹ nicht gäbe« (Johann Baptist Metz). Diese Sprache des > Gebets kann ganz unterschiedlich klingen: Sie kann voll von Zorn und Angst sein, aber auch voller Freude und Dankbarkeit. Im Gebet kann der Mensch sagen, dass er glaubt oder dass er nicht glaubt. Dabei ist es nicht auf Worte angewiesen, denn auch im Schweigen, im Weinen oder im Lachen kann man beten. Das Gebet ist eine Sprache, die keine Verbote kennt. Mit ihr darf der Mensch alles ausdrücken, was ihn betrifft und beschäftigt.

Das Gebet ist als Sprache Ausdruck der Beziehung des Menschen mit Gott. Im Gespräch mit Freunden, den

Daniel erzählt vom Sabbat der Juden

Ab Freitagabend bis zum Sonnenuntergang am Samstag ist bei uns > Sabbat, der heilige Tag der Woche und strenger Ruhetag. Wir erinnern uns dabei an den siebten Tag der > Schöpfung, als Gott ruhte. Er hatte alles so wunderbar geschaffen, dass nichts mehr zu tun war. Daher wollen auch wir Menschen der Schöpfung nichts mehr hinzufügen und tun am Sabbat nichts.

Der Sabbat beginnt kurz vor Sonnenuntergang. Alle haben sich vorbereitet, das Haus ist geputzt und geschmückt, der Tisch schon gedeckt und auch wir, meine ganze Familie, haben uns schöne Kleider angezogen. Meine Mutter holt die beiden Kerzenleuchter, die nur für den Sabbat verwendet werden, und zündet die Lichter an. Sie hält dabei die Hände vor die Augen, um sich voll auf den Sabbatbeginn zu konzentrieren. Dann segnet sie uns alle. Sie schließt mit den Worten: »> Schalom! Gut Schabbes!« Jetzt ist der Sabbat zu uns gekommen. Danach setzen wir uns alle an den festlich geschmückten Tisch, auf dem zwei Hefezöpfe liegen. Mein Vater spricht einen > Segen über ein Glas Wein und wir alle trinken davon. Dann bricht er für uns und für sich jeweils ein Stück Hefezopf ab und teilt die Stücke aus. Jetzt beginnt das Essen, bei dem wir auch > Lieder singen. Lange sitzen wir zusammen und oft spielen wir etwas miteinander. Kein Telefon stört uns, keiner hat etwas vor. Am Morgen des Sabbat gehen meine Eltern in den Synagogengottesdienst. Manchmal gehe ich mit. Mittags gibt es nochmals ein besonders leckeres Essen. Den ganzen restlichen Tag verbringen wir in der Familie. Der Sabbat mit seinem Sabbatfrieden ist uns Juden heilig.

● **Warum beten Menschen?** Schreibe fünf Gründe dafür auf, wann und warum Menschen deiner Meinung nach beten. Informationen zum > Gebet findest du auch auf S. 44/45.

● **Sprache des Glaubens.** Erarbeite aus dem Text »Sich Gott zuwenden« die Merkmale des Gebets.

● **Die Sabbatfeier.** Stelle in einem Protokoll mithilfe von Daniels Erzählung den Ablauf einer Sabbatfeier dar und zeige darin auf, welche Gegenstände und Handlungen zum Einsatz kommen.

● **Den Sabbat heiligen.** Informiere dich darüber, wie gläubige Juden den Sabbat begehen und welche Handlungen an diesem Tag erlaubt beziehungsweise zu unterlassen sind.
Diskutiert, welche Vorteile ein strenges Ruhegebot hat.

Eltern, Lehrerinnen und Lehrern oder auch Fremden gibt es bestimmte Gesprächsformen und -weisen, die Ausdruck der jeweiligen Beziehung zueinander sind. Einen Fremden sieze ich und ihm vertraue ich nichts Persönliches an, mit Freunden rede ich ganz anders und über anderes als mit den Eltern. Auf die gleiche Weise drückt auch das Gebet die Beziehung des Menschen zu Gott in all seinen Lebenslagen aus. Alle Religionen kennen daher diese bestimmte Art, mit Gott zu sprechen, und sie haben alle Zeiten, Rituale und Orte für das Gespräch mit Gott. Wöchentliche Feiertage wie der Freitag der Muslime, der Sabbat der Juden und der Sonntag der Christen schaffen solche Zeiten und Räume, in denen sich Menschen Gott zuwenden können.

Melis erzählt vom Freitag der Muslime

Für uns Muslime ist der Freitag ein sehr wichtiger und bedeutungsvoller Tag. Der Prophet Muhammad sagte: »Es gibt keinen Tag, der wertvoller ist als Freitag. In ihm gibt es keine Stunde, in der keiner zu Gott betet, ohne dass Gott sein Gebet erhört.« An diesem Tag versammeln sich die Erwachsenen in der Freitagsmoschee, um gemeinsam zu beten. Daher ist in vielen muslimischen Ländern der Freitag der öffentliche wöchentliche Feiertag. Ein gläubiger Muslim sollte zur Zeit des Freitagsgebets nicht arbeiten, sondern die Moschee zum Gebet aufsuchen; in nicht muslimischen Ländern wie Deutschland ist das aber oft schwierig. Vor allem die Männer sind verpflichtet, an diesem Gemeinschaftsgebet teilzunehmen. Um sich gut auf das Freitagsgebet vorzubereiten, sollten eigentlich alle ein Bad nehmen, saubere Kleidung anziehen, Bittgebete zu Gott sprechen und im > Koran die Sure 18 »Die Höhle« lesen. Eine Besonderheit des Freitagsgebets ist, dass es vor dem eigentlichen Gebet einen Vortrag gibt, der die Gläubigen in ihrem Glauben stärken soll. Dafür gibt es in der Moschee eine eigene Kanzel, die Minbar genannt wird.

Das Freitagsgebet. Im Zentrum des muslimischen Freitags steht das Gebet.
- Erarbeite aus dem Text die Gründe, die für Melis das Freitagsgebet so wichtig machen.
- Auf S. 49 findest du eine Beschreibung, wie muslimische Gläubige beten. Lege dar, warum die Art und Weise des Betens eine Feier des Glaubens ist.

Bilder. Beschreibt euch gegenseitig die Bilder auf dieser Seite und erklärt einander, was ihr seht. Die Schilderungen von Daniel und Melis helfen euch dabei.

Feiertage. Informiere dich über den Ablauf des christlichen Sonntagsgottesdienstes (S. 124). Schreibe an jüdische oder muslimische Mitschüler, wie der > Sonntag in der Kirche und bei dir zu Hause gefeiert wird.

Gemeinsam beten? Die drei Religionen Judentum, Christentum und Islam sind in ihrem Glaubensvollzug durch das Gebet der Gläubigen geprägt.
- Informiere dich über das > Beten in diesen drei Religionen auf S. 44–49.
- Beurteile, ob es deiner Meinung nach möglich und sinnvoll ist, gemeinsam zu beten.
- Stellt in Kleingruppen Gründe zusammen, die dafür bzw. dagegen sprechen.

Gemeinsam unterwegs

Daniel und Melis begegnen sich in der Stadt. Daniel ist gerade auf dem Weg zur › Synagoge, Melis begleitet ihn ein Stück und fragt ihn, wohin er geht.

Daniel: Ich bin auf dem Weg zur Synagoge.
Melis: Das ist so was wie bei uns die Moschee, nicht?
Daniel: Ja, sie ist der Mittelpunkt unserer Gemeinde. Sie ist unser Versammlungshaus. »Synagoge« ist das › griechische Wort für Versammlung. Wir kommen hier nicht nur zum Gottesdienst, sondern auch zum › Beten und Lernen zusammen.
Melis: Das ist bei uns ganz ähnlich. Mein Vater sagt, die Moschee ist »der Ort, an dem man zum Gebet niederfällt«. Und wie bei euch wird auch bei uns in der Moschee nicht nur gebetet, sondern alles Mögliche gelernt: über den › Koran oder wie man richtig leben soll. Und wir haben Räume, wo sich die Menschen versammeln können. Die Moschee ist der Mittelpunkt unseres Lebens.
Daniel: Bei uns gibt es auch Räume für die Gemeindeversammlung und den Religionsunterricht. Außerdem haben die meisten Synagogen eine Mikwe.
Melis: Was ist das?

Daniel: Mikwe ist das Bad für die rituelle Reinigung.
Melis: So was Ähnliches haben wir auch, es ist eine Art Brunnen, an dem sich die Gottesdienstbesucher waschen, damit Körper und Seele frei werden von Schmutz und üblen Gedanken, wenn gebetet wird.
Daniel: Ihr geht immer freitags zum Gebet, nicht wahr?
Melis: Nicht nur, aber das Freitagsgebet ist das wichtigste von allen Gebeten.
Daniel: Bei uns ist das der Samstag, der › Sabbat, an dem wir zu den Gottesdiensten in die Synagoge gehen, um zu beten und in der › Tora zu lesen …
Melis: … eurem heiligen Buch.
Daniel: Ja, mein Vater sagt, die Tora sei das Herz der Synagoge. Die Torarollen werden extra im Toraschrein aufbewahrt, der nach Südosten – in Richtung › Jerusalem – ausgerichtet ist. Vor dem Toraschrein steht ein Lesepult, an dem unser Kantor steht, der den Gottesdienst leitet. So ein Gottesdienst dauert ungefähr zweieinhalb Stunden. Alle Gebete werden dabei auf › Hebräisch gesprochen oder gesungen. Über dem Toraschrein brennt das ewige Licht, das das Licht der Tora symbolisiert und zugleich an die Menora, den siebenarmigen

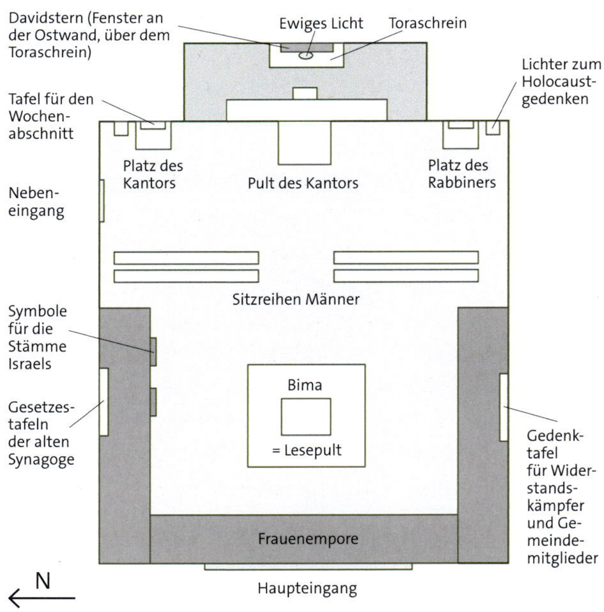

● **Vergleich.** Erstelle mithilfe der Texte und Bilder dieser Seite eine Tabelle, in der du die Gemeinsamkeiten und Unterschiede einer Synagoge und einer Moschee benennst.

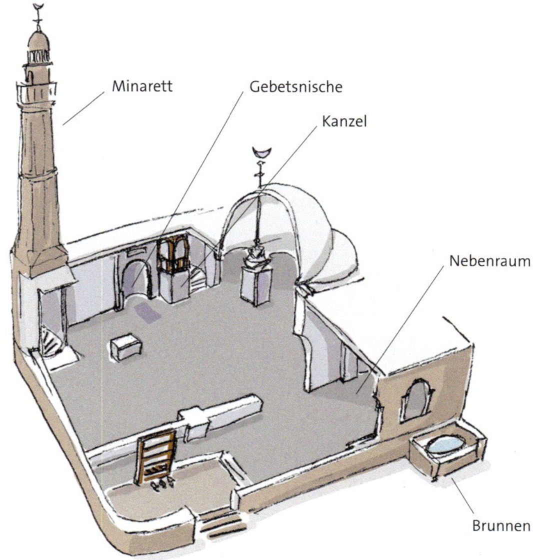

Leuchter, erinnert. In der Mitte der Synagoge befindet sich die Bima, von dort wird aus der Tora vorgelesen.

Melis: Ich erkenne da vieles wieder. Auch bei uns gibt es eine nach Mekka ausgerichtete Gebetsnische. Die heißt bei uns Mihrab. Alles ist sehr schön ausgestattet, mit wertvollen Teppichen. Bilder und Kunstgegenstände sind bei uns verboten, dafür findest du jede Menge kunstvoll gestaltete arabische Schriftzüge oder geometrische Muster. Aber am prächtigsten finde ich unsere Moschee eigentlich von außen, da sieht sie mit ihrem Turm klasse aus.

Daniel: Dem Minarett.

Melis: Ja. Die meisten Moscheen besitzen ein Minarett oder sogar mehrere Minarette. Diese Bezeichnung stammt aus dem Arabischen und heißt eigentlich »Leuchtturm«. Von diesem Leuchtturm aus ruft der Muezzin, unser Gebetsrufer, die Gläubigen fünfmal am Tag zum Gebet – immer auf Arabisch. Ich bin froh, dass wir noch einen Gebetsrufer haben, in anderen Moscheen kommt der Gebetsruf vom CD-Player. Aber ich darf im Hauptraum nicht mitbeten, wir Frauen beten auf einer Empore. Unser Imam sagt, dass das Gebet so viel Andacht und Konzentration verlangt, dass sich Männer und Frauen nicht gegenseitig ablenken sollen.

Daniel: Das ist in vielen Synagogen auch so. Meine Schwester beschwert sich immer darüber. Und auch darüber, dass es nur auf die Männer ankommt, wenn es darum geht, einen Gottesdienst feiern zu können. Es müssen mindestens zehn religiös volljährige Männer anwesend sein. Diese verpflichtende Zahl heißt Minjan. Religiös volljährig wird ein jüdischer Junge mit 13 Jahren. Ich zähle da also schon mit!

Melis: Zeigst du mir mal deine Synagoge?

Daniel: Wenn du mich dafür in die Moschee mitnimmst …

Christliche Gotteshäuser. Auch in christlichen Kirchen findet man häufig wiederkehrende Elemente.

- Zeichne den Grundriss deiner Heimatkirche und trage darin die einzelnen Elemente ein.
- Ergänze damit deine Tabelle aus dem Auftrag »Vergleich« um eine dritte Spalte.
- Überlegt gemeinsam, wie ihr eine Führung für Daniel und Melis durch eure Kirche gestalten könnt. Dazu helfen euch auch S. 118 und 119.

Überblick. Gestalte in deinem Lerntagebuch eine Seite, auf der du alle Informationen zu einer der drei Religionen im Überblick zusammenstellst.

Frauen im Gottesdienst. Informiere dich darüber, welche Aufgaben Frauen in den jeweiligen (jüdischen, muslimischen, christlichen) Gotteshäusern und ihren Gottesdiensten übernehmen dürfen. Beurteilt die jeweilige Stellung der Frau.

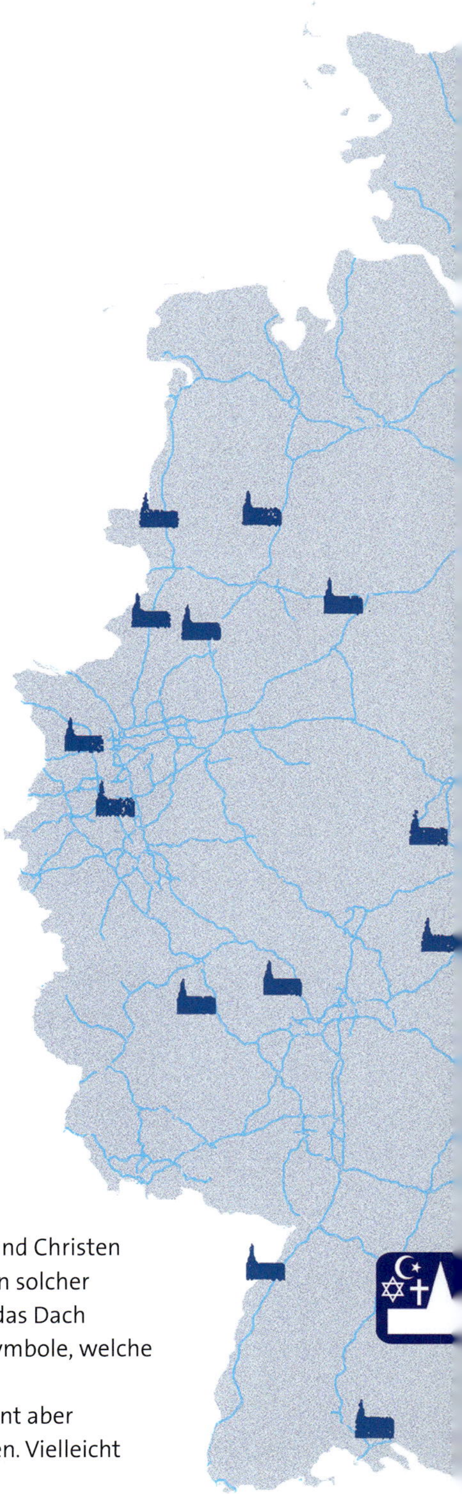

Unterwegs mit Gott. An den Autobahnen Deutschlands, an Raststätten oder Autobahnausfahrten, findest du immer wieder Autobahnkirchen: Orte, an denen Menschen, die unterwegs sind, zur Ruhe kommen, > beten oder Gott begegnen können. In Deutschland gibt es 43 solcher Kirchen. Davon sind 19 > evangelisch, 8 > katholisch und 16 > ökumenisch. Was es noch nicht gibt, ist ein Gebetsort, an dem auch Juden und Muslime unterwegs innehalten und beten können.

- Überlegt gemeinsam: Wie müsste ein Ort aussehen, an dem Juden, Muslime und Christen beten könnten – jeder für sich oder gemeinsam? Welchen Grundriss könnte ein solcher Ort haben? Würde er aus einem oder mehreren Räumen bestehen? Wie wäre das Dach gestaltet? Gäbe es Türme? Denkt über die Innenausstattung nach: Welche > Symbole, welche Farben (vgl. S. 111), welche Einrichtungsgegenstände würdet ihr auswählen?
- Entwerft in kleinen Gruppen einen solchen Ort. Ihr könnt ihn zeichnen, ihr könnt aber auch aus Schuhkartons, Papierrollen und anderen Materialien ein Modell bauen. Vielleicht hilft euch auch euer Kunstlehrer oder eure Kunstlehrerin dabei.
- Präsentiert euch und anderen eure Ergebnisse. Diskutiert in der Religionsgruppe, an welchem Ort sich die Menschen der drei Religionen am wohlsten fühlen würden.

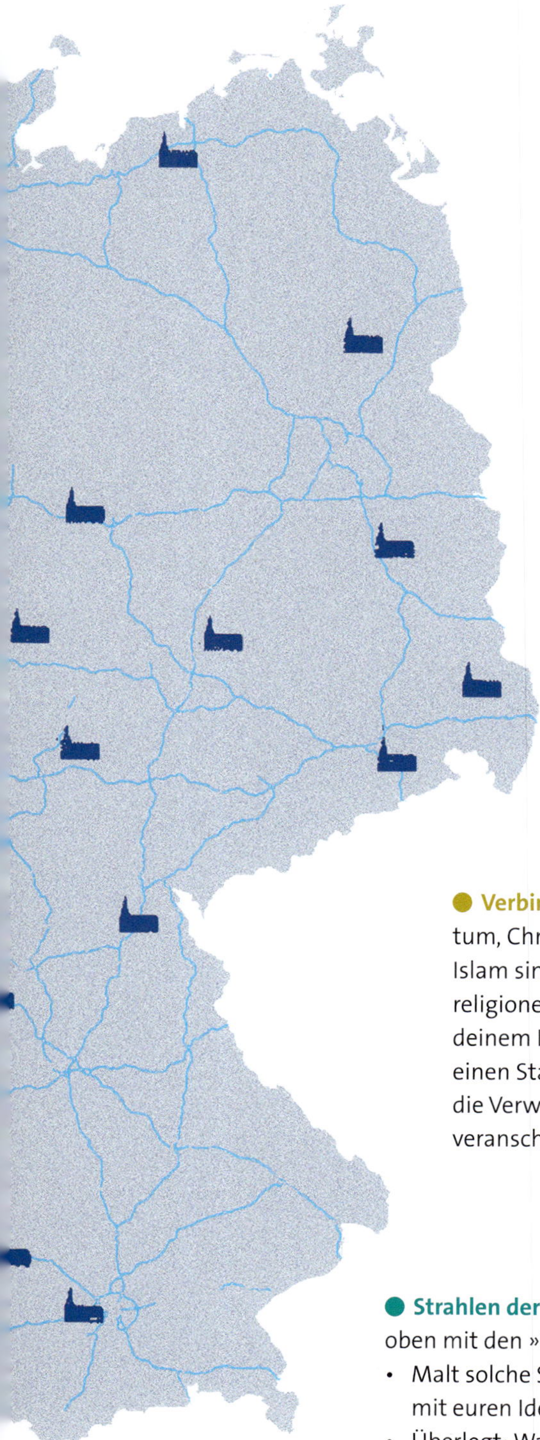

Die katholische Kirche verwirft nichts von dem, was in diesen Religionen wahr und heilig ist. Mit aufrichtigem Ernst betrachtet sie jene Handlungs- und Lebensweisen, jene Gebote und Lehren, die (...) nicht selten einen Strahl jener Wahrheit wiedergeben, die alle Menschen erleuchtet.

Zweites Vatikanisches Konzil, Nostra Aetate 2

Fragen stellen, Gespräche führen. Ihr habt in dieser Lernlandschaft viel über das Judentum und den Islam erfahren. Sicher sind noch viele Fragen offengeblieben.

- Erstellt eine Liste eurer offenen Fragen.
- Ladet Menschen muslimischen oder jüdischen Glaubens (z. B. Klassenkameraden, Lehrer oder andere Personen) in eure Lerngruppe zum Gespräch ein.
- Überlegt euch nicht nur Fragen, sondern sprecht auch darüber, wie ihr euch in dem Gespräch gegenüber euren Gästen verhalten wollt.
- Lest dazu auch die Sätze aus »Nostra aetate«. In diesem Dokument hat die katholische Kirche wichtige Gedanken zum Verhältnis der Religionen untereinander formuliert.
- Überprüft, was ihr bei dem Gespräch beachten müsst, um diesen Ideen gerecht zu werden.

Verbindungen. Judentum, Christentum und Islam sind Geschwisterreligionen. Erstelle in deinem Lerntagebuch einen Stammbaum, der die Verwandtschaft veranschaulicht.

Strahlen der Wahrheit. Überlegt gemeinsam, was die Kirche in dem Text oben mit den »Strahlen der Wahrheit« meint, die alle Menschen erleuchtet.

- Malt solche Strahlen in euer Heft und beschriftet die einzelnen Strahlen mit euren Ideen.
- Überlegt: Was ist das Zentrum, von dem diese Strahlen ausgehen?
- Gestaltet dieses Zentrum.

Wunderbar und gefährdet – die Schöpfung

Seit die Menschen denken können, haben sie sich immer auch mit ganz grundsätzlichen Fragen auseinandergesetzt. Hast du dir schon einmal solch grundsätzliche Fragen gestellt?

Woher kommt der Boden, auf dem du dich bewegst?

Wie ist all das entstanden?

Durch wen und für wen ist es gemacht worden?

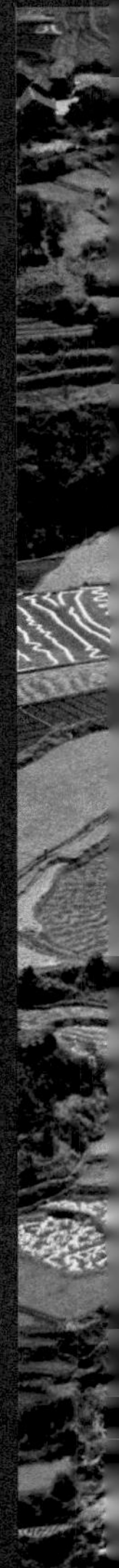

Fallen dir noch mehr Fragen ein? In der folgenden Lernlandschaft beschäftigen wir uns mit solchen Fragen und mit möglichen Antworten. Im jüdischen und christlichen Glauben spielt Gott dabei eine große Rolle. Die Welt ist nicht zufällig entstanden, sondern es gibt sie, weil Gott es so will. Deshalb gilt sie als Gottes Schöpfung. Die Art und Weise, wie ich solche scheinbar abgehobenen Fragen beantworte, hat aber ganz konkrete Auswirkungen: auf mein tägliches Handeln und auf die Frage, wie ich mit dieser Welt, die ich vorfinde, umgehe.

Wie lange hat es gedauert, bis diese Landschaft entstanden ist?

Streifzug. Suche dir einen geeigneten Platz im Klassenzimmer. Betrachte das Foto in aller Ruhe. Gehe in Gedanken auf diesem Bild spazieren. Welche Wege findest du reizvoll zu gehen? Wo ergeben sich einfache und wo schwierige Wege? Auf welche Hindernisse stößt du? Wo gibt es schöne Plätze, an denen du dich gerne aufhalten möchtest? Wem könntest du begegnen? Wer könnte mit dir gehen?

Die Sicht der Naturwissenschaften

Wissenschaftler gehen von der Theorie des Urknalls aus, um das »Wie« der Entstehung der Erde zu beschreiben. Diese Theorie besagt, dass vor ca. 14 Milliarden Jahren, am Beginn der Entstehung des Weltalls, eine Explosion von unvorstellbarem Ausmaß stand. Diese Explosion trieb die Urmaterie in riesigen, glühenden Gaswolken auseinander.
Im Laufe der Zeit fielen diese Gaswolken in sich zusammen und bildeten Materieklumpen, die zunächst noch glühend heiß waren. Die größeren dieser Materieklumpen brennen auch noch heute, wir nennen sie »Sonnen« oder »Sterne«. Die kleineren Materieklumpen kühlten schneller ab und bildeten auf ihrer Oberfläche eine feste Kruste, während es in ihrem Inneren weiterhin brannte und glühte. Wir nennen sie Planeten. Zu ihnen gehört unsere Erde. Sie ist vor etwa 4,5 Milliarden Jahren entstanden.
Nachdem die Erde abgekühlt und eine feste Oberfläche entstanden war, bildeten sich das Land, die Meere, Seen und Flüsse. Das erste Leben entstand vor etwa 3,5 Milliarden Jahren, zunächst im Wasser. Dabei handelte es sich um sogenannte Einzeller: Lebensformen, die nur aus einer einzigen Zelle bestehen. Vor 1,5 Milliarden Jahren entstanden aus ihnen pflanzenähnliche Gebilde und die ersten Wasserbewohner wie Schwämme, Quallen und Muscheln. Vor 500 Millionen Jahren bevölkerten dann die ersten Fische das Wasser. Über eine lange Zeitspanne hinweg entwickelten sich aus ihnen Lebewesen, die über Land kriechen können: die Quastenflosser. Sie sind die Vorfahren der ersten Landbewohner. Wir schreiben nun etwa 300 Millionen Jahre vor unserer Zeit. Vor 230 Millionen Jahren entstanden die ersten Reptilien. Es dauerte weitere 100 Millionen Jahre, bis große Echsentiere auf unserer Erde lebten, die Saurier. Manche dieser Echsen entwickelten sich zu Flugsauriern, den Vorfahren unserer Vögel.
Vor 160 Millionen Jahren bevölkerten zunehmend Säugetiere unseren Planeten. 75 Millionen Jahre vor unserer Zeit traten die ersten affenähnlichen Tiere auf. Erst vor etwa 40 000 Jahren erschien der Mensch, wie wir ihn kennen, auf der Erde. Würden wir die Entstehung der Welt mit zwölf Stunden eines Tages gleichsetzen – wäre die Erde also um 0 Uhr entstanden –, dann würde der Mensch erst in der letzten Sekunde vor zwölf Uhr auf der Welt auftreten.

Hubertus Halbfas

Wunder der Erde. Spuren der Wunder dieser Erde findest du sicher bei einem Spaziergang durch die Natur.
- Sammle sieben wunderschöne Gegenstände in einer »Wunderkiste«. Stellt euch anschließend die Fundstücke in kleinen Gruppen gegenseitig vor.
- Informiere dich in einem Lexikon oder im Internet über die »sieben Weltwunder«.
- Diskutiert in der Religionsgruppe: Wodurch unterscheiden sich diese Weltwunder von den Gegenständen eurer Wunderkisten?

Erdenuhr. Wenn wir die Entstehung der Welt auf die Uhrzeit übertragen, bekommen wir eine bessere Vorstellung von den Dimensionen des Entstehungsprozesses der Erde.
- Zeichne einen großen Kreis in dein Heft und markiere daran die Stunden von 0 bis 24 Uhr.
- Trage mithilfe des Textes auf dieser Seite die verschiedenen Phasen der Erdentstehung auf der Erdenuhr ein. Eine Stunde auf der Erdenuhr entspricht dabei ungefähr 580 Millionen Jahren.

Die Sicht der Bibel

Die › Bibel beschreibt die gesamte Entstehung des Universums in einem Satz: »Im Anfang erschuf Gott Himmel und Erde« (Gen 1,1). Die Bibel erzählt nicht, wie eins aus dem anderen hervorging: Das sehen die Augen der Wissenschaft. Die Bibel erzählt, dass Blumen und Bäume, Fische, Vögel, Landtiere und der Mensch aus der Hand Gottes hervorgingen und dass alles sehr gut ist. Sie sieht mit inneren Augen.

Schöpfungslob

Meine Seele, lobe meinen Gott!
Wie groß du bist!
Mit Herrlichkeit und Kraft bist du bekleidet.
Du hüllst dich ein in ein Kleid aus Licht.
Der Himmel ist dein Zelt.
Die Erde hast du auf festem Grund gebaut,
in Ewigkeit wird sie nicht untergehen.
Einst hat die Urflut die Erde bedeckt,
die Wasser standen über den Bergen.
Doch das Wasser ist geflohen
vor deiner Macht,
du hast dem Wasser eine Grenze gesetzt,
nie mehr überflutet es die ganze Welt.
Du lässt Quellen hervorsprudeln in den Tälern,
allen Lebewesen spenden sie Trank,
aus deinen Wolken wird die Erde satt.
Du lässt Gras wachsen für das Vieh
und Pflanzen für den Menschen,
damit sie Brot gewinnen von der Erde
und Wein, der ihr Herz erfreut.
Du hast den Mond gemacht
als Maß für die Zeit,
die Sonne weiß, wann sie untergeht.
Du bringst die Finsternis und es wird Nacht,
die Tiere erwachen und
fordern von Gott ihre Nahrung.
Strahlt die Sonne wieder, kommt der Mensch
und macht sich an die Arbeit
bis zum Abend.
Mein Gott, wie zahlreich
sind deine Werke,
mit Weisheit hast du sie alle
geschaffen,
die Erde ist voll von deinen
Geschöpfen.
Sie warten auf dich, du gibst ihnen
Nahrung zur rechten Zeit.
(...)
Ich will meinem Gott singen,
solange ich lebe.
Ich will meinem Gott spielen,
solange ich da bin.
(...)
Es sollen keine Unmenschen mehr
auf der Erde leben,
keine Bösen sollen
mehr da sein.
Meine Seele, lobe
meinen Gott!

Psalm 104, in der Übertragung von Rainer Oberthür

● **Begeistert.** Der Schreiber dieses › Psalms, der Psalmist, preist den Schöpfer und alles, was er geschaffen hat. Sucht in Partnerarbeit zwei Schöpfungstaten aus, die euch besonders begeistern und stellt sie vor der ganzen Gruppe pantomimisch dar. Die übrigen Mitschülerinnen und Mitschüler können herausfinden, um welche Schöpfungstat es sich jeweils handelt.

Farben. »Übersetze« den Schöpfungspsalm in Farben. Wähle zu jeder Aussage des Psalms eine Farbe und male so den Psalm 104 als »Farbgedicht«.

● **Wahrheiten.** Viele Menschen behaupten: »Die Bibel stimmt nicht! Die Welt wurde gar nicht in sieben Tagen geschaffen! Und auch der Psalm beschreibt nicht, wie es am Anfang war!« Die biblischen Texte über die Schöpfung bringen umgekehrt etwas zur Sprache, womit die Naturwissenschaften sich nicht beschäftigen. Der Text »Die Sicht der Bibel« spricht von unterschiedlichen Augen, mit denen Menschen sehen können.

- Diskutiert: Wann sehen wir mit inneren, wann mit wissenschaftlichen Augen?
- Überlege dir Beispiele für beide Sichtweisen. Widersprechen sie sich oder lassen sie sich miteinander vereinbaren? Ist es möglich, dass beide Sichtweisen wahr sind, obwohl sie Unterschiedliches aussagen?
- Wenn du genauer wissen willst, was mit »inneren Augen« gemeint ist, informiere dich auf S. 196.

Der Weltenschöpfer

Die Geschichte von der Erschaffung der Welt in sieben Tagen steht in der Bibel, genauer gesagt, im ersten Buch des > Alten Testamentes, im Buch Genesis. Was in den ersten sechs Tagen geschah, kannst du hier lesen.

Im Anfang schuf Gott Himmel und Erde; die Erde aber war wüst und wirr, Finsternis lag über der Urflut und Gottes Geist schwebte über dem Wasser. Gott sprach: Es werde Licht. Und es wurde Licht. Gott sah, dass das Licht gut war. Gott schied das Licht von der Finsternis und Gott nannte das Licht Tag und die Finsternis nannte er Nacht. Es wurde Abend und es wurde Morgen: erster Tag. Dann sprach Gott: Ein Gewölbe entstehe mitten im Wasser und scheide Wasser von Wasser. Gott machte also das Gewölbe und schied das Wasser unterhalb des Gewölbes vom Wasser oberhalb des Gewölbes. So geschah es und Gott nannte das Gewölbe Himmel. Es wurde Abend und es wurde Morgen: zweiter Tag. Dann sprach Gott: Das Wasser unterhalb des Himmels sammle sich an einem Ort, damit das Trockene sichtbar werde. So geschah es. Das Trockene nannte Gott Land und das angesammelte Wasser nannte er Meer. Gott sah, dass es gut war. Dann sprach Gott: Das Land lasse junges Grün wachsen, alle Arten von Pflanzen, die Samen tragen, und von Bäumen, die auf der Erde Früchte bringen mit ihrem Samen darin. So geschah es. Das Land brachte junges Grün hervor, alle Arten von Pflanzen, die Samen tragen, alle Arten von Bäumen, die Früchte bringen mit ihrem Samen darin. Gott sah, dass es gut war. Es wurde Abend und es wurde Morgen: dritter Tag. Dann sprach Gott: Lichter sollen am Himmelsgewölbe sein, um Tag und Nacht zu scheiden. Sie sollen Zeichen sein und zur Bestimmung von Festzeiten, von Tagen und Jahren dienen; sie sollen Lichter am Himmelsgewölbe sein, die über die Erde hin leuchten. So geschah es. Gott machte die beiden großen Lichter, das größere, das über den Tag herrscht, das kleinere, das über die Nacht herrscht, auch die Sterne. Gott setzte die Lichter an das Himmelsgewölbe, damit sie über die Erde hin leuchten, über Tag und Nacht herrschen und das Licht von der Finsternis scheiden. Gott sah, dass es gut war. Es wurde Abend und es wurde Morgen: vierter Tag. Dann sprach Gott: Das Wasser wimmle von lebendigen Wesen und Vögel sollen über dem Land am Himmelsgewölbe dahinfliegen. Gott schuf alle Arten von großen Seetieren und anderen Lebewesen, von denen das Wasser wimmelt, und alle Arten von gefiederten Vögeln. Gott sah, dass es gut war. Gott segnete sie und sprach: Seid fruchtbar und vermehrt euch und bevölkert das Wasser im Meer und die Vögel sollen sich auf dem Land vermehren. Es wurde Abend und es wurde Morgen: fünfter Tag. Dann sprach Gott: Das Land bringe alle Arten von lebendigen Wesen hervor, von Vieh, von Kriechtieren und von Tieren des Feldes. So geschah es. Gott machte alle Arten von Tieren des Feldes, alle Arten von Vieh und alle Arten von Kriechtieren auf dem Erdboden. Gott sah, dass es gut war.

Gen 1,1–25

Gott erschafft die Welt. Gestalte den Verlauf der biblischen Schöpfungsgeschichte in einem »Schöpfungsleporello«. Ein Leporello ist ein ziehharmonikaartig gefaltetes Bilderbuch. Du brauchst für jeden Schöpfungstag eine Seite. Vorne ist Platz für den Titel und ein schönes Titelbild. Schreibe in die entsprechenden Bilder die für diesen Tag wichtigsten Wörter und Sätze aus der Schöpfungsgeschichte.

Vergleichen. Überlege gemeinsam mit deinem Tischnachbarn oder deiner Tischnachbarin: Welche der unten aufgelisteten Begriffe passen zu Gen 1,1–25, welche nicht? Schreibe alle Begriffe, die du passend findest, in dein Heft: Zeitungsartikel • Gedicht • Naturphänomene • > Reportage • > Lied • > Märchen • Nachrichten • Wiederholung • > Gebet • Refrain • Lexikonartikel • Bericht

Dankbar für die Welt. Achte auf Wörter und Redewendungen in der Schöpfungserzählung, die sich dauernd wiederholen. Die Erzählung ist in Strophen aufgebaut, ähnlich einem > Lied. Wie würdest du die Schöpfungsgeschichte als Musikstück vertonen?

- Schreibe aus der Schöpfungsgeschichte dein eigenes Lied. Formuliere auch einen Refrain. Welche Wörter und Redewendungen verwendest du, welche nicht?
- Übertrage das Lied in dein Lerntagebuch.

Oberrheinischer Meister, ca. 15. Jh.

Gottes Geschenk an die Menschen. Das mittelalterliche Kunstwerk auf dieser Seite zeigt uns die Welt als einen Garten, den Gott für die Menschen geschaffen hat. Gehe in diesem Bild auf Entdeckungsreise. Lass dich dabei von den Schritten im Lerngang »Sehen« anleiten.

LERNGANG Sehen: Bilder entdecken

In unserem Buch gibt es vieles zu entdecken: Texte, Lieder und vor allem auch Bilder. Bilder laden uns zu einer Entdeckungsreise ein, auf der Wegweiser sehr hilfreich sind. Die folgenden fünf »Wegmarken« kannst du bei einem Bild deiner Wahl ausprobieren:

1. **Sehen**
   Schaue dir das Bild ganz genau an. Achte dabei besonders auf die Farben und Formen. Es kommt zunächst nur darauf an, dass du genau hinsiehst und ganz exakt beschreibst, was du siehst: Ich sehe ...

2. **Deuten**
   Jetzt erst kommt dein persönlicher Eindruck, die Deutung und Interpretation des Bildes: Mir gefällt an diesem Bild ..., mir gefällt nicht ... Ich denke bei diesem Bild an ..., ich vermute ...

3. **Sich einfühlen**
   Stelle dich in Gedanken in das Bild hinein. Wo würdest du gerne stehen? Ich höre ... Ich schmecke ...
   Ich rieche ... Ich fühle ... Ich sage ...

4. **Versprachlichen**
   Finde einen Titel für das Bild. Vergleiche deinen Titel mit dem der Künstlerin/des Künstlers.
   Schreibe für einen Ausstellungskatalog einen Text zu dem Bild.

5. **Sich informieren**
   Informiere dich über die Künstlerin/den Künstler in einem Lexikon oder im Internet. Eine sehr knappe Information findest du auch im Schlussteil unseres Buches.

Die Erschaffung des Menschen

Menschen in verschiedenen Kulturen erzählen sehr unterschiedliche Geschichten über die Entstehung des Menschen. Auch die Tatsache, dass der Mensch als Frau und Mann existiert, wird ganz unterschiedlich erklärt.

Obwohl die Schöpfungserzählungen sehr alt sind, gehen sie natürlich nicht auf Augenzeugenberichte zurück. Kein Mensch war bei der Schöpfung zugegen und kann davon berichten. Aber den Menschen war und ist es wichtig, grundlegende Fragen zu beantworten: Warum gibt es unterschiedliche Geschlechter? Warum gibt es Liebe zwischen Menschen? Was ist der Sinn des menschlichen Lebens? Finden wir in den alten Geschichten über die Entstehung des Menschen Antworten, die uns auch heute noch weiterbringen?

Aus der zweiten Schöpfungserzählung der Bibel:

Da formte Gott, der Herr, den Menschen aus Erde vom Ackerboden und blies in seine Nase den Lebensatem. So wurde der Mensch zu einem lebendigen Wesen. Dann legte Gott, der Herr, in Eden, im Osten, einen Garten an und setzte dorthin den Menschen, den er geformt hatte. (...) Gott, der Herr, nahm also den Menschen und setzte ihn in den Garten von Eden, damit er ihn bebaue und hüte. Dann gebot Gott, der Herr, dem Menschen: Von allen Bäumen des Gartens darfst du essen, doch vom Baum der Erkenntnis von Gut und Böse darfst du nicht essen; denn sobald du davon isst, wirst du sterben. Dann sprach Gott, der Herr: Es ist nicht gut, dass der Mensch allein bleibt. Ich will ihm eine Hilfe machen, die ihm entspricht. Gott, der Herr, formte aus dem Ackerboden alle Tiere des Feldes und alle Vögel des Himmels und führte sie dem Menschen zu, um zu sehen, wie er sie benennen würde. Und wie der Mensch jedes lebendige Wesen benannte, so sollte es heißen.
Der Mensch gab Namen allem Vieh, den Vögeln des Himmels und allen Tieren des Feldes. Aber eine Hilfe, die dem Menschen entsprach, fand er nicht. Da ließ Gott, der Herr, einen tiefen Schlaf auf den Menschen fallen, sodass er einschlief, nahm eine seiner Rippen und verschloss ihre Stelle mit Fleisch. Gott, der Herr, baute aus der Rippe, die er vom Menschen genommen hatte, eine Frau und führte sie dem Menschen zu. Und der Mensch sprach: Das endlich ist Bein von meinem Bein und Fleisch von meinem Fleisch. Frau soll sie heißen*, denn vom Mann ist sie genommen.
Darum verlässt der Mann Vater und Mutter und bindet sich an seine Frau und sie werden ein Fleisch.
Gen 2,4b–9.15–24

Aus der Erzählung des griechischen Philosophen Platon:

Am Anfang war die Gestalt des Menschen völlig anders als heute; rundherum gingen Rücken und Seiten im Kreise, wie bei einer gleichmäßigen Kugel. Vier Hände hatte der Mensch und ebenso viele Beine und auf einem runden Hals zwei Gesichter, beide völlig gleich. Sein Gang aber war nicht wie heute, sondern wenn er schnell laufen wollte, so machte er es, wie wenn man ein Rad schlägt. So stießen sich diese Kugelmenschen mit ihren damaligen acht Gliedmaßen ab und bewegten sich rasch im Kreise. Sie hatten eine ungeheure Kraft und Stärke und verwegene Gedanken, sodass sie sogar die Götter herausforderten.
Da berieten Zeus und die anderen Götter, was man gegen diese Kugelmenschen unternehmen sollte. Zeus sagte: Ich habe ein Mittel, wie man sie und ihre zügellose Kraft schwächen kann. Ich will einen jeden in zwei Hälften schneiden. So werden sie schwächer und gleichzeitig nützlicher für uns, weil sie dann zahlreicher sind. (...) So sprach er und schnitt die Menschen in zwei Stücke. Und jedes Mal, wenn er einen zerschnitten hatte, befahl er dem Apollon, sein Gesicht und die Hälfte des Halses nach der Schnittfläche herumzudrehen, damit der Mensch sein Zerschnittensein vor Augen habe und dadurch folgsamer werde. Apollon also drehte das Gesicht herum, und indem er von allen Seiten die Haut über die Stelle zog, die wir heute Bauch nennen, band er sie in eine Mündung mitten auf dem Bauche zusammen, was man heute als Nabel bezeichnet.
Nachdem nun also seine Gestalt in zwei Stücke geschnitten war, sehnte sich der Mensch nach seiner anderen Hälfte und kam mit ihr zusammen. Und sie umarmten einander und umschlangen sich und versuchten, wieder zusammenzuwachsen.

* Das klingt etwas merkwürdig. Im > hebräischen Urtext ist das ein Wortspiel, das wir am ehesten so wiedergeben könnten: »Männin soll sie heißen, denn vom Mann ist sie genommen.« Auch die englische Sprache bringt diesen Zusammenhang mit den beiden Begriffen »man« und »woman« zum Ausdruck.

Zeus und die Kugelmenschen. Lies die Erzählung des griechischen Philosophen Platon. Gib die Handlung wieder, indem du eine kurze Bildergeschichte zeichnest.

Geschöpf Mensch. Die Autoren der beiden Schöpfungserzählungen wollten Wichtiges über den Menschen und seinen Schöpfer aussagen. Schreibe auf, welche Aussagen die beiden Erzählungen über den Menschen treffen:

- Wer/wie/was ist der Mensch?
- Was ist seine Aufgabe?
- Welches Verhältnis hat er zu seinem Schöpfer?
- Welches Verhältnis hat er zu seinen Mitmenschen?

Notiere dir auch Unterschiede zwischen den beiden Schöpfungserzählungen.

Constantin Brâncuși, 1923

Kunstwerk. Betrachte die Skulptur von Constantin Brâncuși.

- Überlege dir Eigenschaftswörter, die zu diesem Kunstwerk passen, und schreibe sie in dein Heft.
- Welchen Titel würdest du dem Kunstwerk geben? Formuliere einen Titel und verwende ihn als Überschrift.

Wenn du ganz allein bist

Wenn du ganz allein bist,
zwingt dich niemand
zu irgendetwas.
Keiner weiß
immer alles besser.
Wenn du ganz allein bist,
gehört jeder Kühlschrank dir,
jede Blume,
jede Straßenecke,
jeder Eissalon.
Wenn du ganz allein bist,
bist du König.
Aber leider ohne Reich.

Klaus Kordon

König im Paradies. Zähle auf, welche Vorteile des Alleinseins Klaus Kordon nennt. Schreibe das Gedicht weiter mit folgender Zeile: »Wenn du nicht allein bist, ...« (vgl. dazu auch S. 52 ff.).

Aus der ersten Schöpfungserzählung:

Dann sprach Gott. Lasst uns Menschen machen als unser Abbild, uns ähnlich. Sie sollen herrschen über die Fische des Meeres, über die Vögel des Himmels, über das Vieh, über die ganze Erde und über alle Kriechtiere auf dem Land. Gott schuf also den Menschen als sein Abbild; als Abbild Gottes schuf er ihn. Als Mann und Frau schuf er sie. Gott segnete sie und sprach zu ihnen: Seid fruchtbar und vermehrt euch, bevölkert die Erde, unterwerft sie euch und herrscht über die Fische des Meeres, über die Vögel des Himmels und über alle Tiere, die sich auf dem Land regen. Dann sprach Gott: Hiermit übergebe ich euch alle Pflanzen auf der ganze Erde, die Samen tragen, und alle Bäume mit samenhaltigen Früchten. Euch sollen sie zur Nahrung dienen.
Gen 1,26–29, nach der Einheitsübersetzung

Er sprach: »Ich will noch Lebewesen schaffen, die mir ähnlich sind.« Und Gott schuf den Menschen zu seinem Bilde, zum Bilde Gottes schuf er ihn; und schuf sie als Mann und Frau. Er segnete die Menschen und sprach zu ihnen: »Euch vertraue ich alles an, was lebt: Fische, Vögel und die anderen Tiere, den Wald mit allen Bäumen, die Blumen und die übrigen Pflanzen. Geht sorgsam mit allem um!«
Gen 1,26–29, nacherzählt in der Kinderbibel von Werner Laubi

Zwei Versionen. Vergleiche die beiden Übersetzungen des Textes Gen 1.

- Untersuche, welche Formulierungen die Kinderbibel für folgende Aussagen aus der Einheitsübersetzung für Erwachsene verwendet:
  - Der Mensch ist »Abbild« Gottes.
  - Der Mensch soll »herrschen« über die Tiere.
  - Der Mensch soll die Erde »bevölkern« und sich »unterwerfen«.
- Diskutiert in der Klasse, warum für die Kinderbibel die Einheitsübersetzung der Schöpfungserzählung auf diese Weise verändert wurde.
- Begründe anschließend in einem kurzen Text in deinem Heft, welche Version dir besser gefällt.

Der Mensch – ein Abbild Gottes?

- Überlegt in Kleingruppen, wann Menschen Gott wirklich ähnlich sind.
- Sammelt Zeitschriften und erstellt eine Collage über Menschen, die sorgsam mit der Schöpfung umgehen.
- Als Überschrift eurer Collage formuliert einen Satz, der eine Antwort gibt auf die Frage: »Wie können Menschen wirkliche Abbilder Gottes werden?«

Der Hase Theodor

Seit mehr als einem Jahr wohnt der Hase Theodor in einem hölzernen Stall in unserem Garten. Clemens hatte sich ein Häschen zu seinem sechsten Geburtstag gewünscht. Bei Nachbarn hatte er einen Hasen gesehen, der sehr viel kleiner war als alle Hasen im Wald: ein Hasenzwerg, und ganz, ganz zahm! Wir glaubten ihm erst nicht, denn wir erinnerten uns an Stallkaninchen, an mächtige, kräftige Tiere, die durchaus mit Feldhasen zu vergleichen sind. »Ihr habt keine Ahnung«, sagte Clemens. Wir hatten keine Ahnung, wir wussten nicht, dass inzwischen Kaninchen auf Zwerggröße gezüchtet worden waren. Zum reinen Vergnügen. Nicht mehr, um Felle zu liefern oder abgezogen in den Kochtopf zu wandern. Diese Zwerghasen sind ein Modeartikel. So, wie es Angorakatzen oder kleine Pudel sind. Für den Schoß und für das Zimmer.

Die Unterhaltung über den gewünschten Hasen war hartnäckig und scharf. Mutter wie Vater sprachen sich gegen das kleine Tier aus. Clemens war nicht abzubringen. Dann kamen alle üblichen Elternforderungen: Du musst wirklich für das Tier sorgen! Du musst ihn täglich füttern! Du musst den Stall putzen, hörst du, Clemens. Clemens bejahte selbstverständlich alles und so entschlossen wir uns, eines dieser Zwergkaninchen zu kaufen. Vor einem Jahr waren sie noch nicht so in Mode. Und ich sage »Mode« ganz böse, weil ich finde, dass eigentlich alle Modetiere geschundene Wesen sind. Damals waren Zwergkaninchen noch nicht in sämtlichen Tierhandlungen zu kaufen. Wir mussten in die Nachbarstadt fahren, empfohlen von Hasenkundigen. Vom Tierhändler wurden wir einer strengen Prüfung unterzogen.

Haben Sie schon einen Stall? – Nein.

Diese Tiere sind empfindlich! – Wir werden schon dafür sorgen, dass es ihm gut geht.

(…)

Clemens war in der Tat entzückt. Wir suchten verzweifelt nach einem Namen und fanden, »Theodor« wäre eigentlich schön. Der Name ist ein bisschen größer als der Hase, aber er hat sich an ihn gewöhnt. Wir uns auch.

Die Gewöhnung jedoch brachte es mit sich, dass Clemens das Tier in seinem Stall bald vergaß. Er sagte zwar »Mein Theodor …«. Für den Hasen ist das keine Hilfe, denn er vergisst ihn zu füttern. (…) Nur die Jüngste, die dreijährige Sophie, die vor riesigen Hunden ebenso wenig Angst hat wie vor Blindschleichen, geht jeden Morgen erst einmal zum Stall und guckt, ob es dem Theodor gut geht. Sie ist die Einzige. Da sie ihm aber nur selten Salat, Karotten oder Körner bringt, hilft es dem Theodor wenig.

Ich finde es ohnehin schlimm, dass es diese Modetiere gibt, diese auf Handgröße gezüchteten Wesen. Was helfen uns Hunde, die in Blumenvasen passen und so hübsch zu fotografieren sind? Einst, als die Menschen noch Jäger oder Bauern waren, hatten die Hunde die Pflicht, zu jagen oder zu wachen. Heute beißen sie allenfalls noch die Nachbarn oder den Briefträger oder müssen zum Tierarzt, weil sie mit den Nerven herunter sind.

Zum Beispiel Theodor: Wenn wir ihn ins Wohnzimmer holen, damit er herumrennen kann, schlägt er jede Minute einen Haken ohne Sinn. Kein Fuchs jagt hinter ihm her. So wird der Haken zum bloßen Kunststück, über das sich Kinder wie der Clemens freuen. Theodor ist zum Artisten geworden, zum dummen August. Ich muss zugeben, dass mich dies alles zornig macht.

Die Geschichte hat ein bitteres Ende. Der Theodor hat Auslauf. Er hat einen Besitzer und seine kleine Freundin, die ihn morgens besucht. Er hat eigentlich Fürsorge genug, doch er ist zu dumm, ein lebenstüchtiger Hase zu sein. Allen Nagern wachsen die Zähne über die normale Größe hinaus, wenn sie sich nicht täglich an Gegenständen »verbeißen«.

Theodor hat es eine Weile getan. Er hat an den Holzstäben seines Stalles herumgebissen, richtige Kegel herausgeschnitten, bis er es vergaß. Dann begannen ihm die Vorderzähne zu wachsen, über die kleine Schnauze hinaus, wurden länger und länger. Morgen oder übermorgen gehen wir zum Tierarzt, der sie vermutlich abzwicken wird.

Schon jetzt nämlich kann Theodor kaum mehr fressen. Er ist ein nettes Spielzeug geworden und hat deshalb vergessen, dass er ein Hase ist, ein Nagetier. Jetzt können ihm nur die Menschen noch helfen. Die Menschen, die früher die Feinde der Hasen waren. Im Grunde sind sie es immer noch.

Peter Härtling

● **Theodor.** Lies die Geschichte von Peter Härtling. Erkläre, was der Autor mit dem letzten Satz meinen könnte. Wenn du willst, kannst du einen > Brief an Clemens schreiben.

AMAZED
HERITAGE
ORGANIC
Quinoa Flakes

Die Schöpfung bewahren – die Schöpfung vollenden

Die > Bibel erzählt, dass Gott »im Anfang« (Gen 1,1) Himmel und Erde erschaffen hat. Vor unvorstellbar langer Zeit begann er damit. Dass Menschen überhaupt auf der Erde leben können, ist wie ein Wunder. Die Atmosphäre, in der wir leben, ist so dicht, dass sie uns vor tödlichen Strahlungen aus dem All schützt; gleichzeitig ist sie so durchlässig, dass wir atmen können und die Leben spendende Kraft der Sonne uns wärmt. So konnte die Erde unser Lebensraum werden. Sie ernährt uns und bietet uns tausenderlei Möglichkeiten.

Die Erschaffung der Erde ist aber nicht abgeschlossen. Die Schöpfung dauert an: Menschen, Tiere, Pflanzen, Landschaften – alles verändert und entwickelt sich. Wir Menschen können mitbestimmen, in welche Richtung sich die Dinge verändern. Je mehr wir können, je besser die Technik ist, der wir uns bedienen, desto größer wird unser Einfluss. Wir werden mehr und mehr mitverantwortlich dafür, dass die Welt sich in die richtige Richtung verändert. Sicher ist, dass Gott die Welt nicht gemacht hat, um sie danach sich selbst zu überlassen. Gott ist – auch durch die Hand des Menschen – weiterhin in seiner Schöpfung am Werk. Christen glauben, dass Gott die Welt einmal vollenden wird. Am Ende wird sie frei sein von Zerstörung und Leid, es wird eine »neue Erde« sein. Für diese neue Erde können wir schon jetzt etwas tun. Auch durch Kleinigkeiten werden Menschen zu Mitarbeitern in Gottes wunderbarer Schöpfung.

Der Müll von sieben Tagen. Pro Woche verursacht jede Person in Deutschland ungefähr acht Kilogramm Abfall. Der US-amerikanische Fotograf Gregg Segal forderte Freunde, Bekannte und Nachbarn auf, ihre Abfälle von einer Woche zu sammeln. Anschließend forderte er sie auf, sich in diesen Müllberg hineinzulegen und sich von ihm fotografieren zu lassen.

- Betrachte Haltung und Gesichtsausdruck der Kinder und ihrer Eltern genau. Wie fühlen sie sich? Was denken sie inmitten ihrer Abfälle?
- Entwerft zu viert eine Szene, in der sich die Kinder mit ihren Eltern über ihre Gefühle und Gedanken unterhalten. Jeder in der Gruppe übernimmt die Rolle einer der Personen auf dem Foto. Spielt eure Szene der Klasse vor.

Verantwortlich sein. Die Schöpfungsgeschichte erzählt davon, wie Gott den Menschen die Erde übergibt, die er für sie erschaffen hat (Gen 1,26–31).

- Überlege: Was kannst du tun, wenn du mit der Erde sorgsam und verantwortlich umgehen möchtest?
- Fange bei dir zu Hause an. Sprich mit deiner Familie darüber, was ihr tun könntet.
- Schreibe eure Ideen und eure Vorsätze in dein Lerntagebuch.

Wozu sind Tiere gut?

Was war am Anfang?

Welche Aufgaben hat der Mensch auf der Welt?

Woher kommt der Mensch?

Wieso ist etwas und nicht nichts?

Und was hat Gott damit zu tun?

● **Fragen über Fragen.** Bildet Kleingruppen. Jede Gruppe ist »Pate« für eine der Fragen auf dieser Seite.

- Schreibt auf ein Poster eure Frage und beantwortet sie dann mit Bild und Text. Die »Werkzeugkiste für schlaue Denkerinnen und Denker« auf S. 28 f. kann euch dabei behilflich sein.
- Stellt eure jeweilige Gruppenantwort vor und diskutiert sie. Am Ende habt ihr einen »Antwortfries« auf alle hier gestellten Fragen.
- Überlegt: Gibt es noch Ungefragtes? ··· ●

◎ **Schöpfung.** Betrachte das Bild ganz genau. Betrachte zunächst die untere Bildhälfte, dann die obere. Welche verschiedenen Elemente kannst du erkennen?

- Gib dem Bild einen passenden Titel.
- Überlege, zu welcher Erzählung vom Anfang der Welt das Bild am besten passt: zu der naturwissenschaftlichen Erzählung, zu Gen 1,1–2,4a oder zu Gen 2,4b–26? Zeichne dazu eine Tabelle und trage dort die Bildelemente ein, die zu der jeweiligen Erzählung passen. ··· ●

● **Geschichten.** Schreibe zwei Geschichten zum selben Thema. Dein Thema lautet: »Die Geburt meines kleinen Bruders / meiner kleinen Schwester«. Die erste Version der Geschichte folgt der Logik der Naturwissenschaft. Die zweite Version folgt der Art und Weise, wie du selbst die Geburt des kleinen Bruders/der kleinen Schwester mit dem »inneren Auge« erlebt hast.
Lest euch eure Geschichten gegenseitig vor. Habt ihr die Trennung der Perspektive gut durchgehalten? In welcher Geschichte steckt mehr Wahrheit? ··· ●

Sieger Köder, o. J.

Gott geht mit – das Buch Tobit

Die folgende Lernlandschaft führt uns in die Zeit, als es in Israel zwei Reiche gab: das Südreich und das Nordreich, das von der Großmacht Assyrien erobert und zerstört worden war (vgl. S. 147). Zu dieser Zeit soll ein frommer Israelit mit Namen Tobit gelebt haben, der während einer schweren Glaubensprüfung die Hilfe seines Gottes erfuhr. Das Buch Tobit ist keine geschichtliche Erzählung, in der alles wortwörtlich zu verstehen ist, sondern eine sagenhafte Geschichte zum Nachdenken und Nacheifern. Solche Lehr-Erzählungen nennen die Juden »Midrasch«.

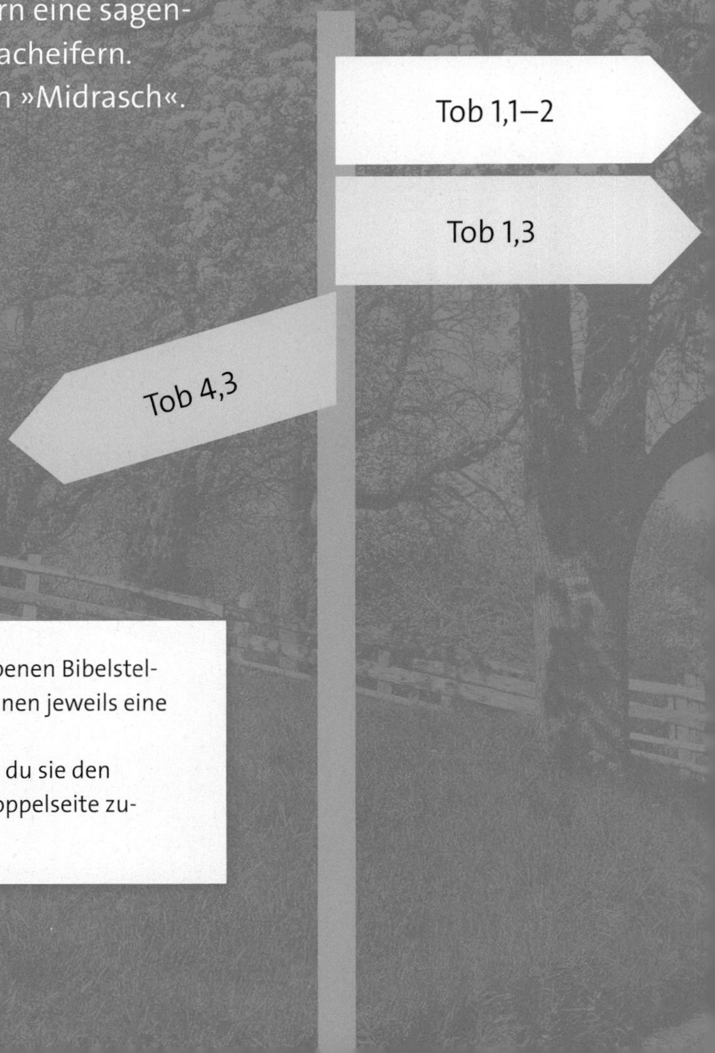

● **Bibelzitate.** Schlage die angegebenen Bibelstellen nach, schreibe sie auf und gib ihnen jeweils eine Überschrift.
Am Ende der Lernlandschaft kannst du sie den Plakatwänden auf der folgenden Doppelseite zuordnen. ···●

Tob 3,8 und 5,4

Tob 5,6

Tob 12,12

Eine Plakataktion planen. Auf den folgenden Seiten findet ihr Ideen, wie ihr eine Plakataktion zum Buch Tobit gestalten könnt. Folgende Hinweise helfen euch bei der Planung und Durchführung:

- Überlegt, für wen die Aktion gedacht ist: Soll sie im Klassenzimmer stehen, im Flur oder gar in einem eigenen Zimmer, z. B. am »Tag der offenen Tür«? Wen wollt ihr einladen? Die Parallelklasse? Die Eltern?
- Besorgt genügend große Plakate und anderes Ausstellungsmaterial.
- Überlegt, ob genügend Flächen vorhanden sind, um die Plakate aufzuhängen, z. B. an Tafeln, Stellwänden oder den Wänden im Klassenzimmer.
- Teilt euch in sechs Arbeitsgruppen auf. Jede Gruppe übernimmt die Gestaltung eines Themas, das auf den Plakatwänden auf dieser Seite vorgeschlagen wird.

Eine Geschichte von und mit Gott
In einem Land mit einer anderen Religion zu leben und seinem Glauben dennoch treu zu bleiben ist wahrhaftig nicht immer einfach. Fremde haben es nicht leicht – damals wie heute!

Plakatwand I

Tobit lebt seinen Glauben
Der Jude Tobit bleibt seinem Glauben treu und befolgt die Gebote seiner Religion – auch in der Fremde.

Plakatwand II

Tobits Ratschläge
Tobit gibt seinem Sohn Tobias zahlreiche wichtige Ratschläge mit, die damals wie heute für das Zusammenleben von Menschen große Bedeutung haben.

Plakatwand III

● **Gestaltung.** Achtet beim Entwerfen der Plakate darauf, dass die Schrift groß genug und gut lesbar ist und dass die Plakate ansprechend und abwechslungsreich gestaltet sind; dazu gehören auch Bilder, Karten, Zeichnungen und anderes. Als Faustregel gilt: Wichtiges muss sich von weniger Wichtigem abheben!

- Das Plakat darf nicht zu überladen sein: Mut zu Leerflächen, gestaltet es nicht zu bunt!
- Benennt Verantwortliche für die Teilaufgaben.
- Stellt einen genauen Zeitplan auf, wann was fertig sein muss.
- Überlegt, wie ihr die Plakataktion mit kleinen Vorträgen »offiziell« eröffnen möchtet. • • • ●

Die Bibel spricht in Bildern
Wer die > Bibel verstehen will, darf sie nicht immer wortwörtlich nehmen. Oft spricht die Bibel in > Symbolen, so wie im Buch Tobit, wenn Engel und Dämonen auftauchen.

Plakatwand IV

Unterwegs mit Gott
Der Gott der Bibel ist ein Gott, der uns Menschen stets begleitet und nie im Stich lässt. Er ist ein »Mitgeher«-Gott. Das zeigt ja auch schon sein Name: Eine mögliche Übersetzung des Gottesnamens > Jahwe lautet: »Ich bin da«.

Plakatwand V

Zu Gott beten
An diesen Gott dürfen sich Menschen stets vertrauensvoll wenden und mit ihm sprechen wie mit einem geliebten Menschen. Nichts anderes heißt > beten. Es gibt viele Situationen, in denen Menschen beten, z. B. wenn sie sich freuen, wenn sie Angst haben oder Dankbarkeit empfinden.

Plakatwand VI

Die Geschichte von Tobit und Tobias

Tobit war ein frommer und gerechter Jude, der zur Zeit des assyrischen Königs Salmanassar aus Tisbe in > Galiläa als Gefangener nach Assyrien in die Stadt Ninive verschleppt wurde. Für ihn war es selbstverständlich, dass er auch in der Fremde die Gebote einhielt und die Pflichten erfüllte, die ihm seine Religion vorschrieb. In diesem Sinne erzog er auch seinen einzigen Sohn Tobias, der seine ganze Freude war.

Der König der Assyrer aber schikanierte die Juden und ließ viele aus reiner Willkür hinrichten. Tobit blieb zwar verschont, aber als er den Geboten seiner Religion folgen und die hingerichteten Juden heimlich in aller Stille begraben wollte, geriet der König in Wut. Tobit musste fliehen und verlor all sein Hab und Gut. Zum Glück starb der König schon kurz danach und dessen Nachfolger erlaubte Tobit die Rückkehr. Doch auch er verbot Tobit, die Toten seines Volkes zu begraben. Tobit hielt sich wieder nicht daran. Einmal, als er spät nach Hause kam und die vorgeschriebenen Reinigungen vollzogen hatte, legte er sich an der Hofmauer zum Schlafen nieder. Da fiel ihm der Kot eines Spatzen in die Augen und Tobit erblindete. So musste von nun an seine Frau Hanna mit Webarbeiten den Unterhalt der Familie verdienen. Hanna verhöhnte Tobit oft und sagte: »Was hat es dir denn eingebracht, dass du die Gebote Gottes erfüllt hast? Blind bist du!« Tobit wurde immer trauriger und in seiner Trauer betete er zu Gott, er möge ihn doch sterben lassen.

Zur gleichen Zeit lebte weit entfernt in der Stadt Ekbatana eine Frau mit Namen Sara. Sie wollte ihrem Vater Raguël eine gute Tochter sein und heiraten. Doch immer, wenn sie einen Mann gefunden hatte, tötete der böse Dämon Aschmodai ihn noch in der Hochzeitsnacht. Die Mägde Saras verlachten sie und sagten: »Du hast die Männer selbst getötet.« Auch Sara wurde traurig. So bat auch sie Gott im Gebet, dass sie lieber sterben möge, als weiterhin ihrem Vater so großen Kummer zu verursachen.

Tobit hatte sich inzwischen daran erinnert, dass er bei einem Freund in Medien Geld hinterlegt hatte. Er beauftragte Tobias, nach Medien zu gehen, um das Geld zu holen, damit dieser nach seinem Tod für Hanna und sich sorgen könne. Doch bevor Tobit seinen Sohn gehen ließ, gab er ihm viele Ratschläge mit auf den Weg. Und da das Reisen in der damaligen Zeit sehr gefährlich war, suchte sich Tobias noch einen Reisegefährten und fand den Juden Asarja, der den Weg kannte.

Tobias und Asarja brachen auf. Am Abend schlugen sie ihr Lager am Ufer des Flusses Tigris auf. Als Tobias, der sich von der langen Reise erholen und baden wollte, in den Fluss stieg, schoss ein riesiger Fisch daher und drohte ihn zu verschlingen. Doch Asarja, der vom Ufer aus den Fisch bemerkt hatte, rief Tobias zu: »Pack den Fisch!« Tobias tat, wie Asarja es gesagt hatte, und wie durch ein Wunder konnte er den Fisch an das Ufer werfen. Asarja sagte zu Tobias: »Schneide den Fisch auf, nimm Herz, Leber und Galle heraus und bewahre sie gut auf. Denn Herz und Leber des Fisches befreien einen Menschen von einem Dämonen, wenn man sie in seiner Gegenwart verbrennt, und Galle hilft gegen Blindheit, wenn man sie auf die Augen streicht.« Tobias hörte diese Worte und merkte sie sich gut.

Die Reise der beiden Gefährten ging weiter und sie kamen in die Nähe von Ekbatana, wo Sara wohnte. Tobias hatte schon von der Schönheit und Klugheit Saras, aber auch von dem Schicksal der sieben Männer gehört, die der Dämon Aschmodai getötet hatte. Er hatte Angst, dass auch er selbst getötet werden würde, wenn er sich

Plakatwand I. Informiert die Besucherinnen und die Besucher eurer Aktion auf dem ersten Plakat über die Geschichte, die das Buch Tobit erzählt. Wichtig ist dabei vor allem, dass sie die entscheidenden Inhalte verstehen können. Dazu einige Anregungen:

1. Teilt die Geschichte in einzelne Szenen ein. Sucht in der Bibel die entsprechende Geschichte. Malt zu der Geschichte ein Titelbild.
2. Stellt jede in der Geschichte auftretende Person auf einem eigenen Plakat vor: Name, Wohnort, Familie, sonstige Eigenschaften.
3. Zeichnet die Wege des Tobit und des Tobias (Geburtsort, andere Aufenthaltsorte) mithilfe der Landkarte nach. Tragt die einzelnen Kapitelüberschriften in die Landkarte ein.

Sara näherte. Doch Asarja sagte zu Tobias: »Hör jetzt auf mich, Bruder! Sie wird deine Frau werden. Mach dir keine Sorgen wegen des Dämons. Denke an meine Worte und verbrenne ein Stück der Leber und des Herzens des Fisches. Der Dämon wird fliehen. Bete dann mit Sara zu Gott, er wird euch helfen.« Als Tobias das hörte, fasste er Zuneigung zu Sara und sein Herz gehörte ihr.

Tobias und Asarja wurden in dem Haus, in dem Sara wohnte, freundlich aufgenommen. Raguël, der Vater Saras, erkannte in Tobias den Sohn seines Freundes Tobit und freute sich über ihr Kommen. Tobias bat seinen Freund Asarja, für ihn bei Raguël um die Hand Saras anzuhalten. Da wurde Raguël traurig und erzählte die Geschichte der sieben Männer, die bereits gestorben waren, doch Tobias weigerte sich, das Essen auch nur zu berühren, bevor ihm Raguël nicht Sara zur Frau gegeben hätte. So willigte Raguël schweren Herzens schließlich ein.

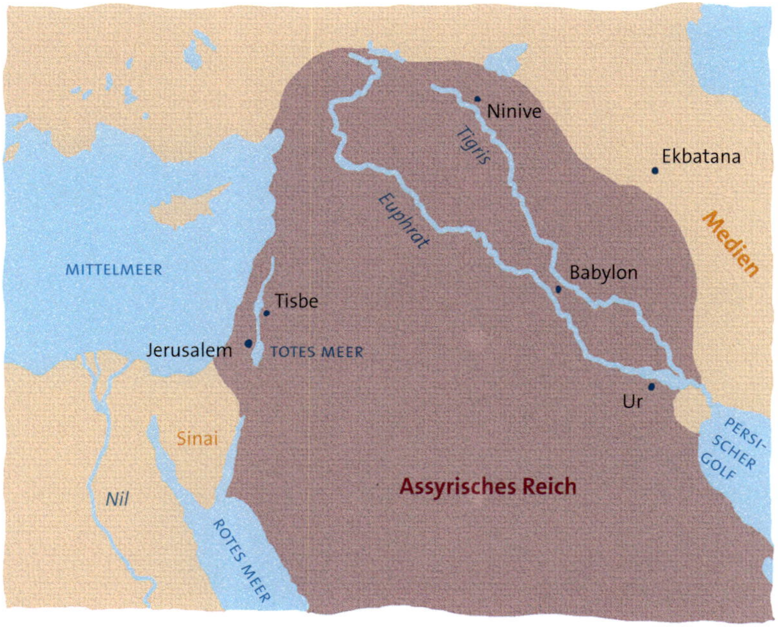

Als Tobias mit Sara in der Nacht alleine war, erinnerte er sich der Worte Asarjas und verbrannte auf der Glut des Kohlebeckens etwas von Leber und Herz des Fisches. Als der Dämon Aschmodai diesen Geruch wahrnahm, floh er für immer. Tobias und Sara aber beteten gemeinsam und dankten Gott, wie es Asarja gesagt hatte.

Am nächsten Morgen war Raguël voller Sorge, dass auch Tobias den Tod gefunden habe. Zu seiner Freude fand er ihn und Sara lebend. Jetzt wurde Hochzeit gefeiert, die vierzehn Tage dauerte. Inzwischen holte Asarja für Tobias das Vermögen bei dem Freund Tobits. Als er zurück war, erinnerte sich Tobias seiner Eltern und wollte ihnen seine Frau vorstellen. So machte er sich mit Sara und Asarja auf den Weg nach Hause.

In Ninive waren Tobit und Hanna in Sorge um ihren Sohn. Sara und Asarja waren in die Nähe von Ninive gekommen, da erinnerte Asarja Tobias an die Galle des Fisches: »Geh zu deinem Vater und nimm die Galle des Fisches mit.« Tobias eilte seinem Vater entgegen und sagte: »Hab keine Angst, mein Vater!« Er strich Tobit von der Galle des Fisches in die Augen und seine Blindheit begann sich zu lösen. Tobias erzählte Tobit alles, was sich ereignet hatte. Da ging Tobit zu Sara und segnete sie. Zu Hause feierten sie ein großes Fest, das sieben Tage dauerte.

Nun war es an der Zeit, Asarja seinen Lohn zu geben. Tobias wollte Asarja die Hälfte von allem geben, was er auf seiner Reise erworben hatte. Da nahm Asarja Tobit und Tobias zur Seite und sagte: »Preist Gott und lobt ihn! Gebt ihm die Ehre und bezeugt vor allen Menschen, was er für euch getan hat. Ihr sollt nun wissen: Als ihr zu Gott flehtet, du und deine Schwiegertochter Sara, da habe ich euer Gebet vor den heiligen Gott gebracht. Und ebenso bin ich in deiner Nähe gewesen, als du die Toten begraben hast. Deine gute Tat blieb nicht verborgen. Nun hat Gott mich gesandt, um dich und deine Schwiegertochter Sara zu heilen. Ich bin Rafael, einer von den sieben heiligen Engeln, die das Gebet der Heiligen emportragen zu Gott.« Nach diesen Worten war Rafael verschwunden. Tobit und Tobias verkündeten überall, welch große Dinge Gott getan hatte. Tobias und Sara und seine Eltern Tobit und Hanna lebten noch lange. Nach dem Tod seiner Eltern zog Tobias mit Sara und seinen Kindern weg von Ninive zu seinem Schwiegervater nach Ekbatana.

● **Briefwechsel.** Stelle dir vor, Tobias berichtet seinen Eltern von seinen Erlebnissen. Suche dir eines seiner Erlebnisse aus und erzähle davon in einem > Brief.

Koscheres Essen
- Lev 11,1-23
- Lev 11,29-30
- Dtn 14,3-20

Bestattungsbräuche
- Tote werden gewaschen
- Tote bekommen ein von Hand genähtes Totenhemd ohne Taschen
- Bei der Beerdigung gibt es keine Musik und keine Blumen

Ich habe immer ...

Ich habe immer ...

Plakatwand II. Auf diesem Plakat informiert ihr die Besucherinnen und Besucher über das Leben als Jude – damals wie heute:

- Lest Tobit 1,3–22 aufmerksam durch.
- Übertragt die Zeichnung mit den Sprechblasen als Skizze auf ein großes Ausstellungsplakat.
- Tragt in die Sprechblasen dann die religiösen Bräuche und Pflichten ein, die Tobit erfüllt hat. Beginnt dabei mit den Worten »Ich habe immer ...«.
- Malt weitere Sprechblasen dazu, denn es sind mehr als nur vier Pflichten.
- Informiert euch genauer über die genannten religiösen Pflichten und Gebräuche, die Tobit erfüllt hat (Tob 1,3–22) . Die Notizzettel geben euch erste Informationen dazu. Weitere Hinweise findet ihr in der Lernlandschaft »Religionen begegnen« (S. 154–171), aber auch in Lexika oder im Internet (z. B. *www.hagalil.com, www.payer.de/judlink.htm*).
- Fasst eure Recherchen auf kleinen Info-Blättern zusammen, ordnet sie den Sprechblasen zu und weist nach, woher diese Vorschriften eigentlich stammen.

Feste in Jerusalem
- Pessach
- Sukkot
- Schawuot
- Fest der Erstlingsgaben (Lev 23,15 ff.)

Barmherzigkeit
- vornehmste Pflicht der Juden
- jede Jüdin und jeder Jude ist je nach ihren Verhältnissen zur Barmherzigkeit verpflichtet
- Almosen

Ich habe immer ...

Ich habe immer ...

Tun-Ergehen-Zusammenhang. Tobit war überzeugt davon, dass er als frommer Mann von Gott gesegnet sei und daher auch kein Leid erfahren müsse. Diskutiert: Stehen reiche und gesunde Menschen Gott besonders nahe? Welchen Zusammenhang gibt es zwischen Krankheit, Armut, Leid und der Nähe Gottes?

Hast du wenig, zögere nicht, auch mit dem Wenigen Gutes zu tun.

Hast du viel, so gib reichlich.

Wende deinen Blick niemals ab, wenn du einen Armen siehst.

Wenn du Überfluss hast, tu damit Gutes.

Sei nicht kleinlich, wenn du Gutes tust.

Gib dem Hungrigen von deinem Brot.

Suche nur bei Verständigen Rat.

Plakatwand III. Auf diesem Plakat informiert ihr die Besucherinnen und Besucher über zentrale Regeln, die Tobias seinem Sohn Tobit mit auf die lange und gefährliche Reise gegeben hat und die auch für das Zusammenleben in Gemeinschaften bis heute Gültigkeit besitzen.
Wählt aus den verschiedenen Kärtchen diejenigen aus, die euch besonders wichtig erscheinen, und gestaltet sie besonders schön auf einem großen Plakat.

Einen brauchbaren Ratschlag verachte nicht.

Handle gerecht, solange du lebst.

Denke alle Tage an den Herrn, unseren Gott.

Bitte Gott, dass dein Weg geradeaus führt und ein gutes Ende nimmt.

Lehrbuch fürs Leben. Schreibe in dein Lerntagebuch einen Text, in dem du zeigst, warum das Buch Tobit ein Lehrbuch fürs Leben ist. Führe Beispiele an.

Wichtige Regeln. Schlage in der Bibel die > Zehn Gebote nach (Ex 20,1–17) und ordne diese den Ratschlägen des Tobit zu.
- Vergleiche die Ratschläge des Tobit mit der > Goldenen Regel (Mt 7,12, vgl. S.67). Wo siehst du Gemeinsamkeiten?
- Überlege: Welche weiteren Ratschläge würdest du deinen Kindern mitgeben?

Eine Rede halten. Immer wieder werdet ihr in der Schule eine kleine Rede, ein Referat oder eine andere Art der Vorführung (»Präsentation«) halten müssen. Dafür kann man nicht oft genug üben, denn Übung macht den Meister! Alle Schülerinnen und Schüler der Religionsgruppe können dazu die Gelegenheit erhalten.
- Wähle zunächst drei Regeln aus, die deiner Ansicht nach eine große Bedeutung für das Zusammenleben von Menschen haben.
- Nun hast du drei Minuten Zeit, dir zu überlegen, was du vor der Klasse sagen wirst. Halte dich bei deiner Rede an folgende Vorgehensweise:
  1. Begrüßungssatz: Meine Damen und Herren!
  2. Ich habe folgende Regeln ausgewählt: Regel 1, Regel 2, Regel 3.
  3. Begründung:
     Regel 1 habe ich gewählt, weil ...
     Regel 2 habe ich gewählt, weil ...
     Regel 3 habe ich gewählt, weil ...
  4. Wiederholung: Ich denke, dass diese drei Regeln unverzichtbar sind, wenn man friedlich miteinander leben will.
  5. Schlusssatz: Vielen Dank (oder etwas Pfiffigeres)!

Anschließend erfolgt die gemeinsame Auswertung der Rede: Was war gut? Und warum? Was hat der Verständlichkeit gedient, was weniger?

Die Bibel als Glaubensbuch

Biblische Geschichten kann man mitunter nur schwer verstehen. Was da geschrieben steht, klingt oft sehr unwahrscheinlich. Abraham soll 175 Jahre alt geworden sein und Methusalem sogar 969 Jahre. Unmöglich! Auch die Aussage, dass Gott die Welt in sieben Tagen erschaffen hat, lässt sich mit der Entwicklungsgeschichte der Menschen von den ersten Lebewesen über die Affen und Frühmenschen bis heute kaum vereinbaren.

Wer jedoch so denkt, hat die Bibel nur mit den »äußeren Augen« gelesen. Das heißt, er fragt sich, ob das, was auf dem Papier steht, so auch wirklich passiert ist. Wer aber die Bibel mit »äußeren Augen« liest, liest sie nur oberflächlich und wird sie ganz leicht missverstehen. Denn die Bibel ist kein Biologie- oder Geschichtsbuch, das beschreibt, wie und wann etwas entstanden bzw. geworden ist.

Die Bibel ist ein Glaubensbuch. In ihr schreiben Menschen von ihren ganz persönlichen Erfahrungen und Erlebnissen mit Gott. Und solche Erfahrungen können gar nicht richtig oder falsch sein. Sie sind mit »äußeren Augen« nicht zu verstehen. Wenn ich der Person, die sie mir berichtet, vertraue, glaube ich ihr, dass das, was sie sagt, auch stimmt. Ich spüre in meinem Herzen, dass sie recht hat. Meine »inneren Augen« sagen mir, dass es stimmt. Solche nur mit »inneren Augen« zu verstehenden Erfahrungen sind besonders wichtig: Hoffnung, Vertrauen, Zuversicht, Liebe – und Gott. All das kann ich nicht sehen, aber ich kann spüren, dass es das gibt. Um solche Erfahrungen dennoch »sichtbar« zu machen, verwendet die Bibel oft Bilder, die die »Welt hinter der Welt« sichtbar machen. Solche Bilder darf man nicht wortwörtlich verstehen. Man muss sie mit den »inneren Augen« übersetzen, d. h. fragen, was sie bedeuten sollen. Als am Anfang der Bibel die Schlange mit Eva spricht und sie verführt, vom Baum der Erkenntnis von Gut und Böse zu essen, wird, mit »äußeren Augen« betrachtet, jeder sagen, dass es keine sprechenden Schlangen gibt. Mit den »inneren Augen« aber wird klar, dass die Schlange ein Sprachbild für das Böse ist, das in jedem Menschen steckt. Ähnlich verhält es sich mit dem Dämon in der Tobit-Erzählung. Niemand kann ihn sehen, aber Menschen haben erfahren, dass ihnen Schaden zugefügt wurde – Sara verlor sieben Ehemänner und wäre fast unverheiratet geblieben. Übrigens: Auch die Zahl »Sieben« ist mit »inneren Augen« zu lesen und gilt als Zahl der Vollkommenheit – mehr braucht es nicht. Und auch der Engel Rafael darf nicht mit »äußeren Augen« gesehen werden. Er verkörpert vielmehr den Beistand und den Schutz Gottes für alle Menschen, die in Not sind und dennoch auf Gott vertrauen. Als Bote Gottes ist er der Vermittler zwischen Mensch und Gott, derjenige, der die Gebete und Sorgen vor Gott bringt, der alles zum Guten wenden wird.

● **Was mich beschützt.** Male die Figur des Tobias auf der gegenüberliegenden Seite in dein Heft und notiere um ihn herum, wer und was dich in deinem Alltag beschützt, z. B. Eltern, Schirm, > Segen …
Male die Figur des Engels auf ein weiteres Blatt Papier, schneide sie aus und klebe sie nur am linken Rand so in dein Heft, dass er sich aufklappen lässt und gleichzeitig deine Notizen überdeckt. So erhältst du eine äußere Seite – den Engel – und eine innere Seite – deine Notizen!

● **Plakatwand IV.** Auf diesem Plakat informiert ihr die Besucherinnen und Besucher über »Sprachbilder«.

- Sucht nach solchen »Sprachbildern« und stellt sie aus. Ein kleiner Tipp: Sprichwörtliche Redensarten sind voll davon. Einige Beispiele findet ihr im Lerngang auf dieser Doppelseite.
- Ein ganz zentrales Sprachbild in der Bibel ist der Begriff »Engel«. Tragt zusammen, was Engel alles tun. Dazu könnt ihr in Tob 12,12–15 nachlesen, was der Erzengel Rafael getan hat. Auch hilft euch dabei das Gedicht von Rudolf Otto Wiemer.
- Ein Sprachbild, das das Böse umschreibt, ist »Dämon«. Tragt zusammen, was er alles bewirkt hat (vgl. Tob 3,7–9 und 6,15–17).

Es müssen nicht Männer mit Flügeln sein

Es müssen nicht Männer mit Flügeln sein,
die Engel.
Sie gehen leise, sie müssen nicht schrein,
oft sind sie alt und hässlich und klein,
die Engel.

Sie haben kein Schwert, kein weißes Gewand,
die Engel.
Vielleicht ist einer, der gibt dir die Hand,
oder er wohnt neben dir, Wand an Wand,
der Engel.

Dem Hungernden hat er das Brot gebracht,
der Engel.
Dem Kranken hat er das Bett gemacht,
und er hört, wenn du ihn rufst, in der Nacht,
der Engel.

Er steht im Weg und er sagt: Nein,
der Engel,
groß wie ein Pfahl und hart wie ein Stein –
es müssen nicht Männer mit Flügeln sein,
die Engel.

Rudolf Otto Wiemer

LERNGANG Sprechen: Bild und Vergleich

In unserer Sprache gibt es viele bildhafte Ausdrücke und Umschreibungen. Dabei werden Vorstellungen aus zwei unterschiedlichen Bereichen, die eigentlich nicht zusammengehören, verbunden. Eine solche Verbindung von unterschiedlichen Bereichen nennt man nach dem griechischen Wort für »Übertragen« auch Metapher. Metaphern finden sich in Sprichwörtern und Redensarten, aber auch in der Bibel.

Beispiele:

Er ist ein Schatz.
Sie ist ein Fels in der Brandung.
Der Teufel ist los.
Du bist das Licht der Welt.

Geh mit uns

Text: Norbert Weidinger, © beim Urheber; Musik: Ludger Edelkötter, © KiMu Kinder Musik Verlag GmbH, 64285 Darmstadt

2. Alle: *Reiß uns mit, Schritt für Schritt!*
   Vorsänger/in:
   Wenn allen uns die Sicht genommen:
   Musste das geschehn?
   Wenn Hoffnung, Mut und Kraft zerronnen:
   Wie soll's weitergehn?

3. Alle: *Wer dich erkennt, ganz neu entbrennt!*
   Vorsänger/in:
   Wenn Nacht auf uns hereingebrochen:
   Brich mit uns das Brot!
   Bis das letzte Wort gesprochen,
   bis zum Abendrot.

Plakatwand V. Auf diesem Plakat informiert ihr die Besucherinnen und Besucher darüber, was es heißt, »unterwegs mit Gott zu sein« – so wie es Tobias war. Dazu einige Anregungen:

- Schreibt auf ein Plakat alle Worte und Begriffe, die euch zum Thema »Weg« einfallen, z. B. Raststätte, Anstieg, Sackgasse usw.
- Gestaltet, z. B. als Bild oder Erzählung, verschiedene biblische Weggeschichten – der nebenstehende Auftrag hilft euch dabei.
- Auch heute noch sind Menschen unterwegs, um Gott näherzukommen: Man nennt sie Pilger. Kennt ihr Pilgerziele? Gibt es welche in eurer Umgebung? Stellt verschiedene Pilgerorte und ihre Bedeutung vor.

Unterwegs. Betrachte den Weg in aller Stille. Je genauer du ihn betrachtest, desto mehr wird dir auffallen.

- Geh folgenden Fragen in deinen Gedanken nach: Woher kommt dieser Weg und wohin wird er dich führen? Was begegnet dir unterwegs? Was erwartet dich am Ende des Weges? Wer sollte dich unterwegs begleiten?
- Welche Empfindungen hast du, wenn du in Gedanken den Weg gehst? Schreibe deine Gedanken auf.
- Tausche dich mit deinem Banknachbarn oder deiner Banknachbarin über eure Gedanken aus.

Gebete in der Bibel

In der Bibel findet ihr zahlreiche Gebete von Menschen zu Gott. Das bekannteste spricht Jesus in Mt 6,9–13: das Vaterunser. Auch im > Alten Testament finden sich viele Gebete. Die meisten stehen im Buch der > Psalmen, das ein einziges Gebetbuch ist. Aber auch in anderen biblischen Büchern finden sich schöne Gebete, etwa im Buch Tobit. > Beten kann man auf ganz unterschiedliche Weise (siehe Lernlandschaft »Menschen suchen Gott«, Ausstellungsraum 8, S. 44) und aus ganz unterschiedlichen Gründen. Manche bitten um etwas, andere klagen, wieder andere danken, loben oder suchen einfach nur Nähe und Geborgenheit. Allen Betenden ist aber die Hoffnung gemeinsam, dass ihre Gebete »vor Gott getragen«, also gehört werden. Die Tobit-Erzählung zeugt in höchst eindrucksvoller Weise davon, dass dies geschieht.

Amen!

Plakatwand VI. Im Buch Tobit findet ihr zahlreiche Gebete. Hier einige Ideen für eure Plakate:

- Schreibt die oben angegebenen Gebete schön ab.
- Ein ganz zentrales, aber sehr langes Gebet ist das Kapitel 13 des Tobit-Buches. Verteilt die einzelnen Verse untereinander, schreibt sie ab und gestaltet sie schön.
- Formuliert eigene Gebete von Menschen, die sich in ähnlichen Situationen – ob Not, Freude oder was auch immer – befunden haben wie Tobias und Sara.
- Ordnet die Gebete nach verschiedenen »Gebetsarten«. Wo handelt es sich um ein Dankgebet? Wo um eine Klage? Wo um eine Bitte? Wo um ein Lob?

Gebetsschule. Erkläre einem Menschen, der nicht an Gott glaubt, wie Christinnen und Christen beten können.

Gebetshaltungen. Beschreibe die Gebetshaltungen der beiden Personen auf dem Bild. Um welche »Gebetsart« dürfte es sich dabei handeln?

- Versuche, die beiden Personen zu bestimmen und den Ort ihrer Gebete in die Handlung der Tobit-Geschichte einzuordnen.
- Wenn du herausgefunden hast, wer sie sind, suche ihre Gebete und vergleiche sie.

Zu Gott sprechen

Beten heißt zu Gott sprechen wie zu einem geliebten Menschen. In der Lernlandschaft »Menschen suchen Gott« habt ihr bereits erfahren, dass man zu Gott auf ganz unterschiedliche Weise sprechen kann.

Beten kann man nicht lernen wie Vokabeln oder andere Sachinhalte in der Schule. Beten lernt man nur durch Beten. Man muss es einfach ausprobieren. Beten ist eine Antwort auf etwas, das viele Menschen erfahren haben, nämlich dass Gott bei uns ist – auch in scheinbar aussichtslosen Lagen – und letztlich alles zum Guten wenden wird.

Abendmahl
Das letzte gemeinsame Mahl > Jesu mit den Jüngern am Abend vor seinem Tod wird bei den ersten drei Evangelisten und von Paulus überliefert. Es ist der Ausgangspunkt für die sakramentale > Eucharistiefeier. Die reformatorischen Kirchen und kirchlichen Gemeinschaften bezeichnen ihre entsprechenden Feiern bis heute als Abendmahl.

Ägypten
Ägypten zur Zeit des > Alten Testaments ist ein mächtiges Reich. Sein König ist der > Pharao. Der Nil ist die Lebensader des Landes. Er ist mit 6700 km einer der längsten Flüsse der Erde. Im sogenannten Nildelta mündet er mit zahlreichen Flussarmen ins Meer. Noch heute stehen in Ägypten die Ruinen großartiger Bauten, die mehrere Tausend Jahre alt sind: Pyramiden, Königsgräber und Tempel.

Altar
Ursprünglich bezeichnete man eine erhöhte Opferstätte im Freien oder in einem Tempel als Altar. Im Jerusalemer Tempel gab es einen prachtvollen Brandopferaltar, auf dem täglich Tieropfer dargebracht wurden, um sich der Nähe > Gottes zu seinem Volk > Israel zu vergewissern.
In den christlichen Kirchen werden unter Berufung auf > Jesus keine solchen Opfer dargebracht. Deshalb gab es bei den ersten Christen auch keinen Brandopferaltar, sondern nur einen hölzernen »Tisch des Herrn«, an dem sie sich bei Brot und Wein zusammensetzten, um nach dem Vorbild Jesu und seiner Jünger gemeinsam > Abendmahl zu feiern. Dieser Tisch wurde zum Mittelpunkt der Kirche. Erst später nannte man ihn Altar. Es ist der Ort, an dem die Christen Leiden, Tod und Auferstehung Christi feiern und der > Priester die Wandlung von Brot und Wein in Leib und Blut Christi vollzieht. In > katholischen Kirchen sind die Altäre geweiht und es sind in ihnen Reliquien eingelassen, z. B. Knochenstücke von Heiligen.

Alter Orient
Der Alte Orient umfasst die Kulturen und Länder an den Flüssen Euphrat und Tigris und im östlichen Mittelmeer. Die Zeit des Alten Orients reichte von 3000 bis ca. 300 v. Chr. In diesen Ländern entstanden große Stadtstaaten (z. B. Babel, Assur, Ur), weil sich immer mehr Menschen zusammenschlossen, die allein nicht genügend Nahrung sammeln und Felder bestellen konnten, um sich zu ernähren.
In gemeinsamer Arbeit machte man die Natur nutzbar und sicherte so das eigene Überleben. Die Stadtstaaten entwickelten sich später zu großen Reichen mit blühendem Handel und großartiger Kultur. Das Land Mesopotamien (wörtlich: »das Land zwischen den Flüssen«) wurde im Laufe der Geschichte von Sumerern, Babyloniern, Assyrern, Chaldäern, Neubabyloniern und Persern beherrscht. Im Alten Orient entwickelten die Phönikier, die im heutigen Libanon lebten, eine Schrift, die die Grundlage aller europäischen Schriften bildet. Der südliche Teil Mesopotamiens am Unterlauf der Flüsse hieß Chaldäa. Aus dieser Region stammt Abraham nach biblischer Überlieferung. Die > Israeliten bildeten im Vergleich zu den übrigen Völkern des Alten Orients erst spät und nur vorübergehend ein größeres Reich.

Altes Testament (AT)
Das AT ist der erste Teil der > Bibel. Die > katholische Kirche erkennt 46 Bücher des AT als »heilig und kanonisch« an. Damit enthält sie einige Bücher mehr als die hebräische Bibel. Diese zusätzlichen Bücher werden häufig als »Spätschriften« oder auch als »Apokryphen« bezeichnet. Die Bücher des AT werden in Geschichts-, Weisheits- und Prophetenbücher eingeteilt und er-

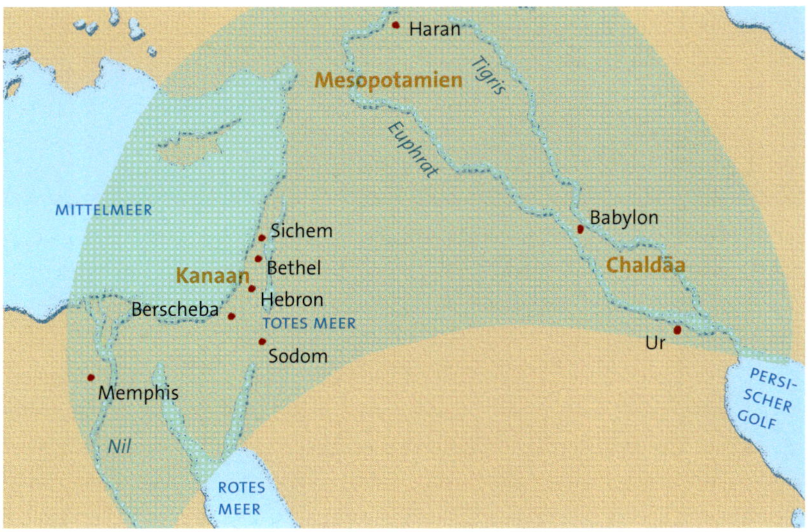

Die Hochkulturen des > Alten Orients erstreckten sich zwischen Nil und Tigris, auf dem sogenannten »fruchtbaren Halbmond«

Bibelstelle: Lk 9,3 ← Jedes Buch bekommt eine eigene Abkürzung. (Ein Verzeichnis der Abkürzungen und viele andere Informationen gibt es im Anhang der Bibel.)

Die Aussendung der zwölf Jünger: 9,1–6
9 1 Dann rief er die Zwölf zu sich und gab ihnen die Kraft und die Vollmacht, alle Dämonen auszutreiben und die Kranken gesund zu machen.
2 Und er sandte sie aus mit dem Auftrag, das Reich Gottes zu verkünden und zu heilen.
3 Er sagte zu ihnen: Nehmt nichts mit auf den Weg, keinen Wanderstab und keine Vorratstasche, kein Brot, kein Geld und kein zweites Hemd.
4 Bleibt in dem Haus, in dem ihr einkehrt, bis ihr den Ort wieder verlasst.
5 Wenn euch aber die Leute in einer Stadt nicht aufnehmen wollen, dann geht weg und schüttelt den Staub von euren Füßen, zum Zeugnis gegen sie.
6 Die Zwölf machten sich auf den Weg und wanderten von Dorf zu Dorf. Sie verkündeten das Evangelium und heilten überall die Kranken.
1–6 || Mt 10,1.5–14; Mk 6,7–13 / 1–6: 10,1–12 / 3:22,35

Jedes Buch wird in größere Abschnitte (Kapitel) unterteilt. Das sind die großen Ziffern im Text.

Jeder Satz in einem Kapitel bekommt eine eigene Nummer (Vers). Das sind die kleinen Ziffern im Text.

Außerdem finden sich am Rand oder Ende eines Textabschnitts Querverweise zu anderen Stellen der Bibel, die mit diesem Text zusammenhängen.

So gliedern sich die Kapitel der > Bibel

zählen für Juden und Christen von Erfahrungen mit > Gott. Daher gelten sie in beiden Religionen als Wort Gottes. Die ersten fünf Bücher des Alten Testaments nennen die Juden > Tora.

Ambo (griech. = erhöhte Stelle)
Ambo bezeichnet das Lesepult, von dem aus der Lektor oder die Lektorin die alt- und neutestamentlichen Lesungen im Gottesdienst vorliest.

Beschneidung
Am achten Tag nach der Geburt werden die jüdischen Jungen beschnitten. Es wird ein Stück von der Vorhaut ihres Glieds entfernt. Auch muslimische Jungen werden beschnitten.
Die Beschneidung war bei den alten Völkern > Ägyptens und Vorderasiens weit verbreitet. Im Volk Israel ist die Beschneidung das Zeichen des > Bundes mit > Gott (vgl. Gen 17). Auch muslimische Jungen werden beschnitten. Heute wird die Beschneidung auch bei Nichtjuden und Nichtmuslimen manchmal aus Hygienegründen durchgeführt.

Beten, Gebet
Wann immer Menschen sich und ihr Leben in Beziehung zu > Gott sehen, beten sie. Dies kann durch Worte und Taten geschehen. Gebetshaltungen bringen zum Ausdruck, dass Menschen sich ganz Gott öffnen wollen. Feste Gebete (z. B. das Vaterunser), freie Gebete mit eigenen Worten oder das Stillwerden vor Gott haben zum Ziel, mit Gott in Kontakt zu kommen und zu erfahren, was Gott will.

Betlehem (hebr. = »Haus des Brotes«)
Betlehem ist eine Stadt auf einem Bergrücken sieben Kilometer südlich von > Jerusalem. Dort gibt es viele Felsenhöhlen, die als Wohnungen und Ställe benutzt wurden. Betlehem war die Heimatstadt > Davids und gilt in den > Evangelien von Lukas und Matthäus als Geburtsort > Jesu.

Bibel
Das Wort »Bibel« kommt aus dem > Griechischen und bedeutet eigentlich »die Bücher«. Im ersten Teil der Bibel (> Altes Testament) sind die Erfahrungen des Volkes > Israel mit > Gott aufgezeichnet, im zweiten Teil (> Neues Testament) die Worte und Taten > Jesu und die Erlebnisse der Apostel.
Die Bibel ist im Laufe vieler Jahrhunderte entstanden. Zunächst haben sich Menschen ihre Erlebnisse mit Gott erzählt, später wurden diese Erzählungen dann aufgeschrieben und immer wieder ergänzt. Das Alte Testament wurde um 100 n. Chr. abgeschlossen, das Neue Testament bald darauf.
Da die Bibel Texte ganz unterschiedlicher Zeiten und Menschen enthält, finden sich in ihr auch ganz verschiedene Erzählweisen und Sprachformen, z. B. > Psalmen, Sagen, Reden, geschichtliche Berichte, > Briefe, > Gleichnisse. Damit jede Bibelstelle sofort auffindbar ist, hat man sich auf eine bestimmte Einteilung geeinigt (siehe Kasten links).

Brief
Briefe schreibt man sich, um Grüße und Nachrichten zu übermitteln.
Im Altertum waren Briefe oft mehrere Wochen lang unterwegs, bis sie ihr Ziel erreichten. Manche gingen auch verloren und gelangten niemals an ihre Adressaten. Im > Neuen Testament sind über zwei Drittel der Schriften Briefe, viele stammen von > Paulus, einige von seinen Schülern und andere von weiteren Jüngern > Jesu. Manchmal findet sich ein Brief auch in eine Erzählung eingebaut, so z. B. in der Apostelgeschichte (15,23–28). Briefe, also auch die biblischen Briefe, folgen ganz festen Regeln. Sie beginnen mit einem Gruß bzw. einem Segenswunsch. Sie benennen den Adressaten und den Absender. Dann wird das Anliegen des Briefes dargelegt und am Ende folgt wieder ein Gruß oder ein Segenswunsch.

Buchrolle
Wichtige Texte wurden in biblischer Zeit auf Streifen aus > Papyrus oder Le-

der geschrieben. Diese Streifen waren etwa 25 Zentimeter breit und konnten bis zu zehn Meter lang sein. Sie wurden normalerweise nur auf einer Seite beschrieben. Der Text war in senkrechten Spalten angeordnet. Die Enden der Streifen wurden auf zwei Stäben zu einer Rolle gewickelt.

Bund
Das mit »Bund« übersetzte hebräische Wort *berit* bedeutet »Vertrag«. In einem Vertrag versprechen sich die beiden Partner, so zu handeln, wie sie es vereinbart haben. Sie verpflichten sich gegenseitig, dem Bund treu zu bleiben. Die > Bibel erzählt, wie > Gott einen Bund mit den Menschen schließt (z. B. mit Noah: Gen 9; mit Abraham: Gen 15 und 17). Als Bundeszeichen gilt bis auf den heutigen Tag die > Beschneidung.

David
König David war die Identifikationsfigur des Volkes > Israel (vgl. 1 Kön 2). Er hatte die Philister besiegt (vgl. 1 Sam 17), > Jerusalem erobert und zur Hauptstadt gemacht (vgl. 2 Sam 5,6–12). Er war der größte König Israels. Darum wurde David für Israel das Vorbild für den > Messias (vgl. 2 Sam 7). Viele Juden hofften, dass der Messias sie von ihren Feinden befreien und Israel wieder groß und mächtig machen werde. Deshalb wurde der Messias »Sohn Davids« genannt. Und diesen Titel erhält auch > Jesus im > Neuen Testament (vgl. Mk 10,48; Mt 21,9; Lk 20,41 u. ö.): Für Christen ist > Jesus Christus der Messias, der»Sohn Davids«.

Dekalog
> Zehn Gebote (Dekalog)

Dom
Die Abkürzung von lat. *domus dei* (= Haus Gottes) bezeichnet die bischöfliche Hauptkirche in einem Bistum. In Deutschland wird manchmal auch die Hauptkirche einer Stadt ohne Bischof Dom genannt, in Süddeutschland Münster.

Doppelgebot der Liebe
> Jesus von Nazaret hat in dem Doppelgebot der Liebe (Mt 22,37–40) zwei Weisungen aus dem > Alten Testament miteinander verknüpft: die Gottesliebe (Dtn 6) und die Nächstenliebe (Lev 19). Das Christentum betont, dass beide Haltungen stets zusammengehören. Wie bei den > Zehn Geboten geht es um die Beziehung zu > Gott und um die zu den Menschen.

Downsyndrom (Trisomie 21)
Menschen mit Downsyndrom sind nicht krank, sondern aufgrund einer genetischen Störung vor allem in ihrer körperlichen und geistigen Entwicklung beeinträchtigt. Die Kinder fallen z. B. durch leicht schräg stehende Augen mit zarter Hautfalte am inneren Augenwinkel auf. In ihrer körperlichen und geistigen Entwicklung sind sie langsamer als ihre Altersgenossinnen und Altersgenossen. Das Downsyndrom ist nicht einfach gleichzusetzen mit Behinderung und Einschränkung. Menschen mit Trisomie 21 besitzen ausgeprägte emotionale Fähigkeiten.

Das Freiburger Münster (> Dom)

Sie sind liebevoll, zärtlich und verfügen über ein sonniges Gemüt. Viele von ihnen sind auch musikalisch begabt und haben ein ausgeprägtes Rhythmusgefühl. Trisomie 21 ist keine Krankheit und entsprechend auch nicht heilbar. Aber mit einer intensiven medizinischen und persönlichen Betreuung sowie einer möglichst frühen, gezielten Förderung lassen sich die Einschränkungen und Behinderungen verringern.

Eucharistiefeier
Die Eucharistiefeier ist die zentrale Lob- und Dankfeier des > katholischen Glaubens. Die > Gemeinde versammelt sich, um Gottes Wort zu hören und den Tod und die Auferstehung Christi zu feiern. Die > Evangelien berichten, dass > Jesus von Nazaret selbst den Auftrag dazu gegeben hat. Im Wort > Gottes sowie in den Zeichen von Brot und Wein bekennt die Gemeinde die Gegenwart Jesu.

Evangelium/Evangelien
»Evangelium« stammt aus dem Griechischen und bedeutet »gute Botschaft« oder »eine Botschaft, die froh macht (Frohe Botschaft)«. > Jesus verkündet die gute Botschaft, dass das > Reich Gottes nahe gekommen ist. Die Christen sind davon überzeugt, dass mit Jesus Christus diese Zeit des Heils angefangen hat. Später werden auch die vier biblischen Schriften des > Neuen Testaments, die das Leben Jesu erzählen, »Evangelien« genannt (Evangelium nach Matthäus, Markus, Lukas und Johannes). In der Messe wird als Höhepunkt des Wortgottesdienstes aus dem Evangelium vorgelesen.

Evangelisch
Die Kirchen der Reformation bezeichnen sich als evangelisch, da sie ihr Bekenntnis vor allem und zuerst auf

Aufbau der Pfarrgemeinde

Pfarrgemeinderat
Ist tätig in der Gemeindearbeit. Bildet »Ausschüsse«, z. B. Jugendarbeit, Erwachsenenbildung, Liturgie und Gottesdienst, Altenseelsorge, Öffentlichkeitsarbeit

Kirchenverwaltung
Trägt die Verantwortung für Bau- und Finanzfragen.

Pfarrer
Koordiniert die Gemeindearbeit, feiert die Eucharistie, spendet die Sakramente, verkündet das Evangelium.

Gemeindemitglieder
Durch die Taufe ist jeder zu Gottesdienst und Weltdienst berufen.

Hauptamtliche Mitarbeiter/innen
Z. B. Diakon, Kaplan, Pastoralreferent/in, Gemeindereferent/in.

Nebenamtliche Mitarbeiter/innen
Leisten spezielle Dienste, z. B. Messner/in, Ministrant(inn)en, Lektor/in, Kommunionhelfer/innen, Kirchenchor, Organist/in.

das > Evangelium gründen. Der Reformator > Martin Luther hat die Merkmale genannt, die für evangelische Christen zentral sind: allein die Schrift, allein der Glaube, allein die Gnade. Diese drei sind zusammengefasst in dem Bekenntnis »allein Christus«. Im Mittelpunkt des evangelischen Glaubens steht die Überzeugung, dass jeder Mensch von > Gott vorbehaltlos angenommen und geliebt ist, ohne dass er dafür etwas leisten müsste. Aus dieser individuellen und unmittelbaren Beziehung zu Gott leitet sich auch das allgemeine Priestertum (> Priester) aller Gläubigen ab. Wichtige Entscheidungen werden darum demokratisch getroffen. Dafür gibt es ein »Kirchenparlament«, Synode genannt.

Galiläa
Galiläa bezeichnet den fruchtbaren Landstrich westlich des Sees Gennesaret. Diese Landschaft ist die Heimat > Jesu. In ihr befindet sich Nazaret. Hier hat Jesus zuerst die Botschaft vom nahenden > Reich Gottes verkündet.

Gebet
> Beten/Gebet

Gemeinde/Pfarrgemeinde
Schon im Althochdeutschen bezeichnet *pfarra* oder *pfarre* das Gebiet, für das ein > Priester im Auftrag des Bischofs zuständig ist. Daher nennt man einen Priester im Gemeindedienst auch »Pfarrer«.
Gemeinsam mit vielen anderen haupt- und ehrenamtlichen Mitarbeiter/innen gestaltet er das Gemeindeleben. Es ist die Aufgabe der Mitarbeiter/innen, in der Pfarrgemeinde zusammen mit den Gemeindemitgliedern den Glauben zu erfahren und zu bezeugen. Dies geschieht in den vier Grundvollzügen christlichen Lebens.
Darunter versteht man das Mit-Suchen und Mit-Deuten des Willens > Gottes, den man bezeugt (martyria), die Erfahrung und das aktive Gestalten von Gemeinschaft (koinonia), das gemeinsame Feiern des Glaubens (leiturgia) und den Dienst am Mitmenschen (diakonia).

Gleichnis
Ein Gleichnis ist eine Erzählung, mit der > Jesus seine Botschaft vom > Reich Gottes den Menschen nahebringen wollte. Er greift in seinen Gleichnissen alltägliche Situationen auf und gibt ihnen eine überraschende Wendung. So konnten die Zuhörenden erfahren, dass das Reich Gottes mit ihrem alltäglichen Leben zu tun hat und trotzdem ganz anders ist. In der Form des Gleichnisses wirbt Jesus um Zustimmung zu seiner Botschaft.

Goldene Regel
In der Bergpredigt > Jesu (Mt 5–7) findet sich die sogenannte Goldene Regel: Alles, was ihr also von anderen erwartet, das tut auch ihnen! (Mt 7,12). Sie bringt das richtige Verhältnis von Selbstliebe und Nächstenliebe auf den Punkt. In vielen anderen Religionen gibt es ähnlich lautende Regeln (vgl. S. 67).

Gott
Nach dem Bekenntnis der alten abrahamitischen Religionen (Judentum, Christentum, Islam) hat sich der Eine Gott den Menschen im Laufe der Geschichte immer wieder als der Allmächtige und Barmherzige offenbart. Der biblische Glaube bekennt: Gott ist Ursprung, Erhalter und Vollender der > Schöpfung (Gen 1); Gott ist mit den Menschen unterwegs (Ex 3); Gott ist die Quelle des Lebens (Ps 36); Gott ist die Liebe (1 Joh 4); Gott ist das Heil aller Menschen (Offb 21). Grundsätzlich gilt: Gott ist und bleibt das große Geheimnis des Lebens, dem es immer wieder nachzuspüren gilt (> Beten).

Griechisch
Zur Zeit Jesu war Griechisch die wichtigste Sprache im östlichen Mittelmeerraum. Einige Teile des > Alten Testaments und das ganze > Neue Testament sind in dieser Sprache geschrieben.

Hebräer/hebräisch
Die > Israeliten wurden von den Nachbarvölkern »Hebräer« genannt. Die hebräische Sprache ist die alte Sprache des Volkes Israel. In ihr sind viele Bücher des > Alten Testaments verfasst.

Heil/Schalom
Heil bezeichnet all das, wonach sich der Mensch in seinem Leben sehnt: Frieden, Gerechtigkeit, Gesundheit und Leben für alle. In der Welt ist dagegen vieles »unheil«: Krankheiten, Kriege, Ungerechtigkeit, Hunger, Leid und Tod belasten und zerstören das Leben der Menschen und ihrer Umwelt. > Gott will aber nicht das Unheil, sondern das Heil. Die > Bibel berichtet davon: Das Volk > Israel hat in seiner Geschichte erfahren, dass Gott rettet und neues Heil schenkt. In der Begegnung mit > Jesus haben die Menschen erfahren: Dort, wo das > Reich Gottes beginnt, werden die Menschen »geheilt« und finden zu einer neuen Gemeinschaft. Das vollkommene Heil steht aber noch aus. Gott hat es versprochen, und wir Menschen können darauf hoffen. Wenn wir aus dieser Hoffnung leben und handeln, kann das schon heute unsere unheile Welt »heilsam« verändern.

Herrschaft Gottes
> Reich Gottes/Herrschaft Gottes

Israel/Israeliten
Jakob, der Sohn Isaaks, erhielt später den Namen »Israel« (= der mit > Gott kämpft/ringt). Das Volk Israel sieht in ihm seinen Stammvater, daher der Name »Israeliten«. Auch das Land > Kanaan wurde später »Land Israel« genannt. Als das Reich des Königs Salomo nach seinem Tod auseinanderbrach, nannte sich das Nordreich »Israel«. Seine Hauptstadt war Samaria. Das Nordreich wurde später von den Assyrern (> Alter Orient) erobert und zerstört. Erst seit 1948 gibt es wieder einen Staat Israel. Seine Bewohner nennen sich heute »Israelis«.

Jahreskreis
Unser Kalenderjahr beginnt am 1. Januar und endet am 31. Dezember.
In unserem Kulturraum ist das Jahr in zwölf Monate und vier Jahreszeiten (Frühling, Sommer, Herbst und Winter) gegliedert. Die Umlaufbahn unserer Erde um die Sonne bestimmt das Zeitmaß für das Jahr, den Ablauf der Jahreszeiten und die unterschiedlichen Längen von Tag und Nacht im Jahreslauf. Die Jahreszeiten verlaufen auf den beiden Erdhalbkugeln genau entgegengesetzt. So geht die Sonne am 21. Juni am Nordpol nicht unter, während sie am Südpol nicht mehr aufgeht. Auf der Nordhalbkugel sind die Tage nun länger als die Nächte. Hier ist Sommer, während auf der Südhalbkugel Winter ist. Neben dem Jahreskreis des Kalenderjahres gibt es auch den Jahreskreis des Kirchenjahres, den > Liturgischen Kalender.

Jahwe
Die vier Konsonanten JHWH bezeichnen den biblischen Namen > Gottes. Die genaue Aussprache ist unsicher. Nach Ex 3 hat Gott sich > Mose mit diesem Namen offenbart. Heute wird der Name Gottes unter anderem mit »Ich bin der Ich-bin-da« übersetzt. Darin kommt zum Ausdruck, dass Gott stets gegenwärtig ist.

Jerusalem
Jerusalem ist eine Stadt im Bergland von > Judäa, die etwa 800 Meter hoch liegt. Die Stadt war zur Zeit > Davids noch sehr klein. Sie ist im Lauf der Jahrhunderte gewachsen, mehrmals mussten ihre Stadtmauern erweitert werden. König Salomo, der Sohn des Königs David, erbaute in Jerusalem den > Tempel und einen Königspalast. Nach Salomos Tod wurde das Reich geteilt. Jerusalem blieb die Hauptstadt des Südreiches > Juda, bis dieses 586 v. Chr. durch die Babylonier (> Alter Orient) zerstört wurde. Nach der Rückkehr des Volkes aus der babylonischen Gefangenschaft (534 v. Chr.) wurde der Tempel wieder aufgebaut. Während der Regierungszeit von König Herodes dem Großen (37–4 v. Chr.) war die Bevölkerungszahl auf etwa 60 000 angewachsen. Der Tempel in Jerusalem war das Ziel der jährlichen Wallfahrten, besonders an den drei großen Festen Pessach, Schawuot und Sukkot (Laubhüttenfest).

Jesus von Nazaret
Jesus wurde vermutlich zwischen 7 und 4 v. Chr. in > Nazaret geboren. Er verbrachte seine Kindheit und Jugend in > Galiläa, wo er als junger Mann wahrscheinlich ein Jünger Johannes' des Täufers wurde. Nach einer persönlichen Berufungserfahrung sammelte er Jüngerinnen und Jünger um sich und zog in Galiläa umher. Dort predigte er die Botschaft vom nahenden > Reich Gottes. Er heilte viele Menschen. Seine eigenständige Auslegung der > Tora und seine Tempelkritik brachten ihn in Konflikt mit den > Schriftgelehrten. Auf dem Weg nach > Jerusalem spitzte sich dieser Konflikt zu. Dort wurde Jesus schließlich verhaftet, nachdem er die Händler aus dem > Tempel verjagt hatte. Von den religiösen und politischen Machthabern wurde er vor dem römischen Statthalter angeklagt und von diesem in einem Schnellgerichtsverfahren als Rebell zum Tode verurteilt. Jesus wurde vor dem > Pessachfest ca. 30–33 n. Chr. am Kreuz hingerichtet. Seine Jüngerschaft löste sich zunächst auf. Dann jedoch bezeugten sie öffentlich und überraschenderweise, Jesus sei ihnen erschienen, er lebe.

Juda/Judäa
Juda hieß einer der zwölf > Söhne Jakobs. Nach ihm trägt einer der Stämme > Israels diesen Namen. Der Stamm Juda bewohnte den gebirgigen Süden des Landes, das Land Judäa. Nach dem Tod Salomos und der Teilung des Landes bekam das Südreich den Namen »Juda«. Seine Hauptstadt war > Jerusalem. Die Bewohner des Südreichs Juda wurden auch »Juden« genannt. Dieser Name wurde später auf alle Angehörigen des Volkes Israel übertragen. Als das Südreich 586 v. Chr. von den Babyloniern (> Alter Orient) erobert und zerstört wurde, gerieten die meisten seiner Bewohner in Gefangenschaft und wurden ins Exil verschleppt. Ein Teil von ihnen kehrte 534 v. Chr. wieder nach Judäa und Jerusalem zurück.

Kanaan/Kanaaniter
Kanaan hieß früher das Land zwischen dem Mittelmeer und dem Jordan.
Die Völker, die dort wohnten, nannte man Kanaaniter. Die > Israeliten erzählten: > »Gott hat unseren Stammvätern versprochen (›gelobt‹), dass dieses Land uns gehören soll.« Deshalb nannten sie es auch das »Gelobte Land«.

Katholisch (griech. = allgemein, umfassend, die ganze Welt betreffend)
Die römisch-katholische Kirche versteht sich als Heilsgemeinschaft für die ganze Welt und alle Menschen. Der Begriff »katholisch« wird aber auch verwendet, um die Zugehörigkeit zur römisch-katholischen Kirche in Abgrenzung zu anderen christlichen > Konfessionen (z. B. evangelisch, orthodox, anglikanisch) auszudrücken.

Kirchenraum
Eine Kirche betritt man durch ein Portal. Damit bezeichnet man den besonders hervorgehobenen Haupteingang eines Gebäudes, der in allen Stilepochen prachtvoll gestaltet wurde. Die wichtigsten Bauelemente des Portals sind: der Türsturz, das Bogenfeld (Tympanon), Türpfeiler, Türpfosten, Gewände mit Figuren und der Giebel.

Den lang gestreckten Innenraum einer Kirche bezeichnet man als Kirchenschiff oder Langhaus. Bei Kirchen, deren Räume durch Säulenreihen untergliedert sind, unterscheidet man das mittlere Hauptschiff von den links und rechts davon angeordneten Neben- bzw. Seitenschiffen. Besonders bei älteren Kirchen (Basilika) wird das Langhaus im vorderen Drittel oft durch das Querschiff oder Querhaus unterbrochen. Dadurch erhält der Grundriss der Kirche die Form eines Kreuzes. Am Überkreuzungspunkt entsteht die Vierung. Der Kirchenraum wird durch den Chor mit Apsis abgeschlossen. Er ist meist um mehrere Stufen erhöht und nach Osten gerichtet. Diese »Ostung« beinhaltet eine tiefreligiöse, symbolische Bedeutung: Im Osten geht die Leben spendende Sonne auf. Wie das Licht von der Sonne ausgeht, so geht das Heilsgeschehen von Christus aus: »Ich bin das Licht der Welt. Wer mir nachfolgt, wird nicht in der Finsternis umhergehen, sondern wird das Licht des Lebens haben« (Joh 8,12). Im Chorraum steht der Hauptaltar (> Altar), der früher oft durch Chorschranken vom übrigen Kirchenraum getrennt war. Ursprünglich war der Chor in den > Domen und Klosterkirchen ausschließlich dem Klerus vorbehalten.

Konfessionen (lat. confessio = Bekenntnis)
Im Laufe der über 2000-jährigen Geschichte des Christentums hat es immer wieder Kirchenspaltungen gegeben. Die Anlässe dafür waren meist Konflikte um den richtigen Weg der Glaubensgemeinschaft. Die aus den Spaltungen hervorgegangenen Konfessionen haben in ihrer Glaubenspraxis und -lehre sehr viele Gemeinsamkeiten, aber auch manche Unterschiede. Jede Konfession betont besondere Aspekte des christlichen Glaubens.

Koran (arab. = Lesung, Vortrag)
Der Koran ist die Heilige Schrift des Islam, die nach muslimischem Glauben dem Propheten Muhammad in arabischer Sprache geoffenbart wurde.
Für den gläubigen Muslim ist der Koran das unverfälschte Wort Gottes, das der Engel Gabriel dem Propheten Muhammad wörtlich eingegeben hat. Deshalb besitzt der Koran absolute Autorität und ist aufgrund seines göttlichen Ursprungs unfehlbar und unüberbietbar. Der Koran besteht aus 114 Suren (Kapiteln), die der Länge nach geordnet sind. Jede Sure trägt eine Überschrift mit einem Schlüsselwort oder einem Thema, wie z. B. Sure 1, Fatiha (»Die Öffnende«). Der Koran enthält neben Glaubensaussagen auch genaue Anweisungen für das alltägliche Leben und für die Ausübung der religiösen Pflichten. Man findet auch Erzählungen über die biblischen Gestalten, wie z. B. Adam, Noach, Abraham, > Mose, Maria und > Jesus Christus. Jesus (arab. *Isa*) wird im Koran als »Prophet« und »Gesandter Gottes« bezeichnet, seine Gottessohnschaft wird jedoch verneint (Sure 4,171). Jesus ist nach Sicht des Korans vor allem der Verkünder des > Evangeliums und steht in einer Reihe mit Mose und Muhammad, die jeweils eine Offenbarungsschrift von Gott erhalten haben. Juden und Christen werden im Koran deshalb als »Leute der Schrift« (Sure 2,105.145f.; 5,15.19) bezeichnet und unterstehen einem besonderen Schutz.

Lied
Ein Lied ist meist ein Gedicht, das zum Singen bestimmt ist und oft in mehrere Strophen eingeteilt ist. Lieder gibt es für unterschiedliche Anlässe und Zwecke. In der > Bibel tauchen Lieder an sehr unterschiedlichen Stellen auf. Im > Alten Testament gibt es ein »Brunnenlied«, das man beim Graben eines Brunnens sang (Num 21,17f.), oder Liebeslieder für Hochzeitsfeiern (Hohelied). Am häufigsten sind Lieder für den religiösen Kult anzutreffen (> Psalmen). Im > Neuen Testament werden viele Lieder aus den Psalmen für den urchristlichen Gottesdienst übernommen.

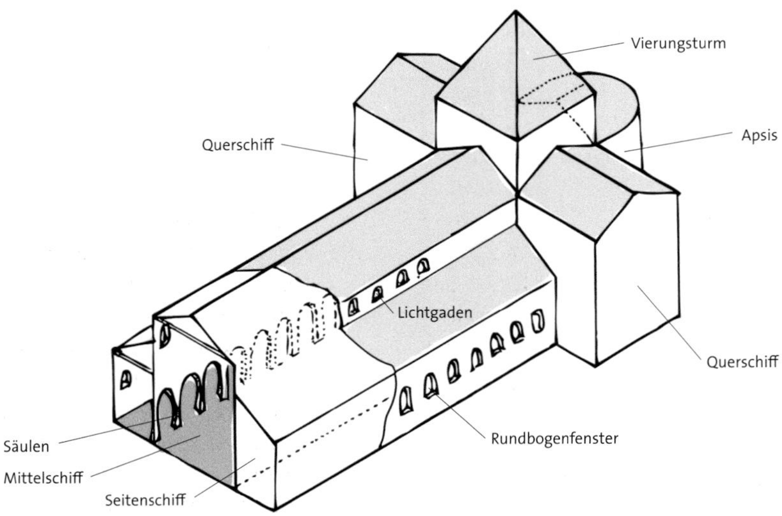

Seitenansicht einer einchörigen romanischen Basilika (> Kirchenraum)

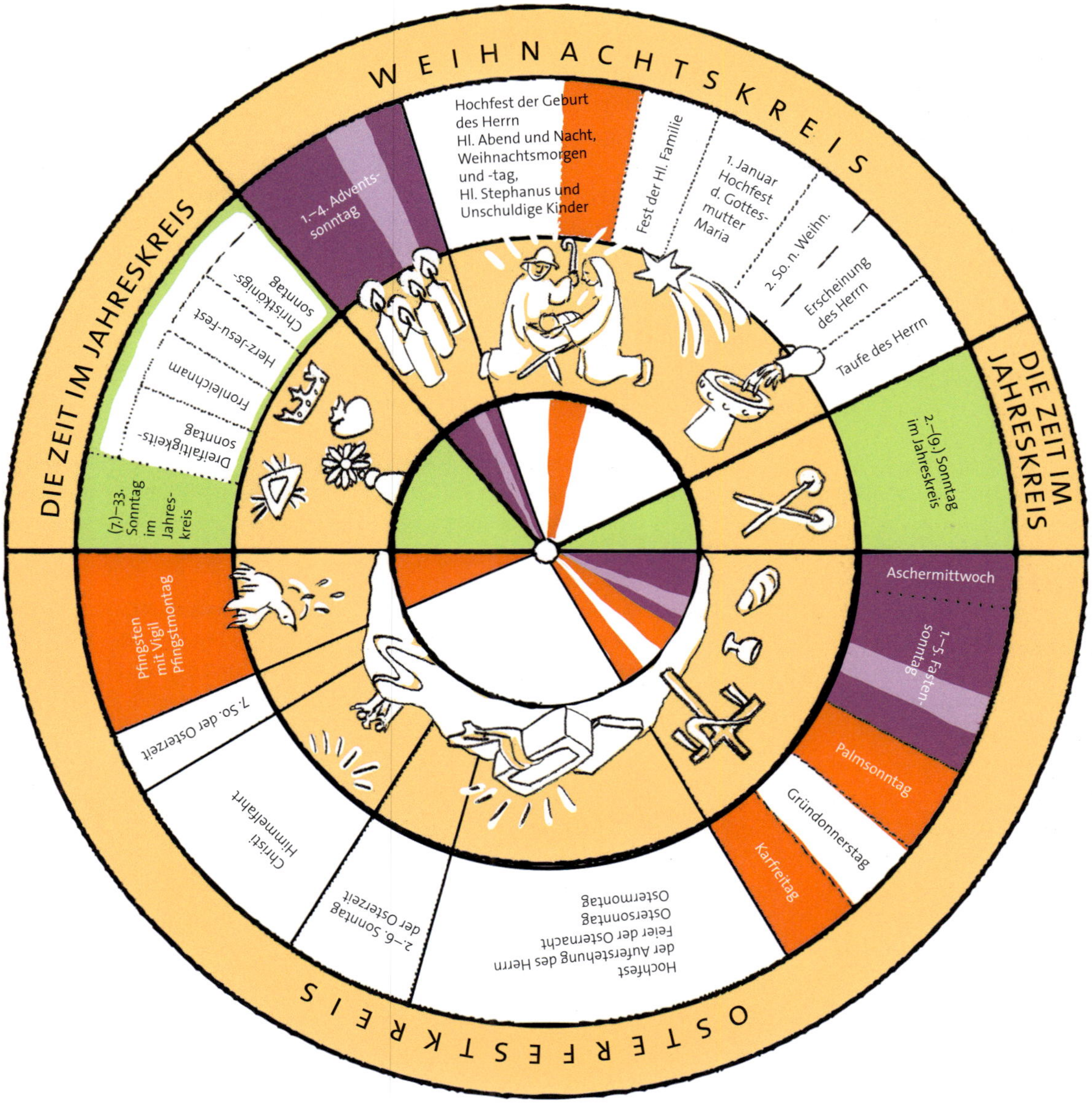

Liturgischer Kalender
Weihnachten, Ostern, Pfingsten ... Christliche Feste gliedern unseren Jahresablauf, obwohl viele Menschen nicht mehr viel über die Bedeutung dieser Feste wissen. Das Kirchenjahr – auch liturgisches Jahr genannt – ist der Kalender der Kirche. In ihm werden Feste, Festzeiten und Festkreise unterschieden. Die zwei großen Festkreise sind der Weihnachts- und der Osterfestkreis. Ein Kirchenjahr beginnt immer am 1. Advent. Die Kirche schreibt die Farbe der liturgischen Gewänder für jeden Tag im Kirchenjahr vor. Die Bedeutung und der Anlass des Festes oder der Festzeit spiegeln sich in der Symbolik der liturgischen Farben wider und damit in der Kleidung des Priesters – also der Farbe des Messgewandes.

Luther, Martin (1483–1546)
Luther war ein Mönch und Theologe. Am 31. Oktober 1517 veröffentlichte er in Wittenberg 95 Thesen zu den Missständen der damaligen Kirche. In der Folge der Auseinandersetzung kam es zur Kirchenspaltung und Entstehung der > evangelischen Kirchen. Kern der lutherischen Lehre ist die reformatorische Erkenntnis, dass der Mensch »allein aus Gnade« gerechtfertigt sei.

Weil Luther die Worte der Bibel für alle Menschen verständlich machen wollte, übersetzte er die > Bibel, aus der in den Gottesdiensten immer nur in lateinischer Sprache vorgelesen wurde, ins Deutsche (vollendet 1534). Bis heute wird in evangelischen Gottesdiensten überwiegend eine sprachlich behutsam modernisierte Lutherübersetzung verwendet. Wegen ihrer sprachlichen Schönheit ist die Lutherbibel darüber hinaus eine der wichtigsten Übersetzungen im deutschen Sprachraum.

Märchen
Ein Märchen ist eine eher kurze Erzählung, die seltsame und wunderbare Dinge enthält. Sprechende Tiere, Feen, Zwerge und Zauberer sind keine Seltenheit. Ein Märchen hat keinen bestimmten Ort und keinen festgelegten Zeitpunkt. Die Aussage des Märchens enthält jedoch immer eine sinnvolle Lebensweisheit, an der sich die Zuhörer orientieren sollen.

Märtyrer/Märtyrerin (griech. *martys* = [Blut-]Zeuge)
Ab dem ersten Jahrhundert bezeichnete man Christen, die trotz Verfolgung an ihrem Glauben festhielten, als Märtyrer. Ab dem zweiten Jahrhundert wird dies eingeschränkt auf solche, die deshalb den Tod erlitten. Als sogenannte »Märtyrerakten« versteht man die Erzählungen über die Märtyrer der Alten Kirche.

Mose
Mose gilt als Begründer des jüdischen Glaubens und wird im Judentum als Autorität hoch verehrt. Seine Aufgabe war es, das Volk > Israel aus der Gefangenschaft in > Ägypten durch die Wüste in das Land > Kanaan zu führen. > Gott hat den Bundesschluss am Sinai mit Mose stellvertretend für das ganze Volk Israel vollzogen. Die > Bibel berichtet davon vor allem in den ersten fünf Büchern, die in vielen Bibelausgaben nach Mose benannt sind.

Darstellung eines > Nomadenzeltes. Während der Regenzeit werden die Zeltdecken heruntergeschlagen. Manche Zelte sind in mehrere Räume eingeteilt (z. B. Männerraum und Frauenraum)

Mythos
Ein Mythos ist eine Erzählung, deren Absicht es ist, auf die Grundfragen des Lebens eine Antwort zu geben: Woher kommen wir? Wohin gehen wir? Was ist der Sinn des Lebens? Die mythischen Geschichten haben als Ereignisse so sicher nicht stattgefunden. Ihre Lebensweisheit beruht auf den jahrtausendealten Erfahrungen der Menschen.

Nazaret
Nazaret war zur Zeit > Jesu ein Bauerndorf im Süden von > Galiläa. Dort lebte nach Aussage der Evangelisten Jesus mit seinen Eltern. Die ersten Christen wurden deshalb auch »Nazoräer« genannt.

Neues Testament (NT)
Der zweite Hauptteil der > Bibel ist das NT. Es enthält die vier > Evangelien, die Apostelgeschichte, Briefe an die ersten Gemeinden und einzelne Personen sowie die Offenbarung des Johannes. Insgesamt sind dies 27 Bücher. Christen nennen das NT zusammen mit dem > Alten Testament die Heilige Schrift oder das Wort > Gottes.

Nomaden
Nomaden sind wandernde Stämme oder Sippen (Großfamilien), die mit ihrem Vieh (z. B. Schafen oder Ziegen) unterwegs sind. In der Nähe einer Wasserstelle wird ein Lager mit Zelten errichtet. Die Herden weiden das Land ab und ziehen langsam weiter. Ist die Herde weit genug entfernt, bricht man die Zelte ab, überholt die Herden und baut das Lager erneut auf. Die Stammväter > Israels waren Halbnomaden: Sie wanderten nur am Rand der Wüste, weideten ihre Tiere in der winterlichen Regenperiode in der Steppe und zelteten dort. Im Sommer, nach dem Verdorren der Steppe, wechselten sie ihre Weideplätze und zogen auf

> Papyrus-Staude

die abgeernteten, ihnen dann zugänglichen Felder des Kulturlandes. Dadurch standen sie auch mit der sesshaften Landbevölkerung in regem Handelskontakt.

Ökumene
Der Begriff Ökumene bezeichnete ursprünglich den gesamten bewohnten Erdkreis (vgl. Lk 2,1). Heute bemühen sich die verschiedenen christlichen Konfessionen in der weltweiten Ökumene um eine Einheit im Glauben. Das Ziel ist eine »versöhnte Verschiedenheit«, in der die Gemeinsamkeiten gestärkt und das jeweils Eigene der > Konfessionen anerkannt und respektiert werden. Der Ökumenische Rat der Kirchen (ÖKR) in Genf hat es sich zur Aufgabe gemacht, diesen Prozess zu fördern.

Orthodox (griech. = rechte Lehre)
»Orthodox« ist griechisch und heißt »strenggläubig« oder »rechtgläubig«. 1054 haben sich die Kirchen Osteuropas von der > katholischen Kirche des Abendlandes getrennt und tragen heute die Bezeichnung »orthodoxe Kirchen«. Die Heiligkeit > Gottes bestimmt die orthodoxe Lehre und den alltäglichen Glauben. Dies kommt

Älteste Handschrift des Johannes-Evangeliums aus dem 2. Jahrhundert n. Chr.

auch in den sehr feierlichen Gottesdiensten zum Ausdruck. Diese betonen das Geheimnis (Mysterium) des Glaubens. Ein weiteres Merkmal ist die Verehrung der Ikonen, besonders von Christus, Maria und den Heiligen.
Für orthodoxe Christinnen und Christen sind sie gleichsam Fenster zum Himmel.

Papyrus
Die Papyrusstaude gehört zu den tropischen Gräsern. Die Sumpfpflanze kann bis zu drei Meter hoch werden. Aus Teilen der Pflanze wurden Seile, Boote und Kisten hergestellt, die Wurzeln benutzte man als Heizmaterial. Das Mark der Stängel konnte man kochen und essen. Aber vor allen Dingen wurde daraus im Altertum der Vorläufer unseres Papiers. Man schnitt das Mark in dünne Streifen, legte diese nebeneinander und eine andere Schicht quer darüber. Da das Mark klebrig ist, klebten die Streifen zu einer festen Fläche zusammen, die gepresst, getrocknet und geglättet wurde. Dann konnte das Papyrus-Blatt beschrieben werden. Unser Wort »Papier« erinnert noch daran. Brauchte man eine größere Schreibfläche, klebte man mehrere Blätter zu einer Schriftrolle zusammen.

Pfarrgemeinde
> Gemeinde/Pfarrgemeinde

Pharao
Pharao bedeutet »Hohes Haus«.
Das Wort meint aber nicht den Palast des ägyptischen Königs, sondern ihn selbst. Die Pharaonen wurden im Alten Ägypten als göttliche Wesen verehrt.

Pharisäer
Der Name bedeutet wahrscheinlich »Abgesonderter«. Pharisäer waren eine religiöse Gemeinschaft im Judentum zur Zeit > Jesu. Von Beruf waren die Pharisäer vor allem Bauern, Kaufleute und kleine Gewerbetreibende. Weil sie nicht nur die Gebote der > Tora genau befolgten, sondern auch viele andere Vorschriften, die im Laufe der Zeit dazukamen, waren sie sehr hoch angesehen. Besonders streng achteten Pharisäer auf die vielen Reinheitsvorschriften und die Bestimmungen zum > Sabbat. Dadurch sonderten sie sich von der Menge ab. Jesus stand den Pharisäern in vielen Bereichen sehr nahe, doch gab es auch tiefe Konflikte.

Priester
Das Wort kommt aus dem > Griechischen und bedeutet »Ältester«. Nach der Lehre der > katholischen Kirche sind Priester von Christus zu einem besonderen Dienst an den Getauften erwählt. Ihren Auftrag erhalten sie im > Sakrament der Weihe durch den Bischof. Zu den Aufgaben eines Priesters gehört es, das > Evangelium zu verkünden, mit der > Gemeinde Gottesdienst zu feiern und die Sakramente zu spenden, für die Sorgen der Menschen stets ein offenes Ohr zu haben und tatkräftig zu helfen. In einem feierlichen Gottesdienst wird der Priester vom Bischof durch Handauflegung, > Gebet und Salbung geweiht. Danach ist er zunächst als Kaplan, später dann meist als Pfarrer in einer Pfarrgemeinde tätig.

Psalm (griech. = Loblied für Gott)
In der > Bibel besteht ein ganzes Buch des > Alten Testaments aus 150 Psalmen, die unterschiedliche Gefühle der Menschen vor > Gott zum Ausdruck bringen. Noch heute ist dieses Buch das wichtigste Gebetbuch der Juden und Christen.

Rabbi/Rabbiner
Wörtlich heißt Rabbi »mein Herr«. Es ist die respektvolle Anrede für einen > Schriftgelehrten. Auch > Jesus wurde mit diesem Titel angeredet. Heute wird im Judentum der religiöse Lehrer als »Rabbiner« bezeichnet. Ihm kommt oft auch die Entscheidung in religiösen Streitfragen zu.

Reich Gottes / Herrschaft Gottes
Das Reich Gottes ist ein Geschenk: Wo > Gott regiert, wo sein Wille geschieht, da herrschen Gerechtigkeit, Frieden, Liebe und > Heil/Schalom, da gibt es weder Hass noch Streit noch Unrecht. Dafür setzte sich > Jesus ein. Er beschreibt das Reich Gottes in vielen > Gleichnissen. Christinnen und Christen haben in der Nachfolge Jesu die Aufgabe, dem kommenden Reich Gottes den Weg zu bahnen. Sie sollen sich einsetzen für Gottes Heil.

Reportage
Eine Reportage ist ein anschaulicher Erlebnisbericht mit vielen Sachinformationen. Im Unterschied zum Bericht (> Zeitungsbericht) ist eine Reportage persönlich gefärbt, also aus der Sicht des Reporters verfasst. Dazu gehört, die Atmosphäre zu beschreiben und auch über Gedanken und Gefühle von Personen zu schreiben.

Römer/Römisches Reich
Die Römer waren vor etwa 2000 Jahren das mächtigste Volk im Mittelmeerraum. Sie herrschten über ein riesiges Reich (Imperium Romanum). Zur Erleichterung der Verwaltung teilten sie ihr Weltreich in Provinzen ein. Unter der Oberherrschaft des Kaisers, der in Rom residierte, regierten zunächst Könige und Fürsten in den Provinzen. Später wurden auch Statthalter eingesetzt, die, unterstützt von mehreren Legionen von Soldaten, für Ruhe und Ordnung sorgten. Zur Zeit > Jesu war Palästina eine römische Provinz.

Sabbat
Der Sabbat, der siebte und letzte Tag der Woche, ist der Ruhetag der Juden, der auch im > Dekalog verankert ist (Ex 20,8–11; Dtn 5,12–15). Sie gedenken dabei der Erschaffung der Welt (> Gott ruhte nach Gen 2,2 am siebten Tag) und des Auszugs aus Ägypten. Weil nach jüdischem Verständnis ein Tag von einem Sonnenuntergang zum anderen dauert (vgl. Gen 1,5), beginnt der Sabbat am Freitagabend und endet am Samstag. Der Sabbat als wöchentlicher Feiertag ist für Juden »Krone der Schöpfung« und »Vorwegnahme des Paradieses«, eine Zeit also, in der der Mensch wirklich Mensch sein kann. Daher soll an diesem Tag jede Form von Arbeit unterbrochen werden: ob daheim in der Küche, im Verkehr auf der Straße, in den Büros oder zu Hause. Strenggläubige Juden vermeiden selbst das Telefonieren, da sie dies als Arbeit ansehen.

Sadduzäer
Die Sadduzäer bildeten eine relativ kleine religiöse Gruppe in > Israel. Sie gehörten meist dem reichen und gebildeten Priesteradel an. Ihr wichtigstes Ziel war die buchstabengetreue Einhaltung der > Tora. Die Sadduzäer glaubten nicht an eine Auferstehung von den Toten. Zur Erhaltung ihrer Macht scheuten sie sich nicht, mit den > Römern zusammenzuarbeiten.

Sakrament
Sakramente sind heilige Zeichen der Gegenwart und der Liebe, die Gott den Menschen schenkt. Sie werden innerhalb von Gottesdiensten gefeiert und empfangen. Die > katholische Kirche kennt sieben Einzelsakramente, die > evangelischen Kirchen zwei.

Schalom
> Heil/Schalom

Schöpfung
Die Welt mit ihren vielfältigen Formen des Lebens wie der gesamte Kosmos sind nicht aus sich selbst heraus ins Dasein gekommen. Christinnen und Christen glauben: > Gott allein ist der Schöpfer, Gott ist Ursprung und Ziel des Lebens, Gott erhält die Schöpfung im Dasein. Dieses Glaubensbekenntnis ist keine naturwissenschaftliche Aussage, es deutet und interpretiert die Welt. Zugleich beinhaltet es die Verpflichtung zum sorgsamen Umgang mit der Schöpfung.

Schriftgelehrte
Schriftgelehrte waren Menschen, die die Heilige Schrift gut kannten und sie erklären konnten. Als die Juden aus der babylonischen Gefangenschaft heimkehrten, verpflichteten sie sich erneut, das Gesetz, die > Tora, zu befolgen. Weil es aber Meinungsverschiedenheiten über die richtige Auslegung der Gebote gab, brauchte man Schriftgelehrte, die als Lehrer und Richter des Volkes hoch angesehen waren. Man gab ihnen den Ehrennamen > Rabbi. Viele Rabbiner waren > Pharisäer, aber nicht alle.

Segen (lat. *signum* = Zeichen)
In der > Bibel versteht man unter Segen ein Versprechen > Gottes an den Menschen, dass er ihn beschützen und ihm helfen wird. Der Segen kann vom Vater an seinen Erstgeborenen (Erstgeburtsrecht) weitergegeben werden.
In der > katholischen Kirche segnet der > Priester zu bestimmten Anlässen Menschen. Das Segnen ist jedoch kein Vorrecht des Priesters. Jeder, der für eine andere Person die Hilfe Gottes erbittet, kann sie segnen, z. B. Eltern ihre Kinder.

Söhne Jakobs
Jakob hatte zwölf Söhne: Ruben, Simeon, Levi, Juda, Dan, Naftali, Gad, Ascher, Issachar, Sebulon, Josef und Benjamin. Von ihnen leiten sich nach biblischer Überlieferung die zwölf Stämme > Israels ab.

Solidarität
Menschen leben in Gemeinschaft. Keiner existiert für sich allein. Alle sind wir aufeinander angewiesen. Solidarität ist die Haltung, die diese Wahrheit zum Ausdruck bringt. Menschen übernehmen Verantwortung füreinander, indem sie sich helfen und beistehen. Besonders Menschen in Not sind auf Solidarität angewiesen.

Sonntag
Sonntag ist der erste Tag der Woche (Tag des Herrn). Christinnen und Christen feiern an diesem Tag das zentrale Geheimnis ihres Glaubens: > Jesus Christus ist gestorben und auferstanden. Zugleich nimmt der Sonntag die jüdische Tradition des > Sabbats auf, den Alltag zu unterbrechen, Ruhe zu suchen und frei von Arbeit das Leben (> Gott) zu feiern.

Symbol
Symbole sind Zeichen, die eine tiefere Wirklichkeit zum Ausdruck bringen. Symbole machen deutlich: Es gibt mehr als das, was wir messen, zählen oder wiegen können. Sie sind eine besondere Sprache und können helfen, die Welt und das Leben zu lesen und besser zu verstehen.

Synagoge
Die Synagoge ist ein Raum zum Gebet, zum Lernen der > Tora und zur Versammlung. Jede größere jüdische Gemeinde auf der Welt besitzt solch einen Versammlungsraum. Opfer wurden nie in Synagogen, sondern nur im Jerusalemer > Tempel dargebracht.

Tempel
Tempel sind heilige Stätten, an denen seit alters her Götter verehrt werden. Im Unterschied zu den anderen Religionen hatten die Juden neben verschiedenen Kultstätten nur einen einzigen Tempel. Dieser wurde unter der Herrschaft des Königs Salomo (um 950 v. Chr.) in > Jerusalem erbaut. Er bestand aus drei Räumen: der »Vorhalle«, dem »Heiligtum« und dem »Allerheiligsten«. Im Allerheiligsten befand sich die Bundeslade. Im Jahr 586 v. Chr. wurde der Tempel von den Babyloniern (> Alter Orient) zerstört. Ein zweiter Tempel wurde nach dem Babylonischen Exil erbaut und 515 v. Chr. vollendet. Im Jahr 20 v. Chr. begann Herodes der Große einen gigantischen Neubau, der erst 64 n. Chr. fertiggestellt wurde. Der gesamte Tempelbezirk mit einer Fläche von 90 000 Quadratmetern nahm damals etwa ein Sechstel der gesamten Stadtfläche Jerusalems ein. Dieser Tempel wurde im Jahr 70 n. Chr. von den > Römern zerstört. Von ihm ist heute nur noch ein Teil der Westmauer zu sehen, die von den Juden Klagemauer genannt wird. Heute stehen auf dem Tempelplatz die Al-Aksa-Moschee und der Felsendom, zwei Heiligtümer des Islam.

Tora (hebr. = Gesetz, Weisung oder Lehre)
Im Judentum ist Tora der Name der > Buchrolle, die in einer besonderen Nische oder einem Schrein in der > Synagoge aufbewahrt wird. Der Schrein ist nach Osten gerichtet und vor ihm brennt ein ewiges Licht. Die Buchrolle enthält die ersten fünf Bücher der > Bibel. Aus ihnen wird in den Gottesdiensten am > Sabbat vorgelesen.
Es ist eine Ehre, wenn jemand aufgerufen wird, daraus zu lesen. Auch > Jesus hat in der Synagoge aus der Tora gelesen (vgl. Lk 4,16f.).

Zehn Gebote (Dekalog)
Die Zehn Gebote sind Weisungen zum Leben. Sie werden auch als Dekalog bezeichnet. Das ist > griechisch und bedeutet wörtlich »Zehnwort«. Die > Bibel erzählt, dass > Mose die Zehn Gebote von > Gott empfangen und dem > Volk Israel anvertraut hat. Die ersten drei Weisungen nehmen die Beziehung zu Gott, die weiteren sieben die Beziehung der Menschen untereinander in den Blick. Sie sind zur Grundlage unserer Gesellschaft geworden.

Zeitungsbericht
Ein Bericht, z. B. in einer Zeitung, informiert sachlich über ein bestimmtes Ereignis. Er gibt dabei Auskunft zu folgenden Fragen: Wer? Wann? Wo? Was? Wie? Warum? Ein Bericht sollte objektiv sein und ist im Präteritum verfasst.

Brâncuși, Constantin (1876–1957)
Der rumänische Bildhauer lebte in Paris. Seine Werke bestehen aus einfachen Formen ohne Einzelheiten. Eine seiner bekanntesten Skulpturen heißt »Skulptur für Blinde« und zeigt sich als glatt geschliffenes Ei aus Marmor. Die Eiform als Zeichen für den Ursprung beschäftigte Brâncuși sein ganzes Leben.

Buonarroti, Michelangelo (1475–1564)
Der italienische Bildhauer, Maler und Architekt gilt als Hauptmeister der Renaissance. In Rom malte er unter anderem die Sixtinische Kapelle aus. Seine Figuren strotzen vor Kraft; antike Inspirationen aufnehmend, brechen sie in ein neues Zeitalter auf. Im Alter übernahm Michelangelo die Bauleitung für die neue Peterskirche in Rom.

Chagall, Marc (1887–1985)
In vielen seiner Bilder geht es dem russisch-französischen Maler um die Geschichte des jüdischen Volkes, die er in sehr intensiven, leuchtenden Farben gestaltet hat.

Dalí, Salvador (1904–1989)
Der spanische Maler gehört zu den berühmtesten Künstlern des 20. Jahrhunderts. Viele seiner Motive sind nicht mit dem Verstand zu erklären. Dalí selbst nannte seine Bilder »handgemalte Traumfotografien«. Sie sind unheimlich, aber sie faszinieren auch und lassen den Betrachter nicht los.

Donlin, Martin (*1959)
Der international bekannte englische Glaskünstler gestaltet Glasskulpturen und vor allem Glasfenster für alle möglichen Zweckbauten, z. B. Flughäfen, Krankenhäuser, Einkaufszentren, Universitäten, Theater und Kinos. Besonders eindrucksvoll sind seine farbig strahlenden Glasfenster für Kirchen, wie für die evangelische Pfingstkirchengemeinde Frankfurt-Griesheim.

D'Souza-Krone, Lucy (*1949)
Im westindischen Goa geboren, ist die christliche Künstlerin durch die Kultur und die Natur ihrer Heimat geprägt. Erde, Wasser, Himmel, Bäume sind zentrale Elemente ihrer farbenfrohen Bilder, die sich vor allem mit biblischen Figuren beschäftigen. Seit 1996 lebt die Künstlerin in Deutschland.

Evangeliar von Echternach (um 1040)
Das großformatige Evangeliar (44,0 × 30,5 cm) entstand in der Malerschule des Klosters Echternach (Luxemburg). Charakteristisch für diese Schule sind die etwas länglich geformten Gesichter der dargestellten Personen.

Fuchshuber, Annegert (1940–1998)
Die Kinderbuchillustratorin gestaltete u. a. eine berühmte Kinderbibel mit über 200 farbigen Bildern, die den Inhalt der zugrunde gelegten Texte ergänzen und vertiefen.

Grünewald, Matthias (1480–1528)
Das Hauptwerk Grünewalds ist der »Isenheimer Altar«. Charakteristisch ist die äußerst realistische Darstellung des Leidens Christi.

Helnwein, Gottfried (*1948)
Der österreichisch-irische Künstler wurde bekannt durch seine lebensnahen Bilder, die man kaum von Fotografien unterscheiden kann. Ein zentrales Thema seiner Arbeit ist die Darstellung von Kindern.

Jäger, Frank (*1952)
Der Grafiker und Maler studierte in der ehemaligen DDR, bevor er 1987 aus politischen Gründen in die Bundesrepublik ausreiste. Im Zentrum seines Werks steht der Mensch in unterschiedlichen Zusammenhängen. Seine lebendigen, expressiven Bilder malt er in leuchtenden Farben.

Köder, Sieger (1925–2015)
Der katholische Priester und Künstler gilt als kraftvoller und farbgewaltiger »Prediger mit Bildern«. Seine Gemälde, Altartafeln, Kreuzwegdarstellungen und Glasfenster sind gegenständlich gestaltet und stets engagierte Kunst.

Kulzer, Wolfgang (*1963)
Der Künstler, der mit dem Down-Syndrom zur Welt kam, arbeitet seit 1999 in der Kunstwerkstatt am Troxler-Haus in Wuppertal, einer Einrichtung für Menschen mit Behinderungen. Seine farbkräftigen Bilder beeindrucken durch ihre Ausstrahlung und Wärme. Lieblingsmotive des Künstlers sind Engel und Kühe.

Kurz, Rudolf (*1952)
Der Bildhauer und Maler arbeitet mit unterschiedlichen Materialien und in unterschiedlichen Techniken. Er ist an vielen Kunstprojekten beteiligt und hat Bilder, Altäre, Plastiken auch für den kirchlichen Raum geschaffen.

Magritte, René (1898–1967)
Der Belgier René Magritte gehört der Kunstrichtung des Surrealismus an. In seinen Bildern verschwimmt die Grenze zwischen Traum und Wirklichkeit. Man entdeckt immer Überraschendes und Unwirkliches, das zum Denken anregt.

Oberrheinischer Meister
Viele Maler aus dem Mittelalter sind uns nicht mit ihren Namen bekannt. So ist es auch bei dem oberrheinischen Meister. Er malte im Stil der Spätgotik (ca. 15. Jh.) und sein bekanntestes Werk ist das Frankfurter Paradiesgärtlein.

Räderscheidt, Anton (1892–1970)
Der deutsche Maler emigrierte im »Dritten Reich« nach Frankreich und England. Schließlich ließ er sich in Frankreich nieder. In seinen Bildern thematisiert er immer wieder die Beziehungslosigkeit der Menschen untereinander.

Rembrandt van Rijn (1606–1669)
Der holländische Maler hat vor allem biblische, aber auch andere Motive dargestellt. Berühmt sind seine Hell-Dunkel-Technik und die genaue Beobachtungsgabe, mit der er Gegenstände, Einzelpersonen und Personengruppen dargestellt hat.

Richter, Gerhard (*1932)
Gerhard Richter ist einer der bedeutendsten Künstler der Gegenwart. In seinem Werk hat er sich immer wieder grundlegend mit der Malerei auseinandergesetzt, lässt sich aber keiner Stilrichtung zuordnen. Oft malt Richter seine Bilder nach Fotovorlagen von Natur und Menschen, die verfremdet und verschwommen dargestellt werden.

Sandved, Kjell Bloch (1922–2015)
Der amerikanisch-norwegische Fotograf und Sachbuchautor beschäftigte sich thematisch vor allem mit der Natur. Seine fotografischen Exkursionen führten ihn in viele Länder. Bekannt wurde er durch sein »Schmetterlingsalphabet«, für dessen Zusammenstellung er 24 Jahre brauchte.

Schönborn, Philipp (*1943)
Der vielseitige Künstler, der sich zunächst als Fotograf mit Architektur und Gartenarchitektur beschäftigte, arbeitet seit 1990 vor allem an den Themen Natur, Religion, Licht und Farbe. Seine detailreichen Einzelfotografien stellt er zu mehrteiligen Bilderserien zusammen. Licht und Farbe kommen besonders durch die Installation in Leuchtkästen zum Tragen.

Slevogt, Max (1868–1932)
Max Slevogt arbeitete als Maler, Karikaturist, Buchillustrator und Bühnenbildner. In seinem Werk verbindet er sein malerisches, zeichnerisches und musikalisches Talent miteinander, denn er war auch ein hervorragender Sänger und Pianist. In allen Bildern von Slevogt spielt das besondere Verhältnis von Licht und Farbe eine Rolle.

Bilder

Cover u. 1 picture alliance/Arco Images **4 u. 5** v. l. n. r: Shutterstock/archideaphoto; Fotolia/Pixelmixel; INTERFOTO/Walter Allgoewer/Mit freundlicher Genehmigung der Dombauhütte Köln; Ulrike Bahl, Hamburg / © Cornelsen Verlag, Berlin; Shutterstock/DyziO; Salvador Dalí (1904–1989), Die Beständigkeit der Erinnerung, 1931, Öl auf Leinwand, 24,1 × 33 cm © Salvador Dalí, Fundació Gala-Salvador Dalí/VG Bild-Kunst, Bonn 2016, Foto: akg-images/Erich Lessing; Siegrid Striet, Freiburg; Katholisches Bibelwerk, Stuttgart 2016; Fotolia/eyetronic; all mauritius images/Mint Images; Ingritt Neuhaus, Batikbild zur Tobit-Legende, in: Drewermann, Eugen/Neuhaus, Ingritt, Voller Erbarmen rettet er uns © Verlag Herder GmbH, Freiburg i. B. 1992, S. 47 **8** Shutterstock/archideaphoto **10/11** v. l. n. r.: Foto aus Material zum Film »Auf dem Weg zur Schule«. Hier: Samuel/Indien im Rollstuhl mit seinen Brüdern, Zahira/Marokko mit ihren Freundinnen, Carlito/Argentinien mit Schwester auf dem Pferd, Jackson/Kenia mit seiner Schwester auf einem Berg © Wild Bunch **12** Wappen: © Kolleg St. Blasien e. V. **14** Dünen: Fotolia/titoraymand; Eisenbahnunglück: picture-alliance/dpa; Möbius-Band: OKAPIA BILDARCHIV KG **15** Mutter mit Baby: Fotolia/Gleb; Blumen: Fotolia/Pixelmixel; Roboter: actionpress/Sipa Press; Urknall: Fotolia/agsandrew **16** Fotolia/marcel **18** Fotolia/Taigi **21** René Magritte (1898–1967), La reproduction interdite, 1937, Öl auf Leinwand, 81 × 65 cm © VG Bild-Kunst, Bonn 2016, Foto: culture-images **23** Fotofinder.com/Laura Berman/Design Pics **30/31** Hintergrundbild: Gerhard Richter (geb. 1932), Kirchenfenster im Kölner Dom, Foto: VISUM/Christopher Clem Franken/Mit freundlicher Genehmigung der Dombauhütte Köln **31** Gerhard Richter (geb. 1932), Kirchenfenster im Kölner Dom, 2007, mundgeblasenes Echt-Antikglas, 2300 × 900 cm, Werkverzeichnis 900, © INTERFOTO/Walter Allgoewer/Mit freundlicher Genehmigung der Dombauhütte Köln **32/33** Hintergrundbild: Shutterstock/Adriano Castelli **37** Marc Chagall (1887–1985), Mose vor dem brennenden Dornbusch, 1960–1966, Öl auf Leinwand, 195 × 312 cm, Musée National Message Biblique © VG Bild-Kunst, Bonn 2016, Foto: bpk/RMN – Grand Palais/Fotograf: Gérard Blot **38** Max Slevogt (1868–1932), Der verlorene Sohn, 1899, Triptychon, 110 × 98 cm, Öl auf Leinwand, Staatsgalerie Stuttgart © Foto: akg-images **40** Philipp Schönborn (geb. 1943), Du bist mein geliebter Sohn, 1999, Neon auf Holz, 140 × 140 × 13 cm **41** LOOK Bildagentur/Brigitte Merz **43** Gottfried Helnwein (geb. 1948), Leid macht stark, 1974, Aquarell auf Papier, 23 × 48 cm © VG Bild-Kunst, Bonn 2016 **47** von l. o. nach r. u.: laif/Michael Trippel; Fotolia/Lukasz Pajor; Shutterstock/f9photos; Fotolia/Eugene Sergeev; Fotolia/Robert Hoetink **48** Shutterstock/ChameleonsEye **49** Shutterstock/Saida Shigapova **50/51** Hintergrundbild: Shutterstock/Adriano Castelli **56** SZ Photo/ap/dpa/picture alliance **58/59** Hintergrundbild: INTERFOTO/WELT-BILD/Michelangelo Buonarotti (1475–1564), Die Schöpfung, 1510, Fresko, Sixtinische Kapelle, Vatikan **60** all mauritius images/Alamy; Logos: © Kindermissionswerk »Die Sternsinger« www.sternsinger.de; SchokoFair Schülerprojekt **61** Logos: terre des hommes; Kindernothilfe © Kindernothilfe e. V. **63** Kjell Bloch Sandved (1922–2015), Butterfly Alphabet, Fotografien mit den Mustern von Schmetterlingsflügeln © Kjell Sandved **64** © Mattel, Inc All Rights Reserved **65** Wolfgang Kulzer, Dicker und dünner Engel, 2006, je 24 × 19 × 4 cm, Foto: © Patrik Scherrer/www.bildimpuls.de **69** © Brot für die Welt/Gute Botschafter **73** Anton Räderscheidt (1891–1970), Begegnung II, 1921, Öl auf Leinwand, Maße unbekannt, verschollen seit 1933 © VG Bild-Kunst, Bonn 2016 **77** Kjell Bloch Sandved (1922–2015), Butterfly Alphabet, Fotografien mit den Mustern von Schmetterlingsflügeln © Kjell Sandved; unten: all mauritius images/Alamy **78/79** Hintergrundbild: Shutterstock/DyziO **83** o.: imago sportfotodienst; M.: Shutterstock/sangaku; u. l.: Fotolia/vesta48; u. r.: Fotolia/flik47 **85** v. l. o. n. r. u.: ddp images/Daniel Maurer; Shutterstock/Galyna Andrushko; Shutterstock/berna namoglu; action press **87** Heilung des Bartimäus, Echternacher Codex, um 1050, Benediktinerabtei Echternach, Inv. Nr. Hs 156142 fol. 52v, Germanisches Nationalmuseum, Nürnberg **94/95** Hintergrundbild: Fotolia/Nickolay Khoroshkov **96/97** Hintergrundbild: PEARL.GmbH, www.pearl.de **97** Salvador Dalí (1904–1989), Die Beständigkeit der Erinnerung, 1931, Öl auf Leinwand, 24,1 × 33 cm © Salvador Dalí, Fundació Gala-Salvador Dalí/ VG Bild-Kunst, Bonn 2016, Foto: akg-images/Erich Lessing **98/99** Hintergrundbild: Fotolia/Anne Katrin Figge **103** Rembrandt van Rijn (1606–1669), Anbetung der Hirten, 1646, 65 × 55 cm, Nationalgalerie London, Foto: akg-images/The National Gallery London **105** Matthias Grünewald (um 1470/80–1528), Isenheimer Altar, 1505–1516 für das Antoniterkloster in Isenheim, Museum Unterlinden, Colmar, Foto: akg-images/Erich Lessing **107** Rudolf Kurz (geb. 1952), Kreuz/Auferstehung, 1998, Stahl/Weißgold, H 561 cm, Kirche St. Maria Königin des Friedens, Sindelfingen, Foto: © Matthias Kaiser Photography, Stuttgart **108** Martin Donlin (geb. 1959), Kirchenfenster mit Pfingstmotiv in der evangelischen Pfingstkirchengemeinde in Frankfurt am Main-Griesheim, 2005, Foto: epd-Bild/Fotograf: Falk Orth/Herstellung: Derix Studios, Taunusstein **110** dpa Picture-Alliance/Fatih Aktas/ Anadolu Agency **112** Karte sonntagsschön © Andere Zeiten e. V., www.anderezeiten.de **116/117** Maria-Magdalena-Kirche, Freiburg, Foto: Siegrid Striet, Freiburg **118** Rolf Hartmann, München; Wolfgang Michalke-Leicht, Freiburg **119** Wolfgang Michalke-Leicht, Freiburg; Siegrid Striet, Freiburg **120/121** Siegrid Striet, Freiburg **121** Shutterstock/Anne Kitzman **122** BENE – Magazin des Bistums Essen/Johannes Galert **124+125** Foto: Wolfgang Michalke-Leicht **126** © Jugendkirche SAMUEL **127** Schulgottesdienst der Berufsbildenden Schule Peine © Küster, BBS Peine **128** Foto: Wolfgang Michalke-Leicht; Sieger Köder (1925–2015), Gebt ihr ihnen zu essen © Sieger Köder **130/131** © Dr. Peter Vormweg, Meschede-Grevenstein **132** © Ökumenischer Rat der Kirchen **133** Logos: Ökumenische FriedensDekade; Ökumenische Aktion: »Miteinander Teilen – Gemeinsam Handeln« von MISEREOR und Brot für die Welt; 2. Ökumenischer Kirchentag; © Arbeitsgemeinschaft Christlicher Kirchen in Deutschland **136** © Carlsen Verlag GmbH, Hamburg 1997 **137** Katholisches Bibelwerk, Stuttgart 2016 **138** imago sportfoto-dienst/Indiapicture **141** Shutterstock/Dmytriy Aslanian **143** Annegert Fuchshuber, Durchzug durch das Schilfmeer, aus: Laubi, Werner/Fuchshuber, Annegert (Ill.), Kinderbibel © Verlag Ernst Kaufmann GmbH, Lahr **146** Renate Wind, Dem Rad in die Speichen fallen © 1990, 1999 Beltz & Gelberg in der Verlagsgruppe Beltz, Weinheim/Basel **147** Shutterstock/MANDY GODBEHEAR **148** Fotolia/Friedberg **149** Frank Jäger (geb. 1952), Der barmherzige Vater, 1998, Christuskirche in Schwelm, Foto: © Günter Roland **155** imago stock&people; picture-alliance/dpa; Fotolia/eyetronic **157** Lucy D'Souza-Krone, Stammvater Abraham mit Sara und Hagar, Isaak und Ismael. Aus der Reihe »Abraham, Sara, Hagar – vom Segen, der uns gemeinsam ist« © Lucy D'Souza-Krone **158** Marc Chagall (1887–1985), Moses verkündet die Zehn Gebote (1962–1966). Aus der Folge »Die Geschichte des Exodus« mit 24 Gouachen als Vorbereitung für 24 Farblithographien. Gouache, 30 × 22,9 cm, Blatt 14; Centre G.Pompidou. Inv. Nr. AM 1988–426, Paris, Musée National d'Art Moderne © VG Bild-Kunst, Bonn 2016, Foto: akg-images **159** akg-images/Bildarchiv Steffens **160** Fotolia/eranyardeni; Fotolia/Jale Ibrak **161** ddp images/Lukas Barth **162** Shutterstock/Donna Ellen Coleman **165** ddp images/ZUMA **166** Fotolia/Rafael Ben-Ari/Chameleons Eye **167** all mauritius images/imageBROKER/Karl F. Schöfmann **168** picture-alliance/dpa **169** imago stock&people **170** Autobahnkirche Siegerland, Foto: ddp images/Martin Jung **172/173** Reisfelder in Madagaskar, all mauritius images/Mint Images **174** Fotolia/agsandrew **177** Oberrheinischer Meister, Paradiesgärtlein, um 1415, Mischtechnik auf Eichenholz, 26,3 × 33,4 cm, Städelsches Kunstinstitut in Frankfurt am

Main, Foto: bpk-images **179** Constantin Brâncuși (1876–1957), Der Kuss, 1923, 36,5 × 24, 5 × 23 cm, Paris, Centre Pompidou, Foto: bpk-images/ CNAC-MNAM/Georges Meguerditchian **181** Fotolia/lolo26750 **182** Gregg Segal, Seven Days of Garbage; Alfie, Kirsten, Miles and Elly, 2014, © Gregg Segal **185** Sieger Köder (1925–2015), Schöpfung, 1991/92, Öl auf Papier, © Sieger Köder **186/187** Hintergrundbild: Fotolia/Simone Andress **187 u. 197** Ingritt Neuhaus, Batikbild zur Tobit-Legende, in: Drewermann, Eugen/Neuhaus, Ingritt, Voller Erbarmen rettet er uns © Verlag Herder GmbH, Freiburg i. B. 1992, S. 47 **199** Shutterstock/Doin Oakenhelm **201** Ingritt Neuhaus, Batikbild zur Tobit-Legende, in: Drewermann, Eugen/ Neuhaus, Ingritt, Voller Erbarmen rettet er uns © Verlag Herder GmbH, Freiburg i. B. 1992, S. 31 **204** Fotolia/karnizz **211** Shutterstock/Alena Brozova; akg-images/CDA/Guillemot

Texte

10 Auf dem Weg zur Schule, achaos Bildung & Information, Untere Steingrubenstr. 19, CH-4500 Solothurn (www.achaos.ch) **16** Werfel, Franz: Gedichte 1908–1945. S. Fischer Verlag, Frankfurt a. M. 1953 **18** Auer, Martin: Zufall, in: Hans-Joachim Gelberg (Hg.): Überall und neben dir. Gedichte in sieben Abteilungen. © 1986 Beltz & Gelberg, Weinhein/Basel **19** Grossman, David: Die Umarmung. Aus dem Engl. von Michael Krüger. Hanser Verlag, München 2012 **20** Weber, Doris: Die schöne Lilly und ihre wunderbare Freundschaft mit Hieronymus, in: Publik Forum Nr. 24 vom 19.12.1997, S. 52 **22** Nicholls, Sally: Wie man unsterblich wird: Jede Minute zählt. Aus dem Engl. von Birgitt Kollmann. Hanser Verlag, München/Wien 2008, S. 190 f. **23** Nicholls, Sally: Wie man unsterblich wird: Jede Minute zählt. Aus dem Engl. von Birgitt Kollmann. Hanser Verlag, München/Wien 2008, S. 177 f. **24** Manz, Hans: Ich denke (alle Rechte beim Autor) **25** Matthews, Gareth B.: Philosophische Gespräche mit Kindern. Übers. von Hans-Ludwig Freese. Freese Verlag, Berlin 1989 **26 f.** Ruck-Pauquèt, Gina: In meinem Haus, in: Inge Lustig und Ruth Ruzicka: Die bunte Kinderschaukel. Betz Verlag, München 1978 **27** Teresa von Avila: Die Schildkröte, frei nach: Die innere Burg, Kapitel 3 **35** Enquist, Per Olov: Lewis Reise. Aus dem Schwed. von Wolfgang Butt. Hanser Verlag, München/Wien 2003, S. 27–30 **41** Hüsch, Hanns Dieter: Das Schwere leicht gesagt. Verlag Herder, Freiburg i. Br. 1994, S. 80 f. Lizenz des tvd-Verlages Düsseldorf **42** Schmitt, Éric-Emmanuel: Oskar und die Dame in Rosa. Aus dem Franz. von Annette und Paul Bäcker. Ammann Verlag, Zürich 2005, S. 22, 71 f., 63 f. **45** Bock, Lina/Opper, Nils: Was sagt mir Gott? Was sag ich Gott? Jugendgebete und Gedanken, Verlag Herder, Freiburg i. Br. 2006 **48** aus: Saphir 5/6. Religionsbuch für junge Musliminnen und Muslime. Herausgegeben von Lamya Kaddor, Rabeya Müller und Harry Harun Behr, München 2008, S. 44 © 2016 Cornelsen Verlag GmbH, Berlin **56 f.** Anne Frank Gesamtausgabe. Hrsg. vom Anne-Frank-Fonds, Basel. Aus dem Niederländ. von Mirjam Pressler. S. Fischer Verlag, Frankfurt a. M. 2013, S. 35, 44, 51 **58 f.** Lindgren, Astrid: Ronja Räubertochter. Aus dem Schwed. von Anna-Liese Kornitzky. Verlag Friedrich Oetinger, Hamburg 1982, S. 36–40 **60 f.** Gemeinsam in der einen Welt, Misereor-Schülerseite 1welt4you.de: Lernen mit Misereor, Klasse 5–8, © MISEREOR 2013 **62** Müskens, Hans (Hg.): Miteinander leben – Ich und die anderen. Religion für das 5./6. Schuljahr. Cornelsen Scriptor, Berlin 2002, S. 67 **63** Gottesdienstausschnitte verändert und gekürzt nach: Häußler, Manfred: Bunt wie die Schmetterlinge, in: Notizblock, Materialdienst für Religionslehrerinnen und Religionslehrer in der Diözese Rottenburg-Stuttgart 43/2008, S. 57 f. **64** Müskens, Hans (Hg.): Miteinander leben – Ich und die anderen. Religion für das 5./6. Schuljahr. Cornelsen Scriptor, Berlin 2002, S. 67 **68** Oberthür, Rainer: Die Bibel für Kinder und alle im Haus. Kösel-Verlag, München 2004, S. 98 f. **70 f.** Mader, Leah, in: Zartbitter, Schülerzeitung des Gymnasiums Niedernberg, Passau **72** Rodari, Gianni: Gutenachtgeschichten am Telefon. Aus d. Italienischen von Ruth Wright. Thienemann Verlag, Stuttgart 1964 75 Streitschlichtermodell. Nach: Forstner, Christina: Kommunikation gegen Konflikte – Konflikte friedlich lösen lernen, in: RAAbits Religion, 33. Ausgabe, Dezember 2013. A/15, M 8, M 9, S. 17–22 und 24 © Dr. Josef Raabe Verlags GmbH, Stuttgart 84 Birnstein, Uwe: »Sagen Sie mal, Adam«: 52 Interviews mit biblischen Persönlichkeiten. Claudius Verlag, München 2003 **85** In der Haltung des Guten Hirten gewirkt. Predigt von Karl Kardinal Lehmann beim Elisabethempfang anlässlich der Verabschiedung von Bischof Dr. Joachim Wanke, 20.11.2012 **91** Zenetti, Lothar: Friedensgruß vor der Kommunion, in: Ders.: Auf Seiner Spur. Texte gläubiger Zuversicht. Matthias Grünewald Verlag, Ostfildern 2011, S. 49 **100 f.** Vincken, Fritz: Weihnachten in den Ardennen. Zitiert nach: Stille Nacht, heilige Nacht – Weihnachtsgeschichten aus schwerer Zeit © Volksbund Deutsche Kriegsgräberfürsorge e. V. www.volksbund.de **109** Zink, Jörg: Danach kamen wir jeden Tag, in: Fundgrube zu Zeit der Freude. Patmos Verlag, Düsseldorf 2002, S. 123 f. **110** Ende, Michael: Momo. Thienemann Verlag, Stuttgart 1973, S. 267 **126** YOUGO! Von Wetterprognosen, Zusagen und Vertragsbrüchen © Jugendkirche SAMUEL **127** Siegmund Küster, Franziska Well, Melanie Ellhoff: Aktiv werden statt wegsehen – Schulgottesdienst zum Thema Zivilcourage, Webseite der Berufsbildenden Schule Peine © Küster, BBS Peine **134** Bund der deutschen katholischen Jugend BDKJ; Kindermissionswerk »Die Sternsinger« **135** Deutsche Pfadfinderschaft Sankt Georg **136** Rowling, Joanne K.: Harry Potter und der Stein der Weisen. Aus dem Engl. von Klaus Fritz. Carlsen Verlag, Hamburg 1998 **156** auf der Basis von: Schoeps, Julius H.: Neues Lexikon des Judentums. Gütersloher Verlagshaus, Gütersloh 2000 **156** auf der Basis von: Focus online, Focus Magazin Verlag GmbH **158** nach: Shire, Michael (Hg.): »Siehe, Tage kommen ...!«: Jüdische Visionen aus drei Jahrtausenden. Jüdische Verlags-Anstalt, Berlin 2002 **171** Kleines Konzilskompendium, hrsg. von Karl Rahner u. Herbert Vorgrimler. Verlag Herder, Freiburg i. Br. 1966 **174** nach: Halbfas, Hubertus: Religionsbuch für das 3. Schuljahr, Düsseldorf 1999, S. 6 **175** Oberthür, Rainer: Die Bibel für Kinder und alle im Haus. Kösel-Verlag, München 2004, S. 148 f. **178** Platon: Symposion (Gastmahl). Übersetzung von Rudolf Rufener. Patmos Verlag/ Artemis und Winkler, Düsseldorf 2002 **179** Kordon, Klaus: Wenn Du ganz allein bist, in: Uwe-Michael Gutzschhahn (Hg.): Ich möchte einfach alles sein: Geschichten, Gedichte und Bilder aus der Kindheit. Hanser Verlag, München/Wien 1998, S. 179 **180** Laubi, Werner/Fuchshuber, Annegert (Ill.): Kinderbibel. Kaufmann Verlag, Lahr 1992 **181** Härtling, Peter: Zum laut und leise lesen. Luchterhand Literaturverlag, München 1975 **197** Wiemer, Rudolf Otto: Es müssen nicht Männer mit Flügeln sein: Geschichten und Gedichte zur Weihnachtszeit. Quell Verlag, Stuttgart 1995

Bibeltexte zitiert nach: Einheitsübersetzung der Heiligen Schrift, vollständig durchgesehene und überarbeitete Ausgabe © 2016 Katholische Bibelanstalt GmbH, Stuttgart.
Koh 3,1–8.11 (S. 99) zitiert nach: Lutherbibel. Revidiert 2017 © 2016 Deutsche Bibelgesellschaft, Stuttgart.